21世纪高等学校经管类会计专业系列规划教材

# 会计基本技能个人实训手册

KUAIJI JIBEN JINENG GEREN SHIXUN SHOUCE

主 编 张艳玲 杨巧敏
副主编 张 玲 谢 建

华中科技大学出版社
http://www.hustp.com
中国·武汉

图书在版编目(CIP)数据

会计基本技能个人实训手册/张艳玲,杨巧敏主编.—武汉:华中科技大学出版社,2018.5(2024.1重印)
ISBN 978-7-5680-4039-6

Ⅰ.①会… Ⅱ.①张… ②杨… Ⅲ.①会计学-手册 Ⅳ.①F230-62

中国版本图书馆 CIP 数据核字(2018)第 074389 号

会计基本技能个人实训手册　　　　　　　　　　　　　　　张艳玲　杨巧敏　主编
Kuaiji Jiben Jineng Geren Shixun Shouce

策划编辑：袁　冲
责任编辑：刘　竣
封面设计：孢　子
责任校对：李　琴
责任监印：朱　玢
出版发行：华中科技大学出版社(中国·武汉)　　　电话：(027)81321913
　　　　　武汉市东湖新技术开发区华工科技园　　　邮编：430223
录　　排：华中科技大学惠友文印中心
印　　刷：武汉市洪林印务有限公司
开　　本：787mm×1092mm　1/16
印　　张：20
字　　数：493 千字
版　　次：2024 年 1 月第 1 版第 6 次印刷
定　　价：48.00 元

本书若有印装质量问题,请向出版社营销中心调换
全国免费服务热线：400-6679-118　　竭诚为您服务
版权所有　侵权必究

# 前言

《会计基本技能个人实训手册》以会计职场所需的基础知识和基本技能为主线，设计和安排了会计书写规范、票据和结算凭证的填写、账证处理流程实训、点钞与识别技能、计算技术与其他资金结算工具的使用等内容，设计了识别和填制原始凭证、编制记账凭证、登记会计账簿、会计报表编制、会计纸质资料整理与装订等会计职业技能项目和任务。所有项目以会计职场所需技能为任务，进行逐一讲解与操作指导并引导学生实际操作，然后加以集中综合训练，以达到学生自主学习、自我总结提高的目的。

本书轻理论、重技能，并坚持理论与实践一体化的原则，以知识和技能实训融合为切入点。本书具有以下特色。

（1）项目导向、任务驱动。以实际的会计职业岗位技能作为项目，以完成项目的典型工作过程（环节、方法、步骤）作为任务，以任务引领知识、技能和方法，让学生在完成工作任务中学习知识、训练技能，获得实现目标所需要的职业能力。

（2）内容适用、突出能力。以会计职业岗位的各种技能为主线，围绕职业能力培养，注重内容的实用性和针对性。在编写要求上注重通俗易懂、图文并茂，把理论与实际操作及训练方法融为一体；技能实训方法灵活多样，具有趣味性和实践性；各技能项目按照循序渐进的方式组合，具有较强的适用性；从总体设计上力图重训练、轻理论，以帮助学生拓展知识，开阔眼界。

（3）实例引入、学做合一。每个项目以实例展开，以任务为核心，增加实训内容，便于在做中学、学中做，学做合一，实现理论与实践一体化教学。

本书由电子科技大学成都学院张艳玲副教授负责设计编写结构并统稿。全书共分五个项目，杨巧敏副教授编写项目一，张艳玲副教授编写项目二和项目三，张玲注册会计师编写项目四和项目五，谢建老师对本书提供计算机技术支持，并对文稿进行整理。本书在编写过程中得到了电子科技大学成都学院唐才刚教授的大力支持和精心指导，在此致以最诚挚的谢意。

本书是财务人员进行业务训练、提高业务水平较好的参考书，可作为会计专业、审计专业、金融专业和其他经济管理类专业学生的实训课程教材，也可作为经济管理类人员和相关从业人员学习、训练的参考用书。

编　者
2018年1月

# 目录

项目1 会计书写规范 (1)
  1.1 阿拉伯数字的书写 (1)
  1.2 中文大写数字的书写 (2)
  1.3 金额、货币符号的书写 (2)
  1.4 大小写金额数字的读法 (2)
  1.5 大小写金额数字书写的转换 (3)
  1.6 会计书写规范同步实训 (4)

项目2 票据和结算凭证的填写 (19)
  2.1 票据和结算凭证的介绍 (19)
  2.2 票据和结算凭证的填写要求 (29)
  2.3 票据和结算凭证的填写单项实训 (29)
  2.4 票据和结算凭证的流转程序实训 (56)
  2.5 票据和结算凭证的填写同步实训 (136)

项目3 账证处理流程 (146)
  3.1 记账凭证的处理 (146)
  3.2 会计账簿登记 (158)
  3.3 会计资料的整理与装订 (220)
  3.4 账证处理流程同步实训 (223)

项目4 点钞与识别技能 (242)
  4.1 点钞的基本程序 (242)
  4.2 点钞的基本要领 (243)
  4.3 点钞的方法 (244)
  4.4 扎把的方法 (254)
  4.5 真伪钞票识别技能 (254)
  4.6 点钞技能考核标准 (256)
  4.7 点钞技能同步实训 (257)

项目5 计算技术与其他资金结算工具的使用 (261)
  5.1 计算技术的沿革与发展 (261)
  5.2 电子计算器的应用 (262)
  5.3 计算机小键盘的操作 (264)
  5.4 电子收银机(POS收银机)的应用 (265)

5.5　网上银行的应用 ················································································ (266)
　　5.6　金融机构数字录入技能考核要求 ························································· (266)
　　5.7　计算技能训练同步实训 ······································································ (267)
**部分同步实训参考答案** ················································································ (286)
　　项目1　会计书写规范同步实训 ································································ (286)
　　项目2　票据和结算凭证的填写同步实训 ··················································· (286)
　　项目3　账证处理流程同步实训 ································································ (295)

# 项目 1　会计书写规范

会计书写是会计核算工作的基础,是会计人员的一项基本技能。会计书写是否清晰和规范,不仅会直接影响会计核算资料的可靠性及有用性,影响会计工作的质量,同时也是衡量会计人员素质的一项标准。会计人员必须拥有高尚的职业品质、严谨的工作作风,书写时要严肃认真、细致耐心、一丝不苟。

## 1.1　阿拉伯数字的书写

### 1.1.1　阿拉伯数字的书写要求

(1) 每个数字的书写要大小匀称,笔画流畅;每个数码独立有形,使人一目了然,不能连笔书写。

(2) 书写排列有序且字体要自右上方向左下方倾斜地写,数字与底线通常成 60°的倾斜。

(3) 书写的每个数字要贴紧底线,但上不可顶格。一般每个格内数字占 1/2 或 2/3 的位置,要为更正数字留有余地。

(4) 会计数码书写时,应从左至右,笔画顺序是自上而下,先左后右,防止写倒笔字。

(5) 同行的相邻数字之间要空出半个阿拉伯数字的位置,但也不可预留间隔,以不能增加数字为适当。

(6) 除"4"、"5"以外的数字,必须一笔写成,不能人为地增加数字的笔画。

(7) "6"要比一般数字向右上方长出 1/4,"7"和"9"要向左下方(过底线)长出 1/4。

(8) 对于易混淆且笔顺相近的数字,在书写时,尽可能地按标准字体书写,区分笔顺,避免混同,以防涂改。例如,"1"不可写得过短,要保持倾斜度,这样可防止改写为"4"、"6"、"7"、"9";书写"6"时下圆要明显,以防止改写为"8";"7"、"9"两字的落笔可延伸至底线下面;"6"、"8"、"9"、"0"的圆必须封口。

### 1.1.2 阿拉伯数字的书写示范

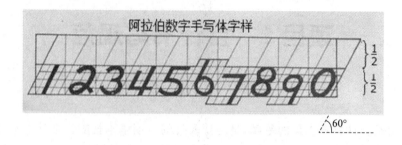

## 1.2 中文大写数字的书写

(1) 汉字大写数字的书写,要以正楷或行书字体填写,不得连笔写。

(2) 汉字大写数字的书写,不允许使用未经国务院公布的简化字或谐音字。汉字大写金额数字应书写为"零、壹、贰、叁、肆、伍、陆、柒、捌、玖、拾、佰、仟、万、亿、元(圆)、角、分、整(正)"等易于辨认、不易涂改的字样,不得用 0、一、二(两)、三、四、五、六、七、八、九、十等简化字代替,不能任意造简化字;不能用"毛"代替"角","另"代替"零"。(如果金额数字书写中使用繁体字,如贰、陆、亿、萬、圆的,也应受理。)

(3) 汉字大写数字的书写,字体要各自成形,大小匀称,排列整齐,字迹要工整、清晰。

## 1.3 金额、货币符号的书写

(1) 大写金额数字到元或者角为止的,在"元"或者"角"字之后应当写"整"字;大写金额数字有分的,"分"字后面不写"整"字。

(2) 大写金额数字前未印有货币名称的,应当加填货币名称,货币名称与金额数字之间不得留有空白。常用货币名称为"人民币"、"美元"、"欧元"、"日元"、"英镑"、"港币"、"澳门元"、"卢布"等。

## 1.4 大小写金额数字的读法

### 1.4.1 小写金额的读法

(1) 在书写时,每一个数字都要占有一个位置,这个位置称为数位。数位自小到大,是从右向左排列的,但在书写时却是自大到小,从左到右的。为了容易辨认数字的各个数位,在书写时,通常按照国际惯例,将数的整数部分(不包括小数部分),从右向左每三位记一逗点",",作为分位点。例如,1,234,567,890,把各个分位点的前一位记住,邻近的数位就很容易推想出来了。从右向左,第一个分位点前一位是千位,第二个分位点前一位是百万位,第三个分位点前一位是十亿位。

(2) 万位以下(含万位)的数,从最高位读起,顺着位次每读一个数字就连着读出这个数字所对应的数位名称。例如,"5,678"应读成:伍仟陆佰柒拾捌。

(3) 万位以上到亿位以下的数,只读出数字和数位开头的第一个字,数位名称的第二个字可以省掉不读出来。例如,"345,678"应读成:叁拾肆万伍仟陆佰柒拾捌;"12,345,678"应读成:壹仟贰佰叁拾肆万伍仟陆佰柒拾捌。

(4) 同一个数额中,若中间有零时,只读出数字的"0",而不读出数位的名称。例如,"1,023"应读成:壹仟零贰拾叁;"8,009"应读成:捌仟零玖。

(5) 同一个数额中,最后有一个零或连续几个零时,既不读"0",也不读出数位的名称。例如,"2,100"应读成:贰仟壹佰。

(6) 书写元与角之间,要点一小数点"."。

(7) 有角无分的,在"分"位上写"0"。例如,"7.60"不得写成"7.6"。

(8) "角"、"分"位若皆无金额,仍在"元"之后点小数点,并在其后写"00"或划一短横线。例如,"76.00 或 76.—"。

(9) 对某些金额数字,如银行结算凭证、收据、发票等单据上的金额,应在金额前面填写人民币符号"¥"。它有两个意义:一是说明金额的币制;二是为了防止增添和涂改数字。因此"¥"后面要紧接着写数字,不得留有空隙。

### 1.4.2 大写金额的书写规则

(1) 大写金额的前面,必须加填"人民币"三字,后面紧接着写金额,"人民币"三字与金额数字之间不得留有空隙。

(2) 大写金额中,"壹拾几"的"壹"字一定要写,不得遗漏,因为"拾"字仅代表数位,并不是数字。如"¥10.74",应写成"人民币壹拾元柒角肆分"。

(3) 小写金额中,"元"位是"0"(或金额中间连续有几个"0",且"元"位也是"0"),但"角"、"分"位不是"0"的,大写金额可只写一个"零",也可以不写"零"。如"¥1,320.56"应写成"人民币壹仟叁佰贰拾元零伍角陆分"。

(4) 小写金额中有"0"或者连续有几个"0",但"元"位不是"0"的,大写金额均写一个"零"。如"¥107,006.08",应写成"人民币壹拾万零柒仟零陆元零捌分"。

(5) 大写金额到"元"或"角","元"或"角"字之后应写"整"字;大写金额有"分"的,"分"字后面不写"整"字。

## 1.5 大小写金额数字书写的转换

(1) 未印有位数的,填写大写金额数字,阿拉伯金额数字之间有"0"时,应当按以下规定填写。

①阿拉伯金额数字之间有"0"时,汉字大写金额要写"零"字。如"101.50",汉字大写金额应当写成"人民币壹佰零壹元伍角整"。

②阿拉伯金额数字中间连续有几个"0"时,汉字大写金额中可以只写一个"零"字。如"1,004.56",汉字大写金额应当写成"人民币壹仟零肆元伍角陆分"。

③阿拉伯金额数字元位是"0",或者数字中间连续有几个"0"、元位也是"0"但角位不是"0"时,汉字大写金额可以只写一个"零"字,也可以不写"零"字。如"1,320.56",汉字大写金额应当写成"人民币壹仟叁佰贰拾元零伍角陆分,或人民币壹仟叁佰贰拾元伍角陆分";又如"1,000.56",汉字大写金额应当写成"人民币壹仟元零伍角陆分,或人民币壹仟元伍角陆分"。

(2) 印有位数的,大写金额数字、阿拉伯金额数字之间有"0"时,应当按以下规定填写。
①数字之间有几个"0",均应逐位填写"零"。
②大写金额数字前有空位的,应当在数字前用"⊗"逐位补齐。

## 1.6 会计书写规范同步实训

一、单项选择题。

1. 中国会计记录(含金额)应当使用(　　)。
   A. 中文　　　　　　　　　　B. 外文
   C. 中文和外文　　　　　　　D. 中文和少数民族语言

2. 书写阿拉伯数字时,数字与底线通常成(　　)的倾斜。
   A. 30°　　　　B. 45°　　　　C. 60°　　　　D. 75°

3. 文字和数字的填写一般应当占本行的(　　)空距。
   A. 全部　　　B. 下 1/4　　　C. 下 1/3　　　D. 下 1/2

4. 手写(　　)时应当向右上方出头。
   A. 6　　　　B. 7　　　　C. 9　　　　D. 8

5. 手写(　　)时应当下出头,并超过底线,出头的长度约为一般字体高度的 1/5。
   A. 4、6　　　B. 3、5　　　C. 7、9　　　D. 6、7

6. 手写(　　)时,字高、字宽应当与其他数字相同。
   A. 0　　　　B. 4　　　　C. 6　　　　D. 7
   E. 8　　　　F. 9

7. 手写(　　)时,圆圈不留缺口。
   A. 0、6、8、9　　B. 0、6　　C. 0、8、9　　D. 6、8、9

8. 在书写数字时,将数的整数部分,(　　)每三位记一逗点",",作为分位点。
   A. 从左向右　　　　　　　　B. 从右向左

9. 大写金额数字到元为止的,在"元"字之后(　　)"整"字。

A. 写　　　　　B. 不写　　　　C. 可写可不写　　D. 无法确定
10. 大写金额数字到角为止的,在"角"字之后(　　)"整"字。
A. 写　　　　　B. 不写　　　　C. 可写可不写　　D. 无法确定
11. 大写金额数字到分为止的,在"分"字之后(　　)"整"字。
A. 写　　　　　B. 不写　　　　C. 可写可不写　　D. 无法确定
12. 大写金额数字前有空位的,应当在数字前用(　　)逐位补齐。
A. ⊗　　　　　B. ·　　　　　C. ×　　　　　　D. —

二、请使用空白纸张临摹以下阿拉伯数字,并在空白的阿拉伯数字书写练习用纸处书写。

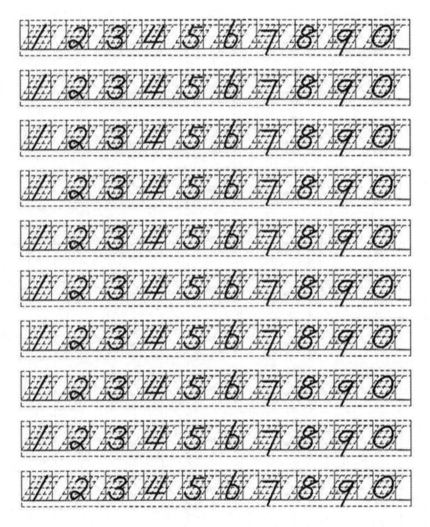

阿拉伯数字书写练习用纸 1

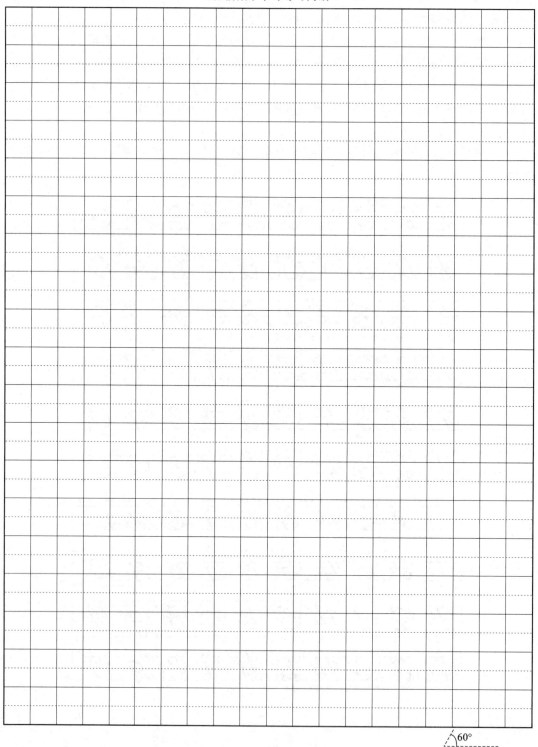

注：练习用纸每一行中将阿拉伯数字 0～9 书写 2 遍。

**阿拉伯数字书写练习用纸 2**

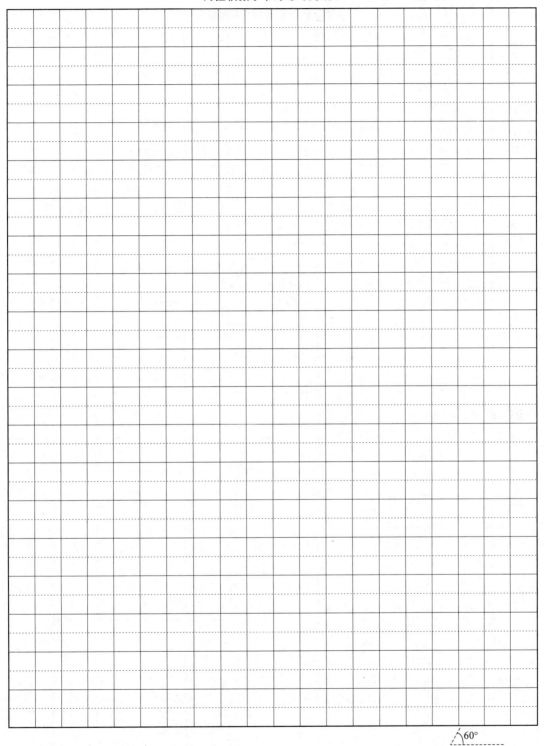

注：练习用纸每一行中将阿拉伯数字 0～9 书写 2 遍。

三、请在空白的田字格内书写大写金额汉字。

大写金额汉字书写练习用纸 1

| 零 | | | | | | | | | | | |
| --- | --- | --- | --- | --- | --- | --- | --- | --- | --- | --- | --- |
| 壹 | | | | | | | | | | | |
| 贰 | | | | | | | | | | | |
| 叁 | | | | | | | | | | | |
| 肆 | | | | | | | | | | | |
| 伍 | | | | | | | | | | | |
| 陆 | | | | | | | | | | | |
| 柒 | | | | | | | | | | | |

| 捌 | | | | | | | | | | | |
| 玖 | | | | | | | | | | | |
| 拾 | | | | | | | | | | | |
| 佰 | | | | | | | | | | | |
| 仟 | | | | | | | | | | | |
| 万 | | | | | | | | | | | |
| 亿 | | | | | | | | | | | |
| 元 | | | | | | | | | | | |
| 角 | | | | | | | | | | | |
| 分 | | | | | | | | | | | |

大写金额汉字书写练习用纸 2

| 零 | | | | | | | | | | | |
| --- | --- | --- | --- | --- | --- | --- | --- | --- | --- | --- | --- |
| 壹 | | | | | | | | | | | |
| 贰 | | | | | | | | | | | |
| 叁 | | | | | | | | | | | |
| 肆 | | | | | | | | | | | |
| 伍 | | | | | | | | | | | |
| 陆 | | | | | | | | | | | |
| 柒 | | | | | | | | | | | |
| 捌 | | | | | | | | | | | |

| 玖 | | | | | | | | | | | |
| --- | --- | --- | --- | --- | --- | --- | --- | --- | --- | --- | --- |
| 拾 | | | | | | | | | | | |
| 佰 | | | | | | | | | | | |
| 仟 | | | | | | | | | | | |
| 万 | | | | | | | | | | | |
| 亿 | | | | | | | | | | | |
| 元 | | | | | | | | | | | |
| 角 | | | | | | | | | | | |
| 分 | | | | | | | | | | | |

四、大小写金额书写对照练习。

1. 请填写完成表 1-1 中的空白部分。

表 1-1　大小写金额对照书写

| 会计凭证账表的小写金额栏 | | | | | | | | 原始凭证上的大写金额栏 |
|---|---|---|---|---|---|---|---|---|
| 没有数位分割线 | 有数位分割线 | | | | | | | |
| | 万 | 千 | 百 | 十 | 元 | 角 | 分 | |
| ¥124.50 | | | | | | | | 人民币：万　仟　佰　拾　元　角　分 |
| ¥7856.43 | | | | | | | | 人民币：万　仟　佰　拾　元　角　分 |
| ¥4001.00 | | | | | | | | 人民币：万　仟　佰　拾　元　角　分 |
| ¥15.62 | | | | | | | | 人民币：万　仟　佰　拾　元　角　分 |
| ¥89438.06 | | | | | | | | 人民币：万　仟　佰　拾　元　角　分 |
| ¥12006.80 | | | | | | | | 人民币：万　仟　佰　拾　元　角　分 |
| ¥61.21 | | | | | | | | 人民币：万　仟　佰　拾　元　角　分 |
| | | 7 | 8 | 4 | 5 | 7 | 2 | 人民币：万　仟　佰　拾　元　角　分 |
| | | | 9 | 1 | 0 | 7 | | 人民币：万　仟　佰　拾　元　角　分 |
| | 1 | 9 | 6 | 3 | 0 | 5 | 0 | 人民币：万　仟　佰　拾　元　角　分 |
| | | | | 9 | 0 | 1 | | 人民币：万　仟　佰　拾　元　角　分 |
| | | 5 | 0 | 0 | 4 | 3 | 5 | 人民币：万　仟　佰　拾　元　角　分 |
| | 8 | 2 | 8 | 9 | 1 | 0 | 0 | 人民币：万　仟　佰　拾　元　角　分 |
| | | | | | 6 | 4 | | 人民币：万　仟　佰　拾　元　角　分 |
| | | | 5 | 6 | 7 | 3 | | 人民币：万　仟　佰　拾　元　角　分 |
| | | | | 1 | 9 | 6 | 3 | 人民币：万　仟　佰　拾　元　角　分 |

2. 请将表 1-2 中的小写金额转换为大写金额。

表 1-2　小写金额转换为大写金额

| 序　号 | 小写金额 | 大写金额 |
|---|---|---|
| 1 | ¥261,077.88 | |
| 2 | ¥8,299,438.47 | |
| 3 | ¥21,966.55 | |
| 4 | ¥6,295,796.36 | |
| 5 | ¥13,293.45 | |
| 6 | ¥9,196.77 | |
| 7 | ¥449,249,267.57 | |
| 8 | ¥7,707,397.46 | |
| 9 | ¥198,516,845.70 | |
| 10 | ¥365.60 | |

续表

| 序　号 | 小写金额 | 大写金额 |
|---|---|---|
| 11 | ￥591,022.38 | |
| 12 | ￥9,370,117.18 | |
| 13 | ￥471,046.81 | |
| 14 | ￥1,013,793.94 | |
| 15 | ￥54,720.33 | |
| 16 | ￥9,687,194.82 | |
| 17 | ￥486,838,378.90 | |
| 18 | ￥73,059.08 | |
| 19 | ￥592,742.91 | |
| 20 | ￥8,349.91 | |
| 21 | ￥3,861.89 | |
| 22 | ￥17,288.20 | |
| 23 | ￥3,143.31 | |
| 24 | ￥55,136.10 | |
| 25 | ￥6,116.61 | |
| 26 | ￥74,564.74 | |
| 27 | ￥9,709.47 | |
| 28 | ￥36,680.22 | |
| 29 | ￥2,016.90 | |
| 30 | ￥5,256.95 | |
| 31 | ￥1,333,007.81 | |
| 32 | ￥9,157,714.84 | |
| 33 | ￥33,868.40 | |
| 34 | ￥732.29 | |
| 35 | ￥201,019,687.10 | |
| 36 | ￥1,254,272.46 | |
| 37 | ￥281,768,798.82 | |
| 38 | ￥9,796,752.92 | |
| 39 | ￥656,738.28 | |
| 40 | ￥977,081.29 | |
| 41 | ￥15,403.07 | |
| 42 | ￥238.25 | |
| 43 | ￥155.01 | |

续表

| 序　号 | 小写金额 | 大写金额 |
|---|---|---|
| 44 | ￥210,498.70 | |
| 45 | ￥788,923.33 | |
| 46 | ￥451,020.08 | |
| 47 | ￥91,827.39 | |
| 48 | ￥16,760,256.90 | |
| 49 | ￥13,629.15 | |
| 50 | ￥44,790.64 | |
| 51 | ￥28,703.49 | |
| 52 | ￥160,000.00 | |
| 53 | ￥580.20 | |
| 54 | ￥3,000,070.10 | |
| 55 | ￥60,104.09 | |
| 56 | ￥109,080.80 | |
| 57 | ￥206,054.03 | |
| 58 | ￥80,001.20 | |
| 59 | ￥76,003,000.00 | |
| 60 | ￥96,274.58 | |
| 61 | ￥0.08 | |
| 62 | ￥0.60 | |
| 63 | ￥2.00 | |
| 64 | ￥17.08 | |
| 65 | ￥630.06 | |
| 66 | ￥4,020.70 | |
| 67 | ￥15,006.09 | |
| 68 | ￥13,000.40 | |
| 69 | ￥5,618.00 | |
| 70 | ￥5,002,368.14 | |
| 71 | ￥261,354,780.09 | |
| 72 | ￥123,456.70 | |
| 73 | ￥860,012,369.00 | |
| 74 | ￥468,812.30 | |
| 75 | ￥590,006.00 | |
| 76 | ￥280,000.57 | |

续表

| 序 号 | 小写金额 | 大写金额 |
|---|---|---|
| 77 | ￥2,136.08 | |
| 78 | ￥58,060,301.04 | |
| 79 | ￥28,703.49 | |
| 80 | ￥160,000.00 | |
| 81 | ￥3,000,070.10 | |

3. 请将表1-3中的大写金额转换为小写金额。

表1-3 大写金额转换为小写金额

| 序 号 | 大写金额 | 小写金额 |
|---|---|---|
| 1 | 人民币贰拾陆万壹仟零柒拾柒元捌角捌分 | |
| 2 | 人民币陆佰贰拾玖万玖仟肆佰叁拾捌元肆角柒分 | |
| 3 | 人民币贰万壹仟玖佰陆拾陆元伍角伍分 | |
| 4 | 人民币陆佰贰拾玖万伍仟柒佰拾陆元叁角陆分 | |
| 5 | 人民币壹万叁仟贰佰玖拾叁元肆角伍分 | |
| 6 | 人民币玖仟壹佰玖拾陆元柒角柒分 | |
| 7 | 人民币肆亿肆仟玖佰贰拾肆万玖仟贰佰陆拾柒元伍角柒分 | |
| 8 | 人民币伍佰柒拾万柒仟叁佰玖拾叁元肆角陆分 | |
| 9 | 人民币壹亿玖仟捌佰伍拾壹万陆仟捌佰肆拾伍元柒角整 | |
| 10 | 人民币叁佰陆拾伍元陆角整 | |
| 11 | 人民币伍拾玖万零玖佰肆拾贰元叁角捌分 | |
| 12 | 人民币玖佰叁拾柒万零壹佰壹拾柒元壹角捌分 | |
| 13 | 人民币肆拾柒万壹仟零叁拾捌元捌角壹分 | |
| 14 | 人民币壹佰零壹万叁仟柒佰玖拾叁元玖角肆分 | |
| 15 | 人民币肆万柒仟柒佰贰拾元叁角叁分 | |
| 16 | 人民币玖佰陆拾捌万柒仟壹佰玖拾肆元捌角贰分 | |
| 17 | 人民币肆亿肆仟陆佰捌拾叁万捌仟叁佰柒拾捌元玖角整 | |
| 18 | 人民币柒万叁仟零伍拾玖元零捌分 | |
| 19 | 人民币伍拾玖万贰仟柒佰肆拾贰元玖角壹分 | |
| 20 | 人民币捌仟叁佰肆拾玖元玖角壹分 | |
| 21 | 人民币叁仟捌佰伍拾伍元捌角玖分 | |
| 22 | 人民币壹万柒仟贰佰捌拾捌元贰角整 | |
| 23 | 人民币叁仟壹佰肆拾叁元叁角壹分 | |
| 24 | 人民币伍万伍仟壹佰叁拾陆元壹角整 | |
| 25 | 人民币陆仟壹佰零玖元陆角壹分 | |

续表

| 序　号 | 大写金额 | 小写金额 |
|---|---|---|
| 26 | 人民币柒万叁仟捌佰陆拾肆元柒角肆分 | |
| 27 | 人民币玖仟柒佰零玖元肆角柒分 | |
| 28 | 人民币叁万伍仟玖佰捌拾贰元贰角贰分 | |
| 29 | 人民币贰仟零壹拾陆元玖角整 | |
| 30 | 人民币伍仟贰佰伍拾陆元玖角伍分 | |
| 31 | 人民币壹佰叁拾叁万叁仟零柒元捌角壹分 | |
| 32 | 人民币玖拾壹伍万柒仟捌佰壹拾肆元捌角肆分 | |
| 33 | 人民币叁万叁仟捌佰陆拾捌元肆角整 | |
| 34 | 人民币柒佰叁拾贰元贰角玖分 | |
| 35 | 人民币贰亿零壹佰零壹万玖仟贰佰捌拾柒元壹角整 | |
| 36 | 人民币壹佰贰拾伍万肆仟贰佰柒拾贰元肆角陆分 | |
| 37 | 人民币贰亿捌仟壹佰柒拾陆万捌仟柒佰玖拾捌元捌角贰分 | |
| 38 | 人民币玖佰柒拾玖万陆仟柒佰伍拾贰元玖角贰分 | |
| 39 | 人民币陆拾伍万陆仟柒佰叁拾捌元贰角捌分 | |
| 40 | 人民币玖拾柒万柒仟零捌拾壹元贰角玖分 | |
| 41 | 人民币玖仟肆佰零叁元零柒分 | |
| 42 | 人民币贰佰叁拾捌元贰角伍分 | |
| 43 | 人民币壹佰伍拾肆元肆角壹分 | |
| 44 | 人民币伍万柒仟玖佰捌拾柒元贰角壹分 | |
| 45 | 人民币陆拾捌万柒仟肆佰壹拾陆元伍角整 | |
| 46 | 人民币叁拾伍万柒仟陆佰壹拾陆元玖角肆分 | |
| 47 | 人民币叁佰柒拾肆万陆仟壹佰陆拾肆元陆角捌分 | |
| 48 | 人民币伍佰陆拾捌万肆仟壹佰陆拾壹元壹角整 | |
| 49 | 人民币叁拾柒万肆仟肆佰壹拾肆元陆角肆分 | |
| 50 | 人民币捌万柒仟陆佰陆拾壹元叁角伍分 | |
| 51 | 人民币陆拾捌万陆仟玖佰柒拾元整 | |
| 52 | 人民币玖仟壹佰零叁元陆角捌分 | |
| 53 | 人民币陆拾玖万零柒佰肆拾壹元陆角肆分 | |
| 54 | 人民币捌仟柒佰壹拾陆元叁角陆分 | |
| 55 | 人民币肆佰伍拾贰元壹角陆分 | |
| 56 | 人民币捌拾柒万壹仟陆佰伍拾肆元玖角整 | |
| 57 | 人民币叁万捌仟贰佰伍拾柒元壹角陆分 | |
| 58 | 人民币柒万捌仟陆佰伍拾贰元伍角贰分 | |

续表

| 序　号 | 大写金额 | 小写金额 |
|---|---|---|
| 59 | 人民币叁佰伍拾贰元叁角整 | |
| 60 | 人民币伍万叁仟陆佰伍拾伍元陆角柒分 | |
| 61 | 人民币叁佰伍拾壹万陆仟伍佰肆拾陆元壹角叁分 | |
| 62 | 人民币叁拾肆万陆仟陆佰捌拾肆元贰角叁分 | |
| 63 | 人民币贰佰叁拾肆万陆仟伍佰柒拾捌元贰角玖分 | |
| 64 | 人民币叁拾柒万陆仟肆佰陆拾肆元整 | |
| 65 | 人民币陆拾贰万肆仟零捌元柒角捌分 | |
| 66 | 人民币叁佰陆拾肆万陆仟元叁角肆分 | |
| 67 | 人民币叁万贰仟柒佰元零陆分 | |
| 68 | 人民币柒万肆仟肆佰玖拾捌元柒角玖分 | |
| 69 | 人民币贰拾柒元伍角肆分 | |
| 70 | 人民币伍仟贰佰万零陆仟玖佰柒拾捌元整 | |
| 71 | 人民币叁仟万零贰拾元整 | |
| 72 | 人民币壹拾玖万零贰拾叁元整 | |
| 73 | 人民币玖角捌分 | |
| 74 | 人民币柒万肆仟伍佰零贰元捌角陆分 | |
| 75 | 人民币玖仟叁佰元零伍角整 | |
| 76 | 人民币贰拾肆万零捌佰零壹元零玖分 | |
| 77 | 人民币壹拾万元整 | |
| 78 | 人民币陆佰万元零柒分 | |
| 79 | 人民币贰拾捌元六角肆分 | |
| 80 | 人民币柒仟玖佰万零陆仟玖佰贰拾捌元整 | |
| 81 | 人民币叁仟万零贰拾元整 | |
| 82 | 人民币壹拾玖万零贰拾叁元整 | |

五、业务技能提升训练

1. 技能训练一：

将中文大写数字从零到拾书写10遍。

试试看5分钟以内你写完了吗？是否正确、清晰、整齐、流畅、标准、规范和美观？

2. 技能训练二：

将0～9十个阿拉伯数字反复书写30遍，且符合标准。

要求财会专业达到三级标准，非财会专业达到四级标准。

试试看你达到了几级？

等级标准要求如下：

一级2.5分钟以内完成；二级3分钟以内完成；

三级 3.5 分钟以内完成；四级 4 分钟以内完成。

3. 技能训练三：

每周按照阿拉伯数字书写规范书写阿拉伯数字和汉字大写金额数字若干页，直至教师认可时为止。

六、思考题

1. 为什么法律法规规定要同时有大小写金额数字？

2. 为什么法律法规规定金额的书写只占凭证和账页的二分之一？

3. 为什么法律法规规定同行的相邻数字之间要空出半个阿拉伯数字的位置？

4. 为什么法律法规规定大写金额数字到元或者角为止的，在"元"或者"角"字之后应当写"整"字？而大写金额数字到"分"为止的，在"分"字之后则不用写"整"字？

5. 为什么法律法规规定中文大写金额数字前应标明"人民币"字样？且大写金额数字应紧接"人民币"字样填写，不得留有空白？

6. 为什么阿拉伯数字中间有"0"时，中文大写金额要写"零"字？当阿拉伯数字中间连续有几个"0"时，中文大写金额中间可以只写一个"零"字？

# 项目 2　票据和结算凭证的填写

## 2.1　票据和结算凭证的介绍

### 2.1.1　支票

支票是出票人签发,委托办理支票存款业务的银行或者其他金融机构在见票时无条件支付确定的金额给收款人或持票人的票据。

**(一) 票样**

(1) 现金支票票样如图 2-1 所示。

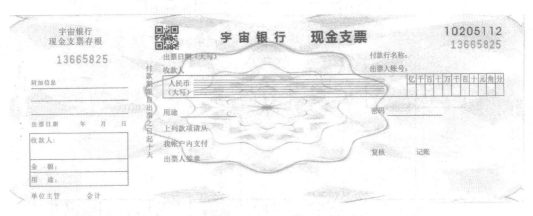

图 2-1　现金支票票样

(2) 转账支票票样如图 2-2 所示。

**(二) 流转程序**

(1) 现金支票流转程序如图 2-3 所示。
(2) 转账支票流转程序如图 2-4 所示。

### 2.1.2　银行本票

银行本票是申请人将款项交存银行,由银行签发的承诺自己在见票时无条件支付确定

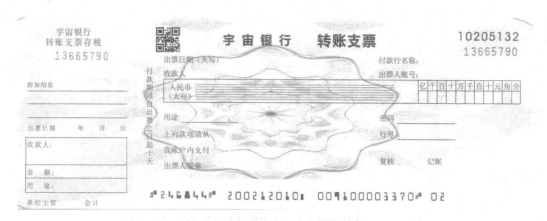

图 2-2 转账支票票样

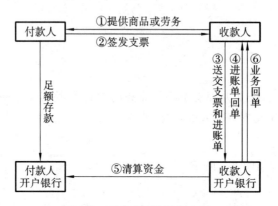

图 2-3 现金支票流转程序图

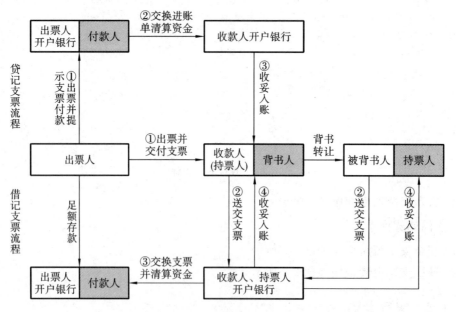

图 2-4 转账支票流转程序图

的金额给收款人或者持票人的票据。银行本票按照其金额是否固定可分为不定额本票和定额本票两种。不定额银行本票是指凭证上金额栏是空白的,签发时根据实际需要填写金额(起点金额为5000元),并用压数机压印金额的银行本票;定额银行本票是指凭证上预先印有固定面额的银行本票。定额银行本票面额为1000元、5000元、10000元和50000元,其提示付款期限自出票日起最长不得超过2个月。

**(一) 票样**(见图 2-5、图 2-6)

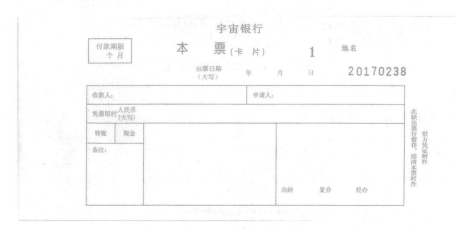

图 2-5　银行本票第 1 联

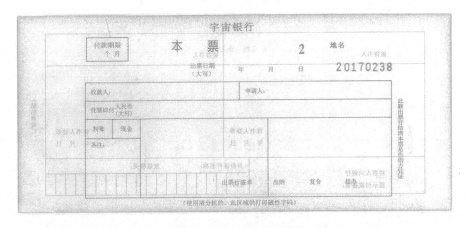

图 2-6　银行本票第 2 联

**(二) 流转程序**(见图 2-7)

### 2.1.3　银行汇票

银行汇票是指由出票银行签发的,由其在见票时按照实际结算金额无条件付给收款人或者持票人的票据。银行汇票的出票银行为银行汇票的付款人。银行汇票一式四联,第一联为卡片,为承兑行支付票款时作付出传票;第二联为银行汇票,与第三联解讫通知一并由汇款人自带,在兑付行兑付汇票后此联作联行往来账付出传票;第三联解讫通知,在兑付行兑付后随报单基签发行,由签发行作余款收入传票;第四联是多余款通知,并在签发行结清

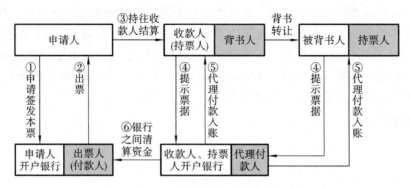

图 2-7　银行本票流转程序图

后交汇款人。

**(一) 票样**(见图 2-8 至图 2-11)

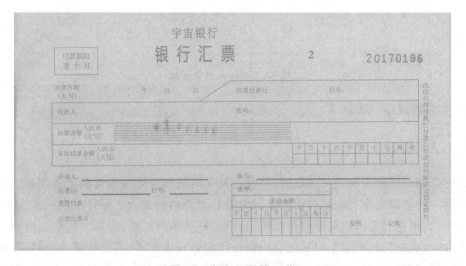

图 2-8　银行汇票第 1 联

图 2-9　银行汇票第 2 联

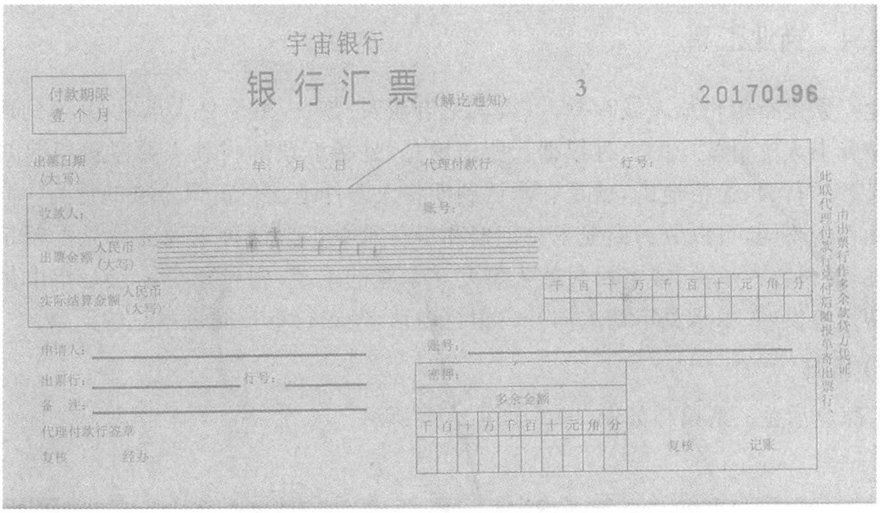

宇宙银行

付款期限 壹个月

银行汇票（解讫通知）　3　20170196

出票日期（大写）　年　月　日　代理付款行：　行号：

收款人：　账号：

出票金额 人民币（大写）

实际结算金额 人民币（大写）　千 百 十 万 千 百 十 元 角 分

申请人：　账号：

出票行：　行号：

备　注：

密押：

多余金额　千 百 十 万 千 百 十 元 角 分

代理付款行签章

复核　经办　复核　记账

此联代理付款行兑付后随报单寄出票行，由出票行作多余款贷方凭证

图 2-10　银行汇票第 3 联

宇宙银行

付款期限 壹个月

银行汇票（多余款收账通知）　4　20170196

出票日期（大写）　年　月　日　代理付款行：　行号：

收款人：　账号：

出票金额 人民币（大写）

实际结算金额 人民币（大写）　千 百 十 万 千 百 十 元 角 分

申请人：　账号：

出票行：　行号：

备　注：

出票行签章　年　月　日

密押：

多余金额　千 百 十 万 千 百 十 元 角 分

左列退回多余金额已收入你账户内。

此联出票行结清多余款后交申请人

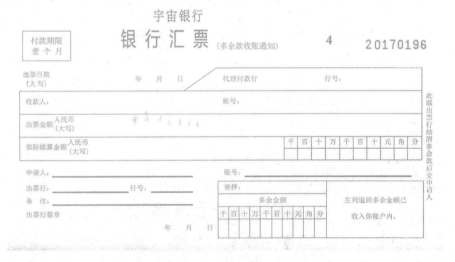

图 2-11　银行汇票第 4 联

## （二）流转程序（见图 2-12）

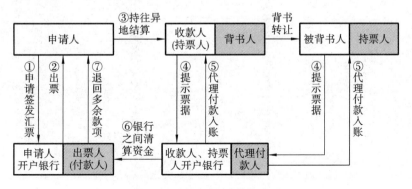

图 2-12　银行汇票流转程序图

### 2.1.4 商业汇票

商业汇票是指由付款人或存款人(或承兑申请人)签发,由承兑人承兑,并于到期日向收款人或被背书人支付款项的一种票据。所谓承兑,是指汇票的付款人愿意负担起票面金额的支付义务的行为,通俗地讲,就是它承认到期将无条件地支付汇票金额的行为。商业汇票按其承兑人的不同,可以分为商业承兑汇票和银行承兑汇票两种。商业承兑汇票是指由存款人签发,经付款人承兑,或者由付款人签发并承兑的汇票;银行承兑汇票是指由付款人或承兑申请人签发,并由承兑申请人向开户银行申请,经银行审查同意承兑的汇票。

**(一)票样**

(1) 商业承兑汇票票样如图 2-13 至图 2-15 所示。

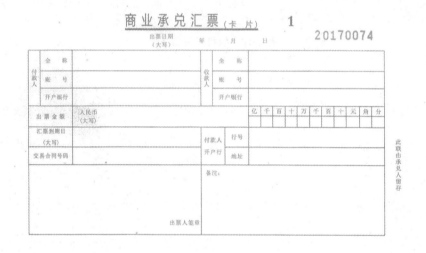

图 2-13　商业承兑汇票第 1 联

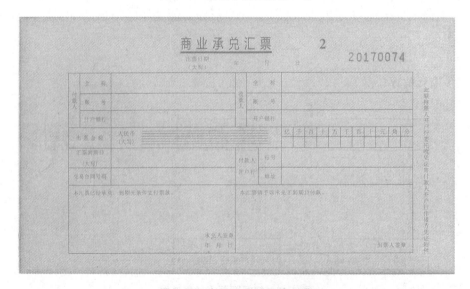

图 2-14　商业承兑汇票第 2 联

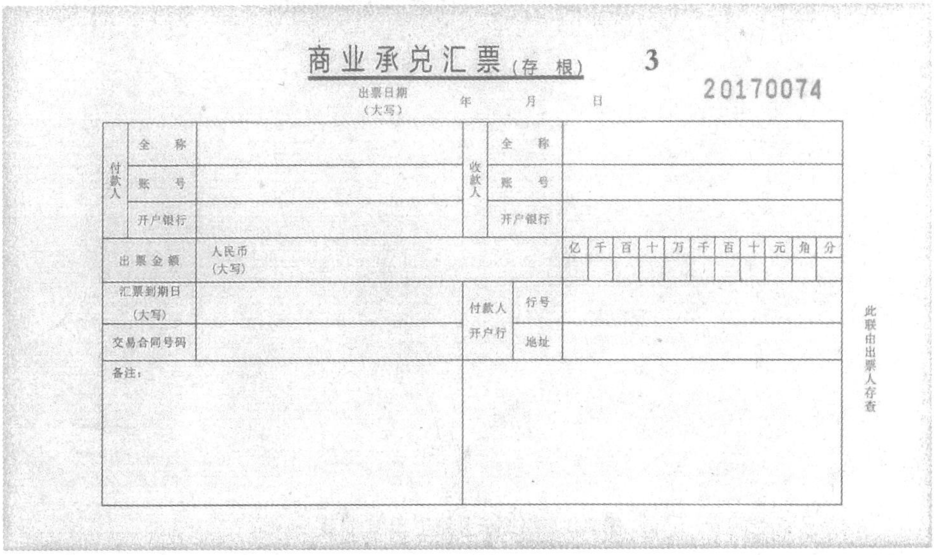

商业承兑汇票（存 根）　3

20170074

出票日期（大写）　年　月　日

| | | | | | |
|---|---|---|---|---|---|
| 付款人 | 全　称 | | 收款人 | 全　称 | |
| | 账　号 | | | 账　号 | |
| | 开户银行 | | | 开户银行 | |
| 出票金额 | 人民币（大写） | | | 亿 千 百 十 万 千 百 十 元 角 分 | |
| 汇票到期日（大写） | | | 付款人开户行 | 行号 | |
| 交易合同号码 | | | | 地址 | |
| 备注： | | | | | |

此联由出票人存查

图 2-15　商业承兑汇票第 3 联

（2）银行承兑汇票票样如图 2-16 至图 2-18 所示。

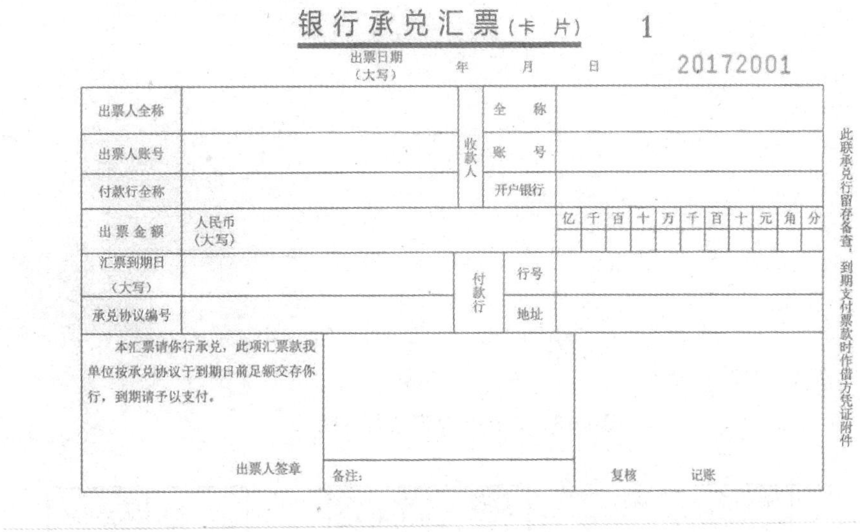

银行承兑汇票（卡 片）　1

20172001

出票日期（大写）　年　月　日

| | | | | |
|---|---|---|---|---|
| 出票人全称 | | 收款人 | 全　称 | |
| 出票人账号 | | | 账　号 | |
| 付款行全称 | | | 开户银行 | |
| 出票金额 | 人民币（大写） | | 亿 千 百 十 万 千 百 十 元 角 分 | |
| 汇票到期日（大写） | | 付款行 | 行号 | |
| 承兑协议编号 | | | 地址 | |
| 本汇票请你行承兑，此项汇票款我单位按承兑协议于到期日前足额交存你行，到期请予以支付。<br>出票人签章 | 备注： | | 复核　记账 | |

此联承兑行留存备查，到期支付票款时作借方凭证附件

图 2-16　银行承兑汇票第 1 联

### （二）流转程序

（1）商业承兑汇票流转程序如图 2-19 所示。

（2）银行承兑汇票流转程序如图 2-20 所示。

## 2.1.5　增值税专用发票

增值税专用发票是由国家税务总局监制设计印制的，只限于增值税专用发票一般纳税人领购使用的，既作为纳税人反映经济活动中的重要会计凭证，又兼记销货方纳税义务和购

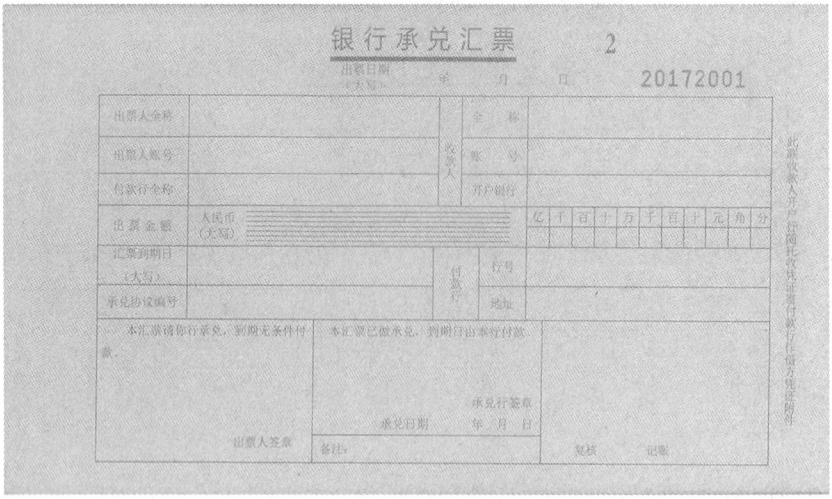

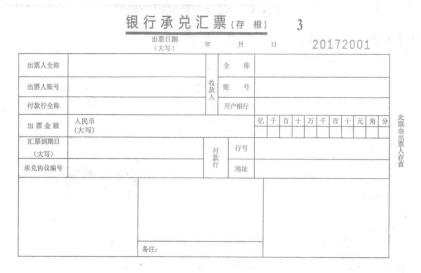

图 2-17　银行承兑汇票第 2 联

图 2-18　银行承兑汇票第 3 联

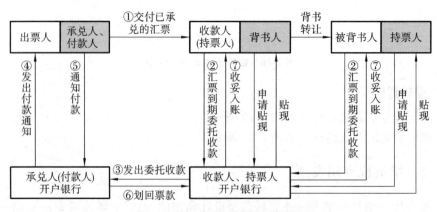

图 2-19　商业承兑汇票流转程序图

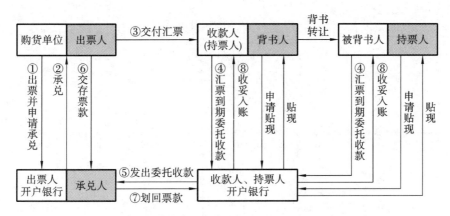

图 2-20 银行承兑汇票流转程序图

货方进项税额的合法证明。它是增值税计算和管理中重要的、决定性的、合法的专用发票。

增值税专用发票由基本联次或基本联次附加其他联次构成。基本联次为：记账联、抵扣联和发票联。

(1) 记账联：作为销售方核算销售收入和增值税销项税额的记账凭证。
(2) 抵扣联：作为购买方报送主管税务机关认证和留存备查的凭证。
(3) 发票联：作为购买方核算采购成本和增值税进项税额的记账凭证。
(4) 其他联次用途由一般纳税人自行确定。

空白增值税专用发票票样如图 2-21 至图 2-23 所示。

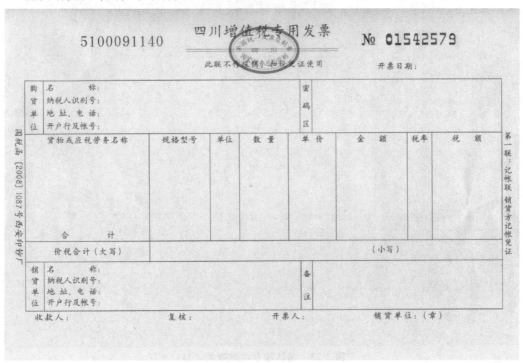

图 2-21 增值税专用发票第 1 联

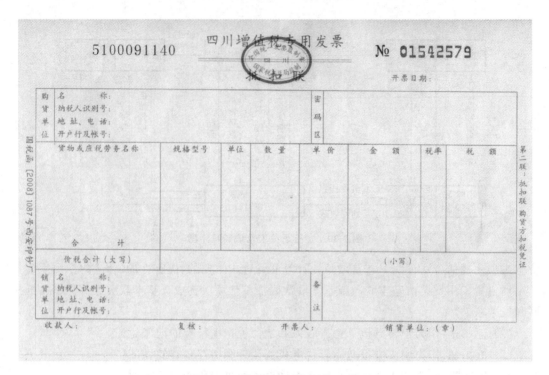

图 2-22 增值税专用发票第 2 联

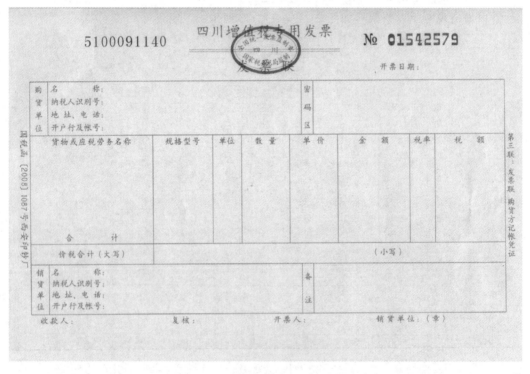

图 2-23 增值税专用发票第 3 联

## 2.2 票据和结算凭证的填写要求

### 2.2.1 数字与金额的填写要求

参见"项目1 会计书写规范"的要求。

### 2.2.2 出票日期的填写要求

(1) 票据的出票日期必须使用中文大写。为防止变造票据的出票日期,在填写月、日时,月为壹、贰和壹拾的,日为壹至玖和壹拾、贰拾和叁拾的,应在其前加"零";日为拾壹至拾玖的,应在其前加"壹"。如1月15日,应写成零壹月壹拾伍日。再如10月20日,应写成零壹拾月零贰拾日。

(2) 票据出票日期使用小写填写的,银行不予受理。大写日期未按要求规范填写的,银行可予受理,但由此造成损失的,由出票人自行承担。

## 2.3 票据和结算凭证的填写单项实训

### 2.3.1 发票的开具(所需的空白发票附在资料信息后)

(1) 请根据下列信息填写一张增值税专用发票。

开票日期:20××年1月18日

购货单位名称:艾德贸易有限责任公司,纳税人识别号:330209768468457,地址:宁波市高新区东方路1号,电话:0574-66785532,开户行及账号:中国工商银行高新支行6222562314789526301

货物名称:电动车,规格型号:女士,单位:辆,数量:1200,单价:1600,税率:17%

销货单位名称:精益电动车有限责任公司,纳税人识别号:310106548765432,地址:成都市武侯区天平路8号,电话:028-85263475,开户行及账号:中国建设银行天平支行6227589632174582367

(2) 请根据下列信息填写一张增值税专用发票。

开票日期:20××年1月25日

购货单位名称:星火机器厂,纳税人识别号:140107739950977,地址:成都市和平路13号,电话:028-68964571,开户行及账号:中国工商银行广场支行200531002-26

货物名称:风机,规格型号:E-1型,单位:台,数量:5,单价:1300,税率:17%

销货单位名称:海滨机械厂,纳税人识别号:140107719850987,地址:成都市解放路28

号,电话:028-85641258,开户行及账号:中国工商银行三分行 20100354

(3) 请根据下列信息填写一张增值税专用发票。

20××年2月1日,鼎坚电子科技有限公司(纳税人识别号:330199999000005,地址:成都市百叶路107号,开户行及账号:中国建设银行高新支行 789789789789789)向方正包装有限公司(纳税人识别号:330288880000045,地址:成都市百草路208号,开户行:中国工商银行高新支行,银行账户:789789789789789)销售货物,资料如下(请在备注栏内注明收款方式为:银行转账):

销售货物明细资料

| 货物名称(型号) | 数量 | 不含税单价/元 |
| --- | --- | --- |
| 打印机 LBP3250 | 8 台 | 4520.00 |
| 打印机 LBP6300 | 3 台 | 3000.00 |
| 打印机 LBP6650 | 2 台 | 5100.00 |

(4) 请根据下列信息填写一张增值税专用发票。

20××年2月5日,鼎坚电子科技有限公司(纳税人识别号:330199999000005,地址:成都市百叶路107号,开户行及账号:中国建设银行高新支行 789789789789789)向方正包装有限公司(纳税人识别号:330288880000045,地址:成都市百草路208号,开户行:中国工商银行高新支行,银行账户:789789789789789)销售货物,资料如下(请在备注栏内注明收款方式为:现金):

销售货物明细资料

| 货物名称(型号) | 数量 | 不含税单价/元 |
| --- | --- | --- |
| A4 纸 | 15 箱 | 135.00 |
| 打印纸 窄行 | 25 箱 | 68.00 |

(5) 请根据下列信息填写一张增值税专用发票。

20××年2月14日,鼎坚电子科技有限公司(纳税人识别号:330199999000005,地址:成都市百叶路107号,开户行及账号:中国建设银行高新支行 789789789789789)向方正包装有限公司(纳税人识别号:330288880000045,地址:成都市百草路208号,开户行:中国工商银行高新支行,银行账户:789789789789789)销售货物,资料如下(请在备注栏内注明收款方式为:转账支票):

销售货物明细资料

| 货物名称(型号) | 数量 | 不含税单价/元 |
| --- | --- | --- |
| 打印机 LBP6108 | 12 台 | 3580.00 |
| 复印机 ML-2245 | 3 台 | 8500.00 |

(6) 请根据下列信息填写一张增值税专用发票。

20××年3月10日,鼎坚电子科技有限公司(纳税人识别号:330199999000005,地址:

成都市百叶路107号,开户行及账号:中国建设银行高新支行789789789789789)向方正包装有限公司(纳税人识别号:330288880000045,地址:成都市百草路208号,开户行:中国工商银行高新支行,银行账户:789789789789)销售货物,资料如下(请在备注栏内注明收款方式为:转账支票):

销售货物明细资料

| 货物名称(型号) | 数量 | 不含税单价/元 |
| --- | --- | --- |
| 打印机 LBP6108 | 9 台 | 3360.00 |
| 复印机 ML-2245 | 6 台 | 8200.00 |

(7) 请根据下列信息填写一张增值税专用发票。

20××年3月26日,鼎坚电子科技有限公司(纳税人识别号:330199999000005,地址:成都市百叶路107号,开户行及账号:中国建设银行高新支行789789789789789)向方正包装有限公司(纳税人识别号:330288880000045,地址:成都市百草路208号,开户行:中国工商银行高新支行,银行账户:789789789789)销售货物,资料如下(请在备注栏内注明收款方式为:现金):

销售货物明细资料

| 货物名称(型号) | 数量 | 不含税单价/元 |
| --- | --- | --- |
| 打印机 LBP3250 | 4 台 | 3350.00 |
| 打印机 LBP5050 | 5 台 | 3600.00 |
| 打印机 LBP3095 | 9 台 | 3700.00 |

(8) 请根据下列信息填写一张增值税专用发票。

20××年3月30日,鼎坚电子科技有限公司(纳税人识别号:330199999000005,地址:成都市百叶路107号,开户行及账号:中国建设银行高新支行789789789789789)向富通印刷器材商行(纳税人识别号:330199999000065,地址:成都市城中北路203-2号,开户行及账号:中国银行城中支行88245879879789)销售货物,资料如下(请在备注栏内注明收款方式为:转账支票):

销售货物明细资料

| 货物名称(型号) | 数量 | 不含税单价/元 |
| --- | --- | --- |
| 打印机 LBP3095 | 4 台 | 3600.00 |
| 打印机 LBP6650 | 5 台 | 5050.00 |
| 打印机 LBP7200 | 5 台 | 4700.00 |

(9) 请根据下列信息填写一张增值税专用发票。

20××年4月3日,鼎坚电子科技有限公司(纳税人识别号:330199999000005,地址:成都市百叶路107号,开户行及账号:中国建设银行高新支行789789789789789)向富通印刷器材商行(纳税人识别号:330199999000065,地址:成都市城中北路203-2号,开户行及账

号:中国银行城中支行88245879879789)销售货物,资料如下(请在备注栏内注明收款方式为:银行转账):

销售货物明细资料

| 货物名称(型号) | 数量 | 不含税单价/元 |
| --- | --- | --- |
| 复印机 ML-2245 | 2 台 | 5600.00 |
| 打印机 LBP3310 | 3 台 | 4500.00 |
| 打印机 Hp1010 | 2 台 | 3500.00 |
| 打印机 LBP3095 | 3 台 | 3580.00 |
| 打印机 Epson LQ-680k | 4 台 | 5680.00 |
| 打印机 LBP6650 | 2 台 | 5050.00 |
| 打印机 LBP7200 | 3 台 | 4660.00 |
| 复印纸 | 10 箱 | 250.00 |
| 计算器 | 30 台 | 65.00 |

(10) 请根据下列信息填写一张增值税专用发票。

20××年4月18日,鼎坚电子科技有限公司(纳税人识别号:330199999000005,地址:成都市百叶路107号,开户行及账号:中国建设银行高新支行789789789789)向立天实业有限公司(纳税人识别号:330199999000028,地址:成都市肖江镇世纪大道,开户行与账号:中国农业银行肖江支行789789789789)销售货物,资料如下(请在备注栏内注明收款方式为:银行转账):

销售货物明细资料

| 货物名称(型号) | 数量 | 不含税单价/元 |
| --- | --- | --- |
| 打印机 Epson LQ-590k | 2 台 | 6250.00 |
| 打印机 Epson LQ-300k | 3 台 | 5350.00 |
| 打印机 Epson LQ-680k | 1 台 | 5680.00 |

(11) 请根据下列信息填写一张增值税专用发票。

20××年4月27日,鼎坚电子科技有限公司(纳税人识别号:330199999000005,地址:成都市百叶路107号,开户行及账号:中国建设银行高新支行789789789789)向立天实业有限公司(纳税人识别号:330199999000028,地址:成都市肖江镇世纪大道,开户行与账号:中国农业银行肖江支行789789789789)销售货物,资料如下(请在备注栏内注明收款方式为:银行转账):

销售货物明细资料

| 货物名称(型号) | 数量 | 不含税单价/元 |
| --- | --- | --- |
| 打印机 LBP7200 | 4 台 | 4760.00 |
| 打印机 LBP3095 | 2 台 | 3550.00 |

## 四川增值税专用发票

5100091140　　　　No 0154257*

此联不得作退销凭证和税证使用　　　　开票日期：

| 购货单位 | 名　　称： | | | | 密码区 | | |
|---|---|---|---|---|---|---|---|
| | 纳税人识别号： | | | | | | |
| | 地　址、电话： | | | | | | |
| | 开户行及帐号： | | | | | | |

| 货物或应税劳务名称 | 规格型号 | 单位 | 数量 | 单价 | 金　额 | 税率 | 税额 |
|---|---|---|---|---|---|---|---|
| | | | | | | | |
| | | | | | | | |
| 合　　　计 | | | | | | | |
| 价税合计（大写） | | | | （小写） | | | |

| 销货单位 | 名　　称： | 备注 |
|---|---|---|
| | 纳税人识别号： | |
| | 地　址、电话： | |
| | 开户行及帐号： | |

收款人：　　　复核：　　　开票人：　　　销货单位：（章）

国税函〔2008〕1087号西安印钞厂

第一联：记帐联　销货方记帐凭证

---

## 四川增值税专用发票

5100091140　　　　No 0154257*

此联不得作退销凭证和税证使用　　　　开票日期：

| 购货单位 | 名　　称： | | | | 密码区 | | |
|---|---|---|---|---|---|---|---|
| | 纳税人识别号： | | | | | | |
| | 地　址、电话： | | | | | | |
| | 开户行及帐号： | | | | | | |

| 货物或应税劳务名称 | 规格型号 | 单位 | 数量 | 单价 | 金　额 | 税率 | 税额 |
|---|---|---|---|---|---|---|---|
| | | | | | | | |
| | | | | | | | |
| 合　　　计 | | | | | | | |
| 价税合计（大写） | | | | （小写） | | | |

| 销货单位 | 名　　称： | 备注 |
|---|---|---|
| | 纳税人识别号： | |
| | 地　址、电话： | |
| | 开户行及帐号： | |

收款人：　　　复核：　　　开票人：　　　销货单位：（章）

国税函〔2008〕1087号西安印钞厂

第一联：记帐联　销货方记帐凭证

## 四川增值税专用发票

No 5100091140　　　　　　　　　　　　　　№ 0154257*

此联不作报销冲抵税凭证使用　　　　开票日期：

| 购货单位 | 名　　称： |
| | 纳税人识别号： |
| | 地址、电话： |
| | 开户行及帐号： |

密码区

| 货物或应税劳务名称 | 规格型号 | 单位 | 数量 | 单价 | 金额 | 税率 | 税额 |
|---|---|---|---|---|---|---|---|
|  |  |  |  |  |  |  |  |
|  |  |  |  |  |  |  |  |
|  |  |  |  |  |  |  |  |
| 合　　计 |  |  |  |  |  |  |  |

价税合计（大写）　　　　　　　　　　　（小写）

| 销货单位 | 名　　称： |
| | 纳税人识别号： |
| | 地址、电话： |
| | 开户行及帐号： |

备注

收款人：　　　复核：　　　开票人：　　　销货单位：（章）

国税函〔2008〕1087号西安印制厂

第一联：记帐联 销货方记帐凭证

---

## 四川增值税专用发票

No 5100091140　　　　　　　　　　　　　　№ 0154257*

此联不作报销冲抵税凭证使用　　　　开票日期：

| 购货单位 | 名　　称： |
| | 纳税人识别号： |
| | 地址、电话： |
| | 开户行及帐号： |

密码区

| 货物或应税劳务名称 | 规格型号 | 单位 | 数量 | 单价 | 金额 | 税率 | 税额 |
|---|---|---|---|---|---|---|---|
|  |  |  |  |  |  |  |  |
|  |  |  |  |  |  |  |  |
|  |  |  |  |  |  |  |  |
| 合　　计 |  |  |  |  |  |  |  |

价税合计（大写）　　　　　　　　　　　（小写）

| 销货单位 | 名　　称： |
| | 纳税人识别号： |
| | 地址、电话： |
| | 开户行及帐号： |

备注

收款人：　　　复核：　　　开票人：　　　销货单位：（章）

国税函〔2008〕1087号西安印制厂

第一联：记帐联 销货方记帐凭证

项目 2　票据和结算凭证的填写

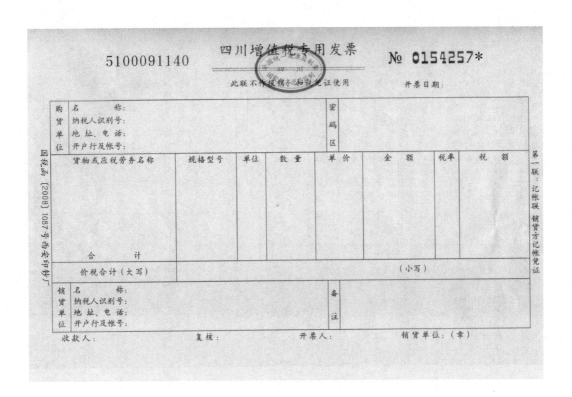

## 四川增值税专用发票

No 5100091140　　No 0154257*

此联不作报销费用抵扣凭证使用　　开票日期：

| 购货单位 | 名　　称： |  |  | 密码区 |  |  |  |
|---|---|---|---|---|---|---|---|
|  | 纳税人识别号： |  |  |  |  |  |  |
|  | 地址、电话： |  |  |  |  |  |  |
|  | 开户行及帐号： |  |  |  |  |  |  |

| 货物或应税劳务名称 | 规格型号 | 单位 | 数量 | 单价 | 金　额 | 税率 | 税　额 |
|---|---|---|---|---|---|---|---|
|  |  |  |  |  |  |  |  |
| 合　　计 |  |  |  |  |  |  |  |
| 价税合计（大写） |  |  |  |  | （小写） |  |  |

| 销货单位 | 名　　称： |  | 备注 |
|---|---|---|---|
|  | 纳税人识别号： |  |  |
|  | 地址、电话： |  |  |
|  | 开户行及帐号： |  |  |

收款人：　　复核：　　开票人：　　销货单位：（章）

国税函〔2008〕1087号西安印钞厂　　第一联：记帐联 销货方记帐凭证

---

## 四川增值税专用发票

No 5100091140　　No 0154257*

此联不作报销费用抵扣凭证使用　　开票日期：

| 购货单位 | 名　　称： |  |  | 密码区 |  |  |  |
|---|---|---|---|---|---|---|---|
|  | 纳税人识别号： |  |  |  |  |  |  |
|  | 地址、电话： |  |  |  |  |  |  |
|  | 开户行及帐号： |  |  |  |  |  |  |

| 货物或应税劳务名称 | 规格型号 | 单位 | 数量 | 单价 | 金　额 | 税率 | 税　额 |
|---|---|---|---|---|---|---|---|
|  |  |  |  |  |  |  |  |
| 合　　计 |  |  |  |  |  |  |  |
| 价税合计（大写） |  |  |  |  | （小写） |  |  |

| 销货单位 | 名　　称： |  | 备注 |
|---|---|---|---|
|  | 纳税人识别号： |  |  |
|  | 地址、电话： |  |  |
|  | 开户行及帐号： |  |  |

收款人：　　复核：　　开票人：　　销货单位：（章）

国税函〔2008〕1087号西安印钞厂　　第一联：记帐联 销货方记帐凭证

## 四川增值税专用发票

No 0154257*

5100091140

此联不作报销等扣税凭证使用　　开票日期：

| 购货单位 | 名　　称： | | | | | 密码区 | | |
|---|---|---|---|---|---|---|---|---|
| | 纳税人识别号： | | | | | | | |
| | 地址、电话： | | | | | | | |
| | 开户行及帐号： | | | | | | | |

| 货物或应税劳务名称 | 规格型号 | 单位 | 数量 | 单价 | 金　额 | 税率 | 税额 |
|---|---|---|---|---|---|---|---|
| | | | | | | | |
| 合　　计 | | | | | | | |
| 价税合计（大写） | | | | | （小写） | | |

| 销货单位 | 名　　称： | | 备注 |
|---|---|---|---|
| | 纳税人识别号： | | |
| | 地址、电话： | | |
| | 开户行及帐号： | | |

收款人：　　　　复核：　　　　开票人：　　　　销货单位：（章）

第一联：记帐联 销货方记帐凭证

国税函〔2008〕1087号西安印制厂

---

## 四川增值税专用发票

No 0154257*

5100091140

此联不作报销等扣税凭证使用　　开票日期：

| 购货单位 | 名　　称： | | | | | 密码区 | | |
|---|---|---|---|---|---|---|---|---|
| | 纳税人识别号： | | | | | | | |
| | 地址、电话： | | | | | | | |
| | 开户行及帐号： | | | | | | | |

| 货物或应税劳务名称 | 规格型号 | 单位 | 数量 | 单价 | 金　额 | 税率 | 税额 |
|---|---|---|---|---|---|---|---|
| | | | | | | | |
| 合　　计 | | | | | | | |
| 价税合计（大写） | | | | | （小写） | | |

| 销货单位 | 名　　称： | | 备注 |
|---|---|---|---|
| | 纳税人识别号： | | |
| | 地址、电话： | | |
| | 开户行及帐号： | | |

收款人：　　　　复核：　　　　开票人：　　　　销货单位：（章）

第一联：记帐联 销货方记帐凭证

国税函〔2008〕1087号西安印制厂

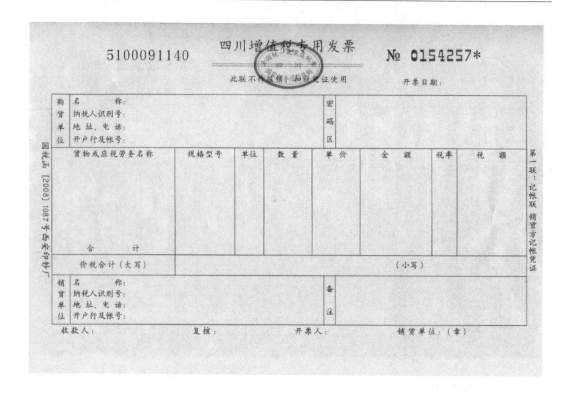

### 2.3.2 票据和结算凭证的开具

（1）请根据下列信息签发一张现金支票。

出票日期：20××年1月5日

收款人：华宏公司

金额：￥165,200.95

用途：工资

(2) 请根据下列信息签发一张现金支票。

出票日期:20××年3月10日

收款人:昌新贸易公司

金额:￥8,053.40

用途:备用金

(3) 请根据下列信息签发一张转账支票。

出票日期:20××年10月17日

收款人:泛美商行

金额:￥130,090.80

用途:货款

(4) 请根据下列信息签发一张转账支票。

出票日期:20××年11月20日

收款人:兴华公司

金额:¥1,000,301.82

用途:还借款

(5) 请根据下列信息签发一张转账支票。

出票日期:20××年12月28日

收款人:建昌公司

金额:¥189,438.06

用途:货款

(6) 20××年1月5日,盛泰实业股份有限公司签发现金支票,提取备用金3,000.00元。

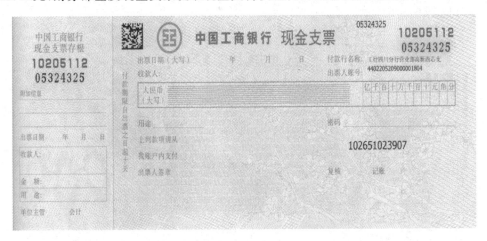

(7) 20××年1月10日,盛泰实业股份有限公司供销科长张志经批准预借差旅费4,000.00元,财务部签发现金支票提取现金支付供销科长张志预借差旅费。

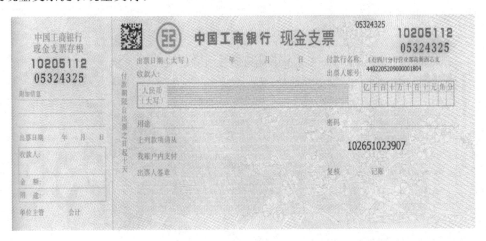

(8) 20××年1月16日,盛泰实业股份有限公司向个人收购土产品计11,650.00元,签发现金支票提取现金支付。

（9）20××年1月18日，盛泰实业股份有限公司根据与宏叶制造厂签订的合同约定，签发转账支票支付预付款67,000.00元。

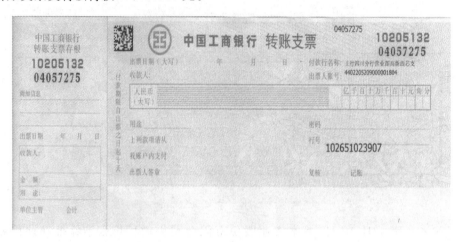

（10）20××年1月19日，盛泰实业股份有限公司支付嘉利会计师事务所审计费5,000.00元，填制转账支票。

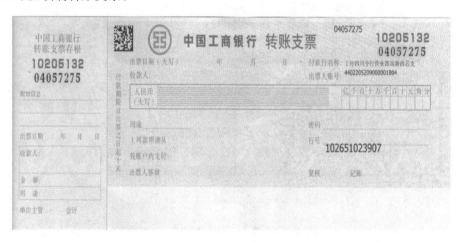

（11）20××年1月20日，盛泰实业股份有限公司偿还前欠宏叶制造厂购货款182,050.00元，填制转账支票。

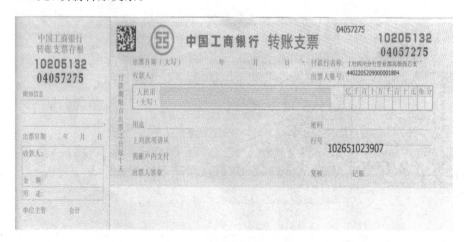

(12) 20××年2月8日,华盛实业股份有限公司以转账支票支付北京翔鸿工贸公司货款37,400.00元,填制银行进账单。

华盛实业股份有限公司的开户行:中国银行北京海淀支行,账号:4563651010088812489;北京翔鸿工贸公司的开户行:中国工商银行北京朝阳支行,账号:0200010025740275562。

转账支票号码:10205478。

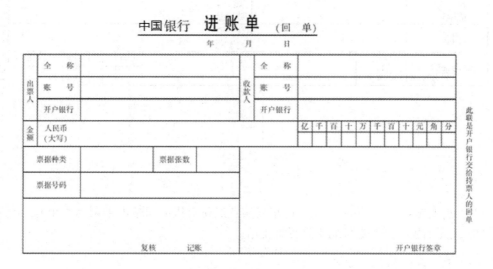

(13) 20××年1月25日,华盛实业股份有限公司购买办公用具,货款以银行本票结算,请根据增值税专用发票填写银行本票申请书。

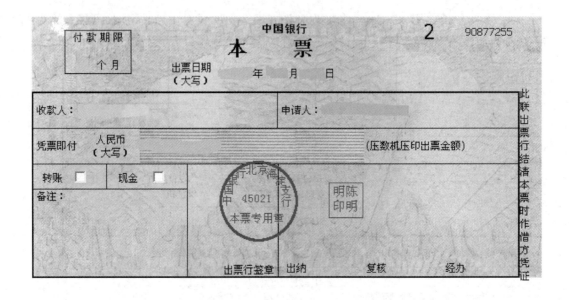

中国银行本票申请书(存根)　第0572111号

| 申请日期 | 年 月 日 |

| 申请人 | | 收款人 | | 此联申请人留存 |
| 账 号 或地址 | | 账 号 或地址 | | |
| 用途 | | 代理付款行 | | |
| 申请金额 | 人民币(大写) | | 千百十万千百十元角分 | |

备注：

(14) 承上题，20××年1月25日，华盛实业股份有限公司签发期限为壹个月、金额为58,500.00元的银行本票交付北京百货批发站。

(15) 20××年3月13日，明发商贸有限公司为购买设备向开户银行申请签发银行汇票一张，根据采购合同，填制银行汇票申请书。

## 采购合同

合同编号：BJ200903131

**购货单位：** 明发商贸有限公司（以下简称甲方）

纳税人识别号：110270590544459

开户行、账号：中国工商银行北京西城支行 0200001009012136441

地址、电话：北京西城区百庄西里12号 01084226259

**供货单位：** 上海沪鑫制造厂（以下简称乙方）

纳税人识别号：310454424542345

开户行、账号：中国工商银行上海嘉定支行 9558872390137252471

地址、电话：上海嘉定区嘉新公路19号 02134567823

为了增强甲乙双方的责任感，加强经济核算，提高经济效益，确保双方实现各自的经济目的，经甲乙双方充分协商，特订立本合同，以便共同遵守。

第一条：产品的名称、品种、规格和数量、金额等事项

甲方向乙方购买发电机一台，甲方需支付货款金额150,000.00元

第二条：产品的交货单位、交货方法、运输方式、到货时间

1. 产品的交货时间：20**年03月25日
2. 交货方法，按下列第（1）项执行：
   (1) 乙方送货（由乙方负责送货上门）
   (2) 乙方代运（乙方代办运输，货到甲方付运费）
   (3) 甲方自提自运

第三条：货款的结算

1. 合同签订，甲方即签发金额为150,000.00元的银行汇票支付设备款。

第四条：对产品提出异议的时间和办法

1. 甲方在验收中，如果发现产品的品种、型号、规格、花色和质量不合规定，应一面妥为保管，一面在2天内向乙方提出书面异议；
2. 如甲方未按规定期限提出书面异议的，视为所交产品符合合同规定。
3. 甲方因使用、保管不善等造成产品质量下降的，不得提出异议。
4. 乙方在接到甲方书面异议后，应在十天内负责处理，否则，即视为默认甲方提出的异议和处理意见。

第五条：乙方的违约责任

乙方不能及时送达产品的，应向甲方偿付设备款的5%。

第六条：本协议一式二份，甲方1份，乙方1份，自签订日起生效，有效期6个月。

甲方：（公章）　　　法定代表人：陈丁奇（签章）　　签订日期：20**.3.13

乙方：（公章）　　　法定代表人：刘东方（签章）　　签订日期：20**.3.13

---

## 中国工商银行汇票申请书(存根)　　　第 20 号

申请日期　　年　月　日

| 申请人 | | 收款人 | | |
|---|---|---|---|---|
| 账　号 或地址 | | 账　号 或地址 | | 此联申请人留存 |
| 用途 | | 代理付款行 | | |
| 汇款金额 | 人民币（大写） | | 千百十万千百十元角分 | |

备注：

(16) 20××年2月20日,明发商贸有限公司根据20××年2月1日签发的银行汇票申请书支付采购商品款18,000.00元,请填写银行汇票。

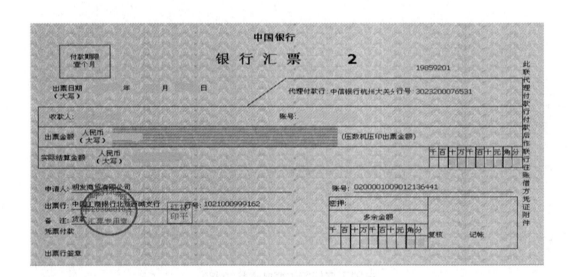

(17) 20××年1月6日,明发商贸有限公司向宏叶制造厂购买瓷砖一批,签发付款期限为4个月的商业承兑汇票一张,明发商贸有限公司于20××年1月10日承兑付款。(合同号码:05006)

请根据增值税专用发票的相关信息填写商业承兑汇票。

# 北京增值税专用发票

3200063170　　　　　　　　　　　　　　　　　　No 10212302

开票日期：20**年 01月 06日

| 购货单位 | 名　称 | 明发商贸有限公司 | 密码区 | *-*5436*6+76>22126690 加密版本：01 /073-68-<9-/+5172599　3100083620 8796>2017<226<-13--8/　01454880 77>+79*<*76479+9<>>// |
| --- | --- | --- | --- | --- |
| | 纳税人识别号 | 110270590544459 | | |
| | 地址、电话 | 北京西城区百庄西里12号，01084226259 | | |
| | 开户行及账号 | 中国工商银行北京西城支行 0200001009012 | | |

| 货物或应税劳务名称 | 规格型号 | 单位 | 数量 | 单价 | 金额 | 税率 | 税额 |
| --- | --- | --- | --- | --- | --- | --- | --- |
| 瓷砖 | | 片 | 500.00 | 100.00 | 50000.00 | 17% | 8500.00 |
| 合计 | | | 500.00 | | ¥50000.00 | | ¥8500.00 |

价税合计（大写）　　伍万捌仟伍佰元整　　　　（小写）　¥58500.00

| 销售单位 | 名　称 | 宏叶制造厂 | 备注 | |
| --- | --- | --- | --- | --- |
| | 纳税人识别号 | 110106802212356 | | |
| | 地址、电话 | 北京市海淀区巨山路23号　01056437823 | | |
| | 开户行及账号 | 中国农业银行北京海淀支行 2020499036735 | | |

收款人：　　　　　复核：　　　　开票人：林欣　　　销货单位：（章）

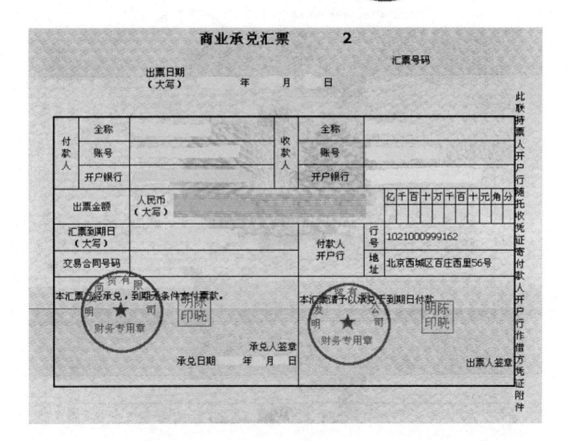

(18) 20××年4月10日,华盛实业股份有限公司向北京百货批发站购买商品,采购合同约定货款以商业承兑汇票结算,期限为4个月。

请根据增值税专用发票的内容填写商业承兑汇票。由华盛实业股份有限公司出票,并于20××年4月15日承兑。

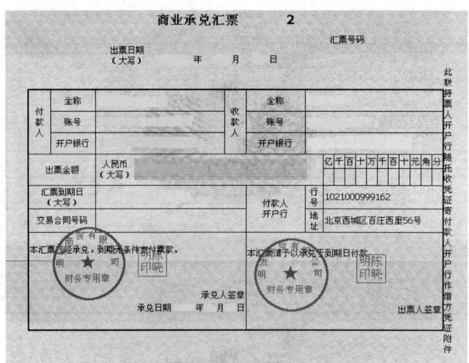

(19) 20××年3月13日，明发商贸有限公司向上海沪鑫制造厂购买设备一台，根据购销合同约定，签发付款期限为5个月的银行承兑汇票一张，并与开户银行签订银行承兑协议一份。（承兑协议编号：050321）

采购合同

合同编号：SH200903130

**购货单位：** 明发商贸有限公司（以下简称甲方）

纳税人识别号：110270590544459

开户行、账号：中国工商银行北京西城支行 0200001009012136441

地址、电话：北京西城区百庄西里12号 01084226509

**供货单位：** 上海沪鑫制造厂（以下简称乙方）

纳税人识别号：310454424542345

开户行、账号：中国工商银行上海嘉定支行 9558872390137252471

地址、电话：上海嘉定区嘉新公路19号 02134567823

为了增强甲乙双方的责任感，加强经济核算，提高经济效益，确保双方实现各自的经济目的，经甲乙双方充分协商，特订立本合同，以便共同遵守。

第一条：产品的名称、品种、规格和数量、金额等事项

**采购明细表**

客户：明发商贸有限公司　　　　　　　　　　　　　　单位：元

| 编号 | 名称 | 单位 | 数量 | 单价 | 金额 | 备注：单台均为含税价 |
|---|---|---|---|---|---|---|
| 301 | 发电机 | 台 | 1.00 | 146,250.00 | 146,250.00 | |
| | 合计 | | | | 146,250.00 | |

第二条：产品的交货单位、交货方法、运输方式、到货时间

1. 产品的交货时间：20**年04月13日
2. 交货方法：按下列第（3）项执行：
    (1) 乙方送货（由乙方负责送货上门）；
    (2) 乙方代运（乙方代办运输，货到甲方付运费）；
    (3) 甲方自提自运。

第三条：货款的结算

1. 合同签订，甲方即签发付款期限为5个月的银行承兑汇票一张。

第四条：对产品提出异议的时间和办法

1. 甲方在验收中，如果发现产品的品种、型号、规格、花色和质量不合规定，应一面妥为保管，一面在2天内向乙方提出书面异议；
2. 如甲方未按规定期限提出书面异议的，视为所产产品符合合同规定。
3. 甲方因使用、保管不善等造成产品质量下降的，不得提出异议。
4. 乙方在接到甲方书面异议后，应在十天内负责处理，否则，即视为默认甲方提出的异议和处理意见。

第五条：乙方的违约责任

乙方不能及时送达产品的，应向甲方偿付不能送达部分货款的5%。

第六条：本协议一式二份，甲方1份，乙方1份，自签订日起生效，有效期6个月。

甲方：（公章）　　法定代表人：张可清（签章）　　签订日期：20**.3.13

乙方：（公章）　　法定代表人：刘仁方（签章）　　签订日期：20**.3.13

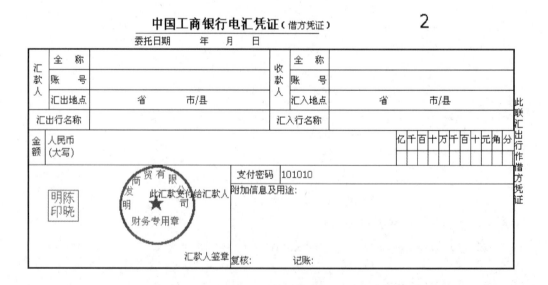

(20) 20××年5月22日，明发商贸有限公司根据合同预付给上海榕运商行货款805,546.00元，款项从开户银行汇出，根据相关资料，填制电汇凭证。

明发商贸有限公司的开户行：中国工商银行北京西城支行，银行账号：0200001009012136441；上海榕运商行的开户行：中国建设银行上海陕西南路分理处，银行账号：4367420010523682475。

(21) 20××年5月25日，明发商贸有限公司收到武汉红星材料供应公司销售材料发票，从开户银行汇出采购款95,472.00元。根据相关资料，填制信汇凭证。

明发商贸有限公司的开户行：中国工商银行北京西城支行，银行账号：0200001009012136441；武汉红星材料供应公司的开户行：中国建设银行上海南京路分理处，银行账号：95599500672125706。

（22）20××年4月28日，新太阳集团有限公司（国企）向上海天地集团有限公司（国企）销售空调一批，货已发出，连同运费办理托收承付结算手续，根据增值税专用发票资料，填制托收凭证。合同号码：555431（邮划）。

## 托收凭证 （受理回单） 1

| 委托日期　年　月　日 | | | | | | |
|---|---|---|---|---|---|---|
| 业务类型 | 委托收款（□邮划、□电划） | | | 托收承付（□邮划、□电划） | | |
| 付款人 | 全称 | | | 收款人 | 全称 | |
| | 账号 | | | | 账号 | |
| | 地址 | 省　市县　开户行 | | | 地址 | 省　市县　开户行 |
| 金额 | 人民币（大写） | | | 亿千百十万千百十元角分 | | |
| 款项内容 | | 托收凭据名称 | 发票 | 附寄单证张数 | 4 | |
| 商品发运情况 | 已发 | 合同名称号码 | 555431 | | | |
| 备注： | | 款项收妥日期 | | （中国银行北京东城支行业务受理章） | | |
| 复核　　记帐 | | 　年　月　日 | | 收款人开户银行签章　　年　月　日 | | |

（23）承上题，20××年4月30日，上海天地集团收到银行的托收付款通知，托收金额共计59,000.00元。因对方运费计算有误前来办理部分拒付，支付58,500.00元，拒付运费500.00元。根据上述资料填写拒绝付款理由书。

## 托收承付委托收款 结算 部分全部 拒绝付款理由书（借方凭证） 2

| 拒付日期　年　月　日 | | | 原托收号码019181 | |
|---|---|---|---|---|
| 付款人 | 全称 | | 收款人 | 全称 |
| | 账号 | | | 账号 |
| | 开户银行 | | | 开户银行 |
| 托收金额 | | 拒付金额 | 部分付款金额 | 亿千百十万千百十元角分 |
| 附寄单证 | 1 张 | 部分付款金额（大写） | | |
| 拒付理由：根据合同规定，运费由新大阳集团承担（上海天地集团财务专用章）李宏 | | | 科目（借） | |
| | | | 对方科目（贷） | |
| | | | 转账日期　年　月　日 | |
| 付款人签章 | | | 复核　　记账 | |

(24) 20××年9月25日，明发商贸有限公司将本单位持有的上海榕运商行20××年3月25日签发的期限为6个月并由其开户银行承兑的银行承兑汇票，向开户银行办理委托收款（邮划）。

请根据银行承兑汇票的内容填写托收凭证。

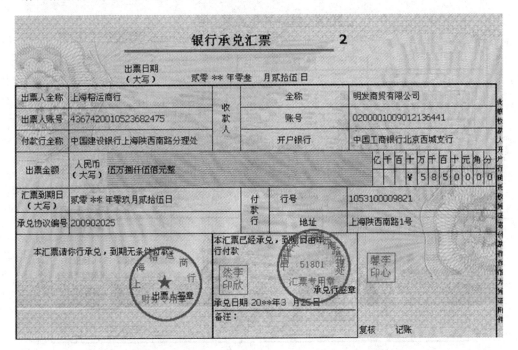

(25) 20××年7月5日,明发商贸有限公司填写委托收款凭证,将本单位持有的上海东方集团有限公司20××年3月25日签发并承兑期限为4个月,不带息的商业承兑汇票,向开户银行办理委托收款(邮划)。请根据商业承兑汇票的内容,填写托收凭证。

**商业承兑汇票　　2**

| | | | | | |
|---|---|---|---|---|---|
| 出票日期(大写) | 贰零**年 零叁月 贰拾伍日 | | 汇票号码 | | |
| 付款人 | 全称 | 上海东方集团有限公司 | 收款人 | 全称 | 明发商贸有限公司 |
| | 账号 | 0200001009012133209 | | 账号 | 0200001009012136441 |
| | 开户银行 | 中国工商银行上海嘉定支行 | | 开户银行 | 中国工商银行北京西城支行 |
| 出票金额 | 人民币(大写) | 伍万捌仟伍佰元整 | | 亿千百十万千百十元角分 ¥ 5 8 5 0 0 0 0 | |
| 汇票到期日(大写) | 贰零**年零柒月贰拾伍日 | | 付款人开户行 | 行号 1023100009821 地址 上海嘉定区华江路05号 | |
| 交易合同号码 | 20070325 | | | | |
| 本汇票已经承兑,到期无条件支付票款。 承兑日期　年　月　日 | | | 本汇票请予以承兑于到期日付款 出票人签章 | | |

**托收凭证　(受理回单)　　1**

委托日期　年　月　日

| | | | | | | | |
|---|---|---|---|---|---|---|---|
| 业务类型 | 委托收款(□邮划、□电划) | | | 托收承付(□邮划、□电划) | | | |
| 付款人 | 全称 | | | 收款人 | 全称 | | |
| | 账号 | | | | 账号 | | |
| | 地址 | 省　市县 | 开户行 | | 地址 | 省　市县 | 开户行 |
| 金额 | 人民币(大写) | | | 亿千百十万千百十元角分 | | | |
| 款项内容 | | | 托收凭据名称 | 商业承兑汇票 | 附寄单证张数 | 1 | |
| 商品发运情况 | | | 合同名称号码 | 20090325 | | | |
| 备注 | | 款项收妥日期 | | 收款人开户银行签章 | | | |
| 复核　　记帐 | | 年　月　日 | | 年　月　日 | | | |

(26) 20××年10月12日,华盛实业股份有限公司供销科交回部门备用金5,000.00元(现金),请填写收款收据。

## 北京市非经营性资金往来统一收据

(收据正联)

发票代码 1352020760193
发票号码 00249801

付款方：_____　　日期：__年__月__日

| 项 | 目 | 金　额 |
|---|---|---|
|  |  |  |
|  |  |  |

合计人民币
(大　写)：　　　　　　　　　　　　　　￥　　　　元

备注：未经收款单位盖章及收款人签章无效。

款项结算方式：_____　开票：_____　收款：_____　收款单位盖章

第二联：付款方收据

(27) 20××年12月15日,华盛实业股份有限公司出纳将当天的销售款送存开户银行,填制现金存款凭条。(其中百元券28张,50元券10张,10元券100张,5元券6张)

## 中国银行现金存款凭条

年　月　日

| 收款人 | 全　称 |  |  | 款项来源 |  |
|---|---|---|---|---|---|
|  | 账　号 |  |  | 交款人 | 罗燕红 |
|  | 开户行 |  |  |  |  |

金额大写(币种)　　　　　　　　　　百十万千百十元角分

| 票面 | 张数 | 金额 | 票面 | 张数 | 金额 |
|---|---|---|---|---|---|
| 100元 |  |  | 5角 |  |  |
| 50元 |  |  | 2角 |  |  |
| 20元 |  |  | 1角 |  |  |
| 10元 |  |  | 5分 |  |  |
| 5元 |  |  | 2分 |  |  |
| 2元 |  |  | 1分 |  |  |
| 1元 |  |  |  |  |  |

中国银行
北京海淀支行
20 .05.15
收讫
(11)

第一联　回单联

## 2.4 票据和结算凭证的流转程序实训

### 2.4.1 实训公司及实训银行信息

**(一) 成都国通电动自行车有限公司信息**

(1) 单位地址:成都市高新西区天骄路121号

(2) 单位电话:02885109668

(3) 统一社会信用代码(即企业法人营业执照代码、组织机构代码、税务登记证代码):91510109632761888X

(4) 法人代表:王远飞(身份证号码:492136197102125958)

(5) 注册资本:9000万元

(6) 经营范围:开发、组装、生产、销售电动自行车,采购、销售电动自行车相关零部件

(7) 企业类别:有限责任公司,无任何分支机构、总机构、关联企业

(8) 出纳:赵红艳(身份证号码:510284198501054864)

(9) 会计:张建涛(身份证号码:510284198608246431)

(10) 基本存款账户开户银行:地球银行武侯支行

(11) 基本存款账户账号:6222896744821462147

(12) 地球银行武侯支行业务经办人员:王琦

(13) 一般存款账户开户银行:宇宙银行西区支行

(14) 一般存款账户账号:6222562314789526301

(15) 宇宙银行西区支行业务经办人员:吴放

(16) 成都国通电动自行车有限公司营业执照正本:

# 营 业 执 照

统一社会信用代码 91510109632761888X

| | |
|---|---|
| 名　　称 | 成都国通电动自行车有限公司 |
| 类　　型 | 有限责任公司（自然人投资或控股） |
| 住　　所 | 成都市高新西区天骄路121号 |
| 法定代表人 | 王远飞 |
| 注册资本 | （人民币）玖仟万元整 |
| 成立日期 | 2012年9月9日 |
| 营业期限 | 2012年9月9日至永久 |
| 经营范围 | 开发、组装、生产、销售电动自行车，采购、销售电动自行车相关零部件。 |

登记机关
2012年09月09日

企业信用信息公示系统网址：http://gsxt.seaic.gov.cn
http://gsxt.ederedit.gov.cn

中华人民共和国国家工商行政管理总局监制

（17）成都国通电动自行车有限公司营业执照副本：

# 营业执照

(副 本)

统一社会信用代码 91510109632761888X

名　　称 成都国通电动自行车有限公司

类　　型 有限责任公司（自然人投资或控股）

住　　所 成都市高新西区天骄路121号

法定代表人 王远飞

注 册 资 本（人民币）玖仟万元整

成 立 日 期 2012年9月9日

营 业 期 限 2012年9月9日至永久

经 营 范 围 开发、组装、生产、销售电动自行车，采购、销售电动自行车相关零部件。

登记机关

2012年09月09日

企业信用信息公示系统网址：http://gsxt.scaic.gov.cn
http://gsxt.ccredit.gov.cn

中华人民共和国国家工商行政管理总局监制

### (二)盛华机械股份有限公司信息

(1) 单位地址:成都市武侯区天微路 15 号
(2) 单位电话:02884061822
(3) 统一社会信用代码(即企业法人营业执照代码、组织机构代码、税务登记证代码):915102000988899888Y
(4) 法人代表:叶振忠(身份证号码:513102197611045578)
(5) 出纳:李晓凤(身份证号码:510284198609274848)
(6) 会计:刘大同
(7) 一般存款账户开户银行:太阳银行武侯支行
(8) 一般存款账户账号:6222300029822228837
(9) 太阳银行武侯支行业务经办人员:陈海

### (三)精益轮胎股份有限公司信息

(1) 单位地址:成都市高新西区天山路 23 号
(2) 单位电话:02856437823
(3) 统一社会信用代码(即企业法人营业执照代码、组织机构代码、税务登记证代码):915101068022123556K
(4) 法人代表:李敏杰
(5) 出纳:王浩然
(6) 会计:赵志福
(7) 一般存款账户开户银行:月亮银行西区支行
(8) 一般存款账户账号:6222468314789575943
(9) 月亮银行西区支行业务经办人员:毛祥

### (四)样章

(1) 成都国通电动自行车有限公司公章。

(2) 成都国通电动自行车有限公司法人代表章(王远飞)。

(3) 成都国通电动自行车有限公司财务专用章。

(4) 成都国通电动自行车有限公司发票专用章。

(5) 盛华机械股份有限公司公章。

(6) 盛华机械股份有限公司法人代表章(叶振忠)。

(7) 盛华机械股份有限公司财务专用章。

(8) 盛华机械股份有限公司发票专用章。

(9) 精益轮胎股份有限公司公章。

(10) 精益轮胎股份有限公司法人代表章(李敏杰)。

(11) 精益轮胎股份有限公司财务专用章。

(12) 精益轮胎股份有限公司发票专用章。

(13) 地球银行武侯支行业务公章、收讫章、付讫章、转讫章、业务经办人员章(王琦)。

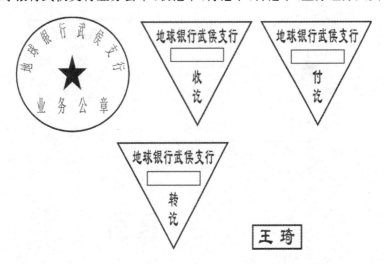

(14) 宇宙银行西区支行业务公章、收讫章、付讫章、转讫章、汇票专用票、本票专用章、业务经办人员章(吴放)。

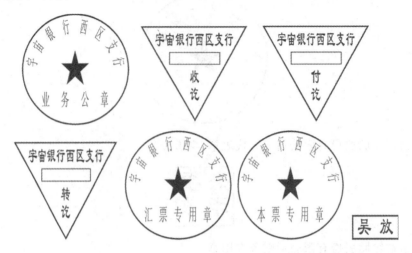

(15) 太阳银行武侯支行业务公章、收讫章、付讫章、转讫章、业务经办人员章(陈海)。

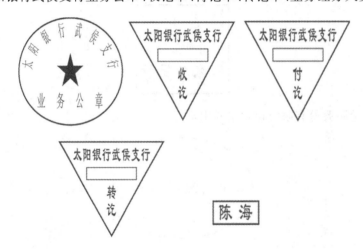

(16) 月亮银行西区支行业务公章、收讫章、付讫章、转讫章、业务经办人员章(毛祥)。

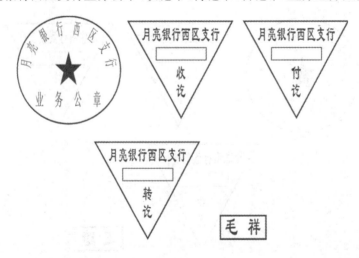

### 2.4.2 银行账户开户实训

银行结算账户:存款人在经办银行开立的办理资金收付结算的人民币活期存款账户。

**1. 基本存款账户**

(1) 基本存款账户是指存款人因办理日常转账结算和现金收付需要开立的银行结算账户;

(2) 基本存款账户是存款人的主办账户;

(3) 该账户主要办理存款人日常经营活动的资金收付,以及存款人的工资、奖金和现金的支取;

(4) 一个单位只能在一家金融机构开立一个基本存款账户。

**2. 一般存款账户**

(1) 一般存款账户是指存款人因借款或其他结算需要,在基本存款账户开户银行以外的银行营业机构开立的银行结算账户;

(2) 一般存款账户用于办理存款人借款转存、借款归还和其他结算的资金收付;

(3) 该账户可以办理现金缴存,但不得办理现金支取;

(4) 存款人开立一般存款账户没有数量限制。

**3. 专用存款账户**

(1) 专用存款账户是指存款人按照法律、行政法规和规章,对其特定用途资金进行专项管理和使用而开立的银行结算账户;

(2) 该账户用于办理各项专用资金的收付,适用于基本建设资金,更新改造资金,财政预算外资金,粮、棉、油收购资金,证券交易结算资金,期货交易保证金,信托基金,金融机构存放同业资金,政策性房地产开发资金,单位银行卡备用金,住房基金,社会保障基金,收入汇缴资金,业务支出资金,党、团、工会设在单位的组织机构经费,其他需要专项管理和使用的资金。

**4. 临时存款账户**

(1) 临时存款账户是存款人因临时需要并在规定期限内使用而开立的银行结算账户;

(2) 因异地临时经营活动需要,可以申请开立异地临时存款账户,用于资金的收付。

**5. 个人银行结算账户**

个人银行结算账户是自然人以身份证或是相应的证件,因投资、消费、结算等而开立的可办理支付结算业务的银行结算账户。

**6. 异地银行结算账户**

异地银行结算账户是指存款人符合法定条件,根据需要在异地开立相应的银行结算账户。存款人有下列情形之一的,可以在异地开立有关银行结算账户:

(1) 营业执照注册地与经营地不在同一行政区域(跨省、市、县),需要开立基本存款账户的;

(2) 办理异地借款和其他结算需要开立一般存款账户的;

(3) 存款人因附属的非独立核算单位或派出机构发生的收入汇缴或业务支出需要开立专用存款账户的;

(4) 异地临时经营活动需要开立临时存款账户的;

(5) 自然人根据需要在异地开立个人银行结算账户的。

银行结算账户的开立与使用如表2-1所示。

表2-1 银行结算账户的开立与使用

| 账 户 | 开立是否需经中国人民银行核准 | 能否存入现金 | 能否支取现金 |
|---|---|---|---|
| 基本存款账户 | 核准 | 可以 | 可以 |
| 一般存款账户 | 备案 | 可以 | 不能 |
| 专用存款账户 | (1)预算单位专用存款账户、合格的境外机构投资者专用存款账户:核准<br>(2)其他:备案 | 不同账户规定不同 | 不同账户规定不同 |
| 临时存款账户 | 核准(因注册验资和增资验资的除外) | 可以 | 可以 |
| 个人银行账户 | 备案 | 可以 | 可以 |

银行结算账户的开立流程如图2-24所示。

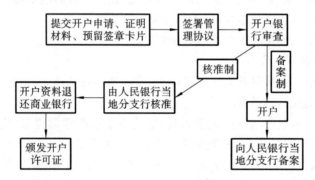

图2-24 银行结算账户的开立流程

**业务1:开立基本存款账户**

业务资料:6月2日,成都国通电动自行车有限公司向地球银行武侯支行申请开立单位基本存款账户(账号:6222896744821462147)。

实训角色:

(1)成都国通电动自行车有限公司会计岗位,人员:张建涛(身份证号码:510284198608246431);

(2)地球银行武侯支行业务经办人员:王琦。

实训道具:

(1)成都国通电动自行车有限公司公章;

(2)成都国通电动自行车有限公司法人代表章(王远飞);

(3)成都国通电动自行车有限公司财务专用章;

(4)成都国通电动自行车有限公司营业执照正本;

(5)地球银行武侯支行业务公章;

(6)地球银行武侯支行业务经办人员章(王琦)。

实训单据:
(1) 单位银行结算账户申请书(1份);
(2) 授权委托书(1份);
(3) 单位预留银行印鉴申请书(1份)。

操作流程:
(1) 公司填写开户申请书。

成都国通电动自行车有限公司授权该公司会计人员办理银行存款结算账户开户事宜,会计人员张建涛填写一份"授权委托书",加盖公章"成都国通电动自行车有限公司"和成都国通电动自行车有限公司法人代表章"王远飞"后,办理业务时提交至开户银行。

填制完成后的授权委托书如下。

## 授 权 委 托 书

中国地球银行　　武侯支行　　　　　　:

我单位(公司)现委托下述受委托人作为我方代理人到你行办理我方在你行开立的　　　　　　账户(账号:　　　　　　　　)的以下业务:　　　　　　
申请开立单位基本存款账户

一、委托人及受托人

委托人:

企业(单位)名称:成都国通电动自行车有限公司

法定代表人:王远飞

证件类型:身份证　　　证件号码:492136197102125958

受托人:

姓名:张建涛　　　性别:男

证件类型:身份证　　　证件号码:510284198608246431

二、授权期限

上述授权期限自20××年 6 月 2 日开始,至20××年 6 月 4 日终止。(最长不超过三个月)

三、特别声明

上述代理事项受委托人均可独立代理。委托人在权限内代理我方办理的上述事项我方均予以承认。

委托人(公章):

法定代表人:

20××年 6 月 2 日

会计人员张建涛在银行柜台按照"开立单位银行结算账户申请书"的要求，如实填写企业信息，加盖公章"成都国通电动自行车有限公司"和成都国通电动自行车有限公司法人代表章"王远飞"。

填制完成后的开立单位银行结算账户申请书如下。

（2）公司提交材料。

公司开立单位基本存款账户所需材料包括：

①营业执照正本原件及复印件；

②法定代表人身份证原件及复印件；

③经办人身份证原件及复印件；

④法定代表人授权委托书(若法定代表人前来办理则不需出具);

⑤公司公章、财务专用章、法定代表人私章(即预留银行印鉴)。

以上所有证件均应经过年检,身份证需在有效期内,复印件均需加盖公司公章并使用A4纸复印清晰,每套材料至少需要2套。

(3) 公司预留印鉴。

成都国通电动自行车有限公司向开户银行预留印鉴,填写"单位预留银行印鉴申请书",加盖公章"成都国通电动自行车有限公司"和成都国通电动自行车有限公司法人代表章"王远飞"。预留印鉴主要用于购买支票、开出支票与款项支付业务时,要在相关单据上加盖与公司预留的印鉴完全相同的章,银行方可办理业务。

预留银行印鉴可以在以下两种情形中选择。

① 财务专用章和法定代表人私章。

② 公司公章和法定代表人私章。

填制完成后的单位预留银行印鉴申请书如下所示。

# 单位预留银行印鉴申请书

地球银行武侯支行(行/处)：

我单位在你行开立的账号为：__6222896744821462147__，现预留印鉴用以办理银行业务，式样如下，并附上预留印鉴卡一式 __2__ 张，该预留印鉴自 20×× 年 __6__ 月 __2__ 日启用。

我单位 □法定代表人/单位负责人　☑被授权人

姓名：__张建涛__（身份证件：__身份证__，号码：__510284198608246431__），负责办理本次预留印鉴手续。

预留银行印鉴式样：

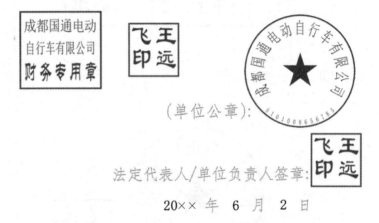

（单位公章）：

法定代表人/单位负责人签章：

20×× 年 6 月 2 日

（4）签署协议。

成都国通电动自行车有限公司和开户银行签署相关协议，如银企对账协议、财智账户卡业务协议、账户管理协议、支付密码器协议、电子银行企业客户服务协议等。

（5）开户银行审查资料。

地球银行武侯支行审核成都国通电动自行车有限公司开户资料原件的真实性、完整性和合规性后，把相关公司信息录入系统，生成单位基本账户的账号"6222896744821462147"。

同时，在"开立单位银行结算账户申请书"上填写开户银行的相关信息及开立基本账户的账号"6222896744821462147"，并加盖"地球银行武侯支行业务公章"和地球银行武侯支行业务经办人员章"王琦"，由开户银行留存 1 套开户资料的复印件，另 1 套开户资料复印件及"开立单位银行结算账户申请书"送交至中国人民银行。

银行盖章后的开立单位银行结算账户申请书如下所示。

## 开立单位银行结算账户申请书

| 存款人名称 | | 成都国通电动自行车有限公司 | | 电 话 | 02885109668 |
|---|---|---|---|---|---|
| 地 址 | | 成都市高新西区天骄路121号 | | 邮 编 | 611730 |
| 存款人类别 | | 有限责任公司 | 组织机构代码 | | 91510109632761888X |
| 法定代表人（√）<br>单位负责人（ ） | 姓 名 | 王远飞 | | | |
| | 证件种类 | 身份证 | | | |
| | 证件号码 | 492136197102125958 | | | |
| 行业分类 | | A（ ） B（ ） C（√） D（ ） E（ ） F（ ） G（ ） H（ ） I（ ） J（ ）<br>K（ ） L（ ） M（ ） N（ ） O（ ） P（ ） Q（ ） R（ ） S（ ） T（ ） | | | |
| 注册资金 | | ¥9000万元 | 地区代码 | | |
| 经营范围 | | 开发、组装、生产、销售电动自行车，采购、销售电动自行车相关零部件 | | | |
| 证明文件种类 | | 工商营业执照 | 证明文件编号 | | 91510109632761888X |
| 国税登记证号 | 91510109632761888X | | 地税登记证号 | | 91510109632761888X |
| 关联企业 | | 无 | | | |
| 账户性质 | | 基本（√） 一般（ ） 专用（ ） 临时（ ） | | | |
| 资金性质 | | | 有效日期 | | 年 月 日 |

以下为存款人上级法人或主管单位信息：

| 上级法人或主管单位名称 | | | | |
|---|---|---|---|---|
| 基本存款账户开户登记证核准号 | | | 组织机构代码 | |
| 法定代表人（ ）<br>单位负责人（ ） | 姓名 | | | |
| | 证件种类 | | | |
| | 证件号码 | | | |

以下栏目由开户银行审核后填入：

| 开户银行名称 | 大地球银行武侯支行 | 开户银行代码 | 10867 |
|---|---|---|---|
| 账户名称 | 成都国通电动自行车有限公司 | 账 号 | 6222896748211462147 |
| 基本存款账户开户登记证核准号 | J6510008695202 | 开户日期 | 20**年6月2日 |
| 存款人申明：提供开户资料真实、……<br>存款人（公章）<br>20**年6月2日 | | 开户审核业务章<br>经办人（签章） 王琦<br>银行（签章）<br>20**年6月2日 | 人民银行审核意见：<br>（非核准类账户除外）<br>经办人（签章）<br>银行（签章）<br>年 月 日 |

填列说明：
1. 申请开立临时存款账户，必须填列有效日期；申请开立专用存款账户，必须填列资金性质。
2. 该行业标准由银行在营业场所公告，"行业分类"中各字母代表的行业种类如下：A：农、林、牧、渔业；B：采矿业；C：制造业；D：电力、燃气及水的生产供应业；E：建筑业；F：交通运输、仓储和邮政业；G：信息传输、计算机服务及软件业；H：批发和零售业；I：住宿和餐饮业；J：金融业；K：房地产业；L：租赁和商务服务业；M：科学研究、技术服务和地质勘查业；N：水利、环境和公共设施管理；O：居民服务和其他服务业；P：教育业；Q：卫生、社会保障和社会福利业；R：文化、教育和娱乐业；S：公共管理和社会组织；T：其他行业。
3. 带括号的选项填"√"。

（6）颁发开户许可证。

中国人民银行核准后（通常需要1～3个工作日），符合开立条件的，核准其开立基本存款账户，颁发1张开户许可证，表示基本存款账户开立成功。基本存款账户在使用上有一定限制：自账户正式开立日起3个工作日后，才能办理付款业务，即3个工作日之内资金只能进入账户而不能转出。

基本存款账户开户许可证如下所示。

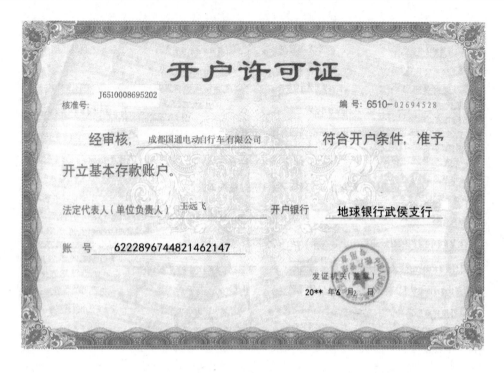

**业务2：开立一般存款账户**

业务资料：6月3日，成都国通电动自行车有限公司向宇宙银行西区支行申请开立单位一般存款账户（账号：6222562314789526301）。

实训角色：

（1）成都国通电动自行车有限公司会计岗位，人员：张建涛（身份证号码：510284198608246431）；

（2）宇宙银行西区支行业务经办人员：吴放。

实训道具：

（1）成都国通电动自行车有限公司公章；

（2）成都国通电动自行车有限公司法人代表章（王远飞）；

（3）成都国通电动自行车有限公司财务专用章；

（4）成都国通电动自行车有限公司营业执照正本；

（5）成都国通电动自行车有限公司基本存款账户开户许可证；

（6）宇宙银行西区支行业务公章；

（7）宇宙银行西区支行业务经办人员章（吴放）。

实训单据：

（1）单位银行结算账户申请书（1份）；

（2）授权委托书（1份）；

（3）单位预留银行印鉴申请书（1份）。

操作流程如下。

（1）公司填写开户申请书。

成都国通电动自行车有限公司授权该公司会计人员办理银行存款结算账户开户事宜，会计人员张建涛填写一份"授权委托书"，加盖公章"成都国通电动自行车有限公司"和成都国通电动自行车有限公司法人代表章"王远飞"后，办理业务时提交至开户银行。

填制完成后的授权委托书如下所示。

# 授 权 委 托 书

中国宇宙银行＿＿＿西区支行＿＿＿＿＿：

我单位（公司）现委托下述受委托人作为我方代理人到你行办理我方在你行开立的＿＿＿＿＿账户(账号：＿＿＿＿＿)的以下业务：＿＿＿＿＿

申请开立单位一般存款账户

一、委托人及受托人

委托人：

企业（单位）名称：成都国通电动自行车有限公司

法定代表人：王远飞

证件类型：身份证　　证件号码：492136197102125958

受托人：

姓名：张建涛　　性别：男

证件类型：身份证　　证件号码：510284198608246431

二、授权期限

上述授权权限自20××年 6 月 3 日开始，至20××年 6 月 4 日终止。（最长不超过三个月）

三、特别声明

上述代理事项受委托人均可独立代理。委托人在权限内代我方办理的上述事项我方均予以承认。

委托人（公章）：

法定代表人：

20××年 6 月 3 日

会计人员张建涛在银行柜台按照"开立单位银行结算账户申请书"的要求，如实填写企业信息，加盖公章"成都国通电动自行车有限公司"和成都国通电动自行车有限公司法人代表章"王远飞"。

填制完成后的开立单位银行结算账户申请书如下所示。

（2）公司提交材料。

公司开立单位一般存款账户所需材料如下：

①营业执照正本原件及复印件；

②法定代表人身份证原件及复印件；

③经办人身份证原件及复印件；

④法定代表人授权委托书（若法定代表人前来办理则不需出具）；

⑤公司公章、财务专用章、法定代表人私章(即预留银行印鉴);

⑥基本户开户许可证原件及复印件;

⑦存款人因向银行借款需要,应出具借款合同;因其他结算需要,应出具有关证明。

以上所有证件均应经过年检,身份证应在有效期内,复印件均加盖公司公章并使用 A4 纸复印清晰,每套材料至少需要 2 套。

(3)公司预留印鉴。

成都国通电动自行车有限公司向开户银行预留印鉴,选择预留"成都国通电动自行车有限公司财务专用章"和成都国通电动自行车有限公司法人代表章"王远飞",填写"单位预留银行印鉴申请书",加盖公章"成都国通电动自行车有限公司"和成都国通电动自行车有限公司法人代表章"王远飞"。预留印鉴主要用于购买支票、开出支票与款项支付业务时,要在相关单据上加盖与公司预留的印鉴完全相同的章,银行方可办理业务。

填制完成后的单位预留银行印鉴申请书如下所示。

## 单位预留银行印鉴申请书

宇宙银行西区支行(行/处):

我单位在你行开立的账号为: 6222562314789526301 ,现预留印鉴用以办理银行业务,式样如下,并附上预留印鉴卡一式 2 张,该预留印鉴自 20×× 年 6 月 3 日启用。

我单位 □法定代表人/单位负责人  ☑被授权人

姓名: 张建涛 (身份证件: 身份证 ,号码: 510284198608246431 ),负责办理本次预留印鉴手续。

预留银行印鉴式样:

(单位公章)

法定代表人/单位负责人签章

20×× 年 6 月 3 日

(4)开户银行审查资料并开立账户。

开户银行审查成都国通电动自行车有限公司资料后,符合开立条件的由开户银行自行开立一般存款账户,在"开立单位银行结算账户申请书"上填写开户银行的相关信息及开立一般账户的账号(6222562314789526301),加盖"宇宙银行西区支行业务公章"和宇宙银行西区支行业务经办人员章"吴放",并向中国人民银行当地分支行进行备案。

银行盖章后的开立单位银行结算账户申请书如下所示。

**开立单位银行结算账户申请书**

| 存款人名称 | 成都国通电动自行车有限公司 | | | 电 话 | 02885109668 |
|---|---|---|---|---|---|
| 地 址 | 成都市高新西区天骄路121号 | | | 邮 编 | 611730 |
| 存款人类别 | 有限责任公司 | | 组织机构代码 | | 91510109632761888X |
| 法定代表人(√)单位负责人( ) | 姓 名 | 王远飞 | | | |
| | 证件种类 | 身份证 | | | |
| | 证件号码 | 492136197102125958 | | | |
| 行业分类 | A( ) B( ) C(√) D( ) E( ) F( ) G( ) H( ) I( ) J( ) K( ) L( ) M( ) N( ) O( ) P( ) Q( ) R( ) S( ) T( ) | | | | |
| 注册资金 | ¥9000万元 | | 地区代码 | | |
| 经营范围 | 开发、组装、生产、销售电动自行车,采购、销售电动自行车相关零部件 | | | | |
| 证明文件种类 | 工商营业执照 | | 证明文件编号 | | 91510109632761888X |
| 国税登记证号 | 91510109632761888X | | 地税登记证号 | | 91510109632761888X |
| 关联企业 | 无 | | | | |
| 账户性质 | 基本( ) 一般(√) 专用( ) 临时( ) | | | | |
| 资金性质 | | | 有效日期 | 年 月 日 | |

以下为存款人上级法人或主管单位信息:

| 上级法人或主管单位名称 | | | |
|---|---|---|---|
| 基本存款账户开户登记证核准号 | | 组织机构代码 | |
| 法定代表人( )单位负责人( ) | 姓名 | | |
| | 证件种类 | | |
| | 证件号码 | | |

以下栏目由开户银行审核后填写:

| 开户银行名称 | 地球银行西区支行 | 开户银行代码 | 10823 |
|---|---|---|---|
| 账户名称 | 成都国通电动自行车有限公司 | 账号 | 6222562314789526301 |
| 基本存款账户开户登记证核准号 | J6510008695202 | 开户日期 | 20**年6月3日 |
| 本款人申请开立银行结算账户,提供的开户资料真实、有效。 | | 人民银行审核意见:(非核准类账户除外)经办人(签章): 银行(签章): |
| 存款人(公章) 20**年6月3日 | 银行(签章): 20**年6月3日 | 年 月 日 |

填列说明:
1.申请开立临时存款账户,必须填列有效日期;申请开立专用存款账户,必须填列资金性质。
2.该行业标准由银行在营业场所公告,"行业分类"中各字母代表的行业种类如下:A:农、林、牧、渔业;B:采矿业;C:制造业;D:电力、燃气及水的生产供应业;E:建筑业;F:交通运输、仓储和邮政业;G:信息传输、计算机服务及软件业;H:批发和零售业;I:住宿和餐饮业;J:金融业;K:房地产业;L:租赁和商务服务业;M:科学研究、技术服务和地质勘查业;N:水利、环境和公共设施管理;O:居民服务和其他服务业;P:教育业;Q:卫生、社会保障和社会福利业;R:文化、教育和娱乐业;S:公共管理和社会组织;T:其他行业。
3.带括号的选项填"√"。

## 2.4.3 现金支票流转实训

实训角色:
(1) 成都国通电动自行车有限公司出纳岗位,人员:赵红艳;
(2) 成都国通电动自行车有限公司会计岗位,人员:张建涛;
(3) 成都国通电动自行车有限公司基本存款账户开户银行:地球银行武侯支行,账号:6222896744821462147,业务经办人员:王琦。

实训道具:
(1) 50张面值100元的点钞券;

(2)成都国通电动自行车有限公司财务专用章;
(3)成都国通电动自行车有限公司法人代表章(王远飞);
(4)地球银行武侯支行收讫章;
(5)地球银行武侯支行付讫章;
(6)地球银行武侯支行业务经办人员章(王琦)。

实训单据:
(1)现金存款凭条(1份);
(2)记账凭证(3张);
(3)支票领购单(1张);
(4)现金支票(1张)。

业务3:现金交存开户银行

业务资料:6月8日,成都国通电动自行车有限公司出纳人员将当天的销售款5000元送存开户银行地球银行武侯支行,填制现金存款凭条(百元券50张)。

操作流程如下。

(1)填写"现金存款凭条"。

成都国通电动自行车有限公司出纳人员填写一份"现金存款凭条"(一式二联),将其和5000元现金一起交予开户银行。

填制完成后的现金存款凭条第一联如下。

### 中国地球银行 现金存款凭条

日期:20\*\*年6月8日　No.

| 存款人 | 全称 | 成都国通电动自行车有限公司 | | 款项来源 | 销售款 |
| --- | --- | --- | --- | --- | --- |
| | 账号 | 6222896744821462147 | | | |
| | 开户行 | 地球银行武侯支行 | | 交款人 | 赵红艳 |

| 金额(小写) | 亿 | 千 | 百 | 十 | 万 | 千 | 百 | 十 | 元 | 角 | 分 |
| --- | --- | --- | --- | --- | --- | --- | --- | --- | --- | --- | --- |
| | | | | | ¥ | 5 | 0 | 0 | 0 | 0 | 0 |

金额(大写)　人民币伍仟元整

| 票面 | 张数 | 十万 | 千 | 百 | 十 | 元 | 票面 | 张数 | 千 | 百 | 十 | 元 | 角 | 分 | 备注 |
| --- | --- | --- | --- | --- | --- | --- | --- | --- | --- | --- | --- | --- | --- | --- | --- |
| 壹佰元 | 50 | ¥ | 5 | 0 | 0 | 0 | 伍角 | | | | | | | | |
| 伍拾元 | | | | | | | 贰角 | | | | | | | | |
| 贰拾元 | | | | | | | 壹角 | | | | | | | | |
| 拾元 | | | | | | | 伍分 | | | | | | | | |
| 伍元 | | | | | | | 贰分 | | | | | | | | |
| 贰元 | | | | | | | 壹分 | | | | | | | | |
| 壹元 | | | | | | | 其他 | | | | | | | | |

第一联 银行核对联

填制完成后的现金存款凭条第二联如下。

## 中国地球银行 现金存款凭条

日期：20** 年 6 月 8 日  № 

| 存款人 | 全称 | 成都国通电动自行车有限公司 | | | | | | | 款项来源 | 销售款 | | | | | | | | |
|---|---|---|---|---|---|---|---|---|---|---|---|---|---|---|---|---|---|---|
| | 账号 | 6222896744821462147 | | | | | | | 交款人 | 赵红艳 | | | | | | | | |
| | 开户行 | 地球银行武侯支行 | | | | | | | 金额(小写) | 亿 | 千 | 百 | 十 | 万 | 千 | 百 | 十 | 元 | 角 | 分 |
| | | | | | | | | | | | | | | ￥ | 5 | 0 | 0 | 0 | 0 | 0 |

金额(大写) 人民币伍仟元整

| 票面 | 张数 | 十 | 万 | 千 | 百 | 十 | 元 | 票面 | 张数 | 千 | 百 | 十 | 元 | 角 | 分 | 备注 |
|---|---|---|---|---|---|---|---|---|---|---|---|---|---|---|---|---|
| 壹佰元 | 50 | ￥ | 5 | 0 | 0 | 0 | 0 | 伍角 | | | | | | | | |
| 伍拾元 | | | | | | | | 贰角 | | | | | | | | |
| 贰拾元 | | | | | | | | 壹角 | | | | | | | | |
| 拾元 | | | | | | | | 伍分 | | | | | | | | |
| 伍元 | | | | | | | | 贰分 | | | | | | | | |
| 贰元 | | | | | | | | 壹分 | | | | | | | | |
| 壹元 | | | | | | | | 其他 | | | | | | | | |

注：此联不作为入账依据

（2）银行受理。

地球银行武侯支行业务经办人员受理业务后，在"现金存款凭条"的"第二联 客户核对联"上加盖"地球银行武侯支行收讫"章和业务经办人员章"王琦"，并将其交予成都国通电动自行车有限公司出纳人员。

银行盖章后的现金存款凭条第二联如下。

## 中国地球银行 现金存款凭条

日期：20** 年 6 月 8 日  № 

| 存款人 | 全称 | 成都国通电动自行车有限公司 | | | | | | | 款项来源 | 销售款 | | | | | | | | |
|---|---|---|---|---|---|---|---|---|---|---|---|---|---|---|---|---|---|---|
| | 账号 | 6222896744821462147 | | | | | | | 交款人 | 赵红艳 | | | | | | | | |
| | 开户行 | 地球银行武侯支行 | | | | | | | 金额(小写) | 亿 | 千 | 百 | 十 | 万 | 千 | 百 | 十 | 元 | 角 | 分 |
| | | | | | | | | | | | | | | ￥ | 5 | 0 | 0 | 0 | 0 | 0 |

金额(大写) 人民币伍仟元整

| 票面 | 张数 | 十 | 万 | 千 | 百 | 十 | 元 | 票面 | 张数 | 千 | 百 | 十 | 元 | 角 | 分 | 备注 |
|---|---|---|---|---|---|---|---|---|---|---|---|---|---|---|---|---|
| 壹佰元 | 50 | ￥ | 5 | 0 | 0 | 0 | 0 | 伍角 | | | | | | | | |
| 伍拾元 | | | | | | | | 贰角 | | | | | | | | 地球银行武侯支行 20**.06.08 收讫 |
| 贰拾元 | | | | | | | | 壹角 | | | | | | | | |
| 拾元 | | | | | | | | 伍分 | | | | | | | | |
| 伍元 | | | | | | | | 贰分 | | | | | | | | 王琦 |
| 贰元 | | | | | | | | 壹分 | | | | | | | | |
| 壹元 | | | | | | | | 其他 | | | | | | | | |

注：此联不作为入账依据

(3) 登记入账。

成都国通电动自行车有限公司出纳人员将盖了章后的"第二联 客户核对联"和款项入账后打印的银行业务回单交予该公司会计人员,据以登记入账。

填制完成后的记账凭证如下。

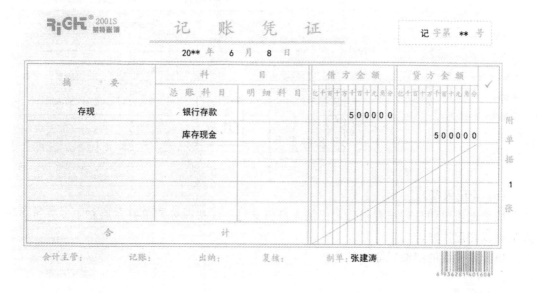

**业务 4:购买支票**

业务资料:20××年 6 月 9 日,成都国通电动自行车有限公司到开户银行地球银行武侯支行购买现金支票 1 本,工本费 5 元,手续费 15 元。

操作流程如下。

(1) 填写"支票领购单"。

成都国通电动自行车有限公司出纳人员填写一张"支票领购单",加盖"成都国通电动自行车有限公司财务专用章"、成都国通电动自行车有限公司法人代表章"王远飞"。

填制完成后的支票领购单如下。

(2) 银行受理。

成都国通电动自行车有限公司出纳人员将填写后的"支票领购单"交予开户银行地球银行武侯支行,业务经办人员填写支票的"起讫号码",并加盖地球银行武侯支行经办人员章

"王琦"。

收取相关手续费用20元后,地球银行武侯支行业务经办人员将"现金支票"交予出纳人员。盖章后的支票领购单如下。

当用完此薄需再领购支票时,请填写右列的"支票领购单"并盖预留银行签章,送至本行办理,领取新支票簿。

(3) 登记入账。

成都国通电动自行车有限公司出纳人员将支付手续费业务回单打印后交予该公司会计人员据以登记入账。

填制完成后的记账凭证如下。

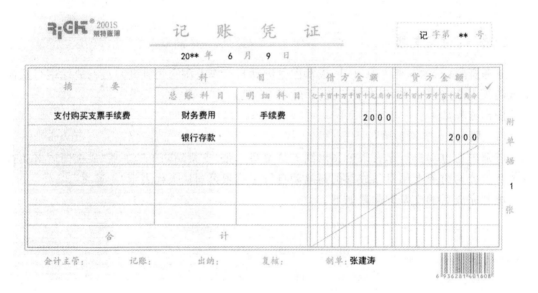

业务5:签发现金支票

业务资料:20××年6月10日,成都国通电动自行车有限公司签发地球银行现金支票,提取备用金3000元。

操作流程如下。

(1) 出票人签发现金支票。

成都国通电动自行车有限公司出纳人员填写一张"现金支票",由会计人员签字后,在支票的正面(正联)和背面均加盖"成都国通电动自行车有限公司财务专用章"、成都国通电动自行车有限公司法人代表章"王远飞"。

填制完成后的现金支票正面如下。

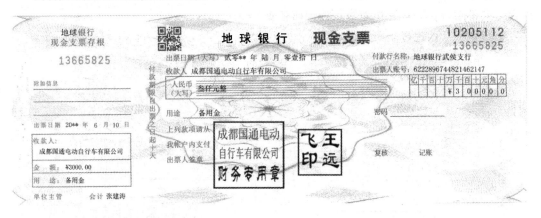

填制完成后的现金支票背面如下。

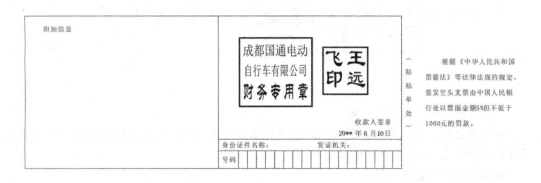

(2) 收款人提示付款。

成都国通电动自行车有限公司出纳人员将现金支票"存根"联留存,将正联在出票之日起10日内交予开户银行地球银行武侯支行。

企业留存的现金支票存根联如下。

（3）银行接票及审核。

银行业务经办人员审核支票后进行配款，当面付清3000元现金，在支票的正面加盖"地球银行武侯支行付讫章"，作为银行的记账依据。

银行盖章后的现金支票正面如下。

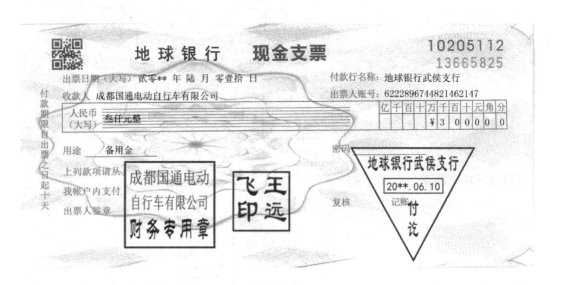

（4）公司财务人员登记入账。

成都国通电动自行车有限公司出纳人员将现金支票"存根"联和打印的取现业务回单交予该公司会计人员，填制记账凭证。

填制完成后的记账凭证如下。

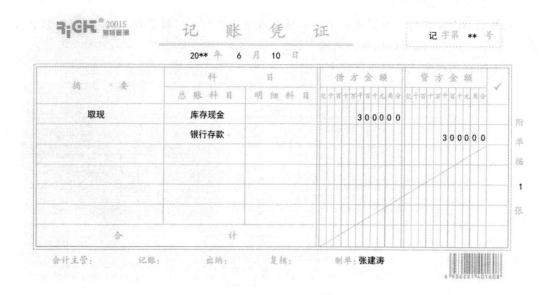

### 2.4.4 转账支票流转实训

说明:转账支票中,由持票人提示付款的称为借记支票,由出票人提示付款的称为贷记支票。

业务6:签发转账支票

业务资料:20××年6月11日,成都国通电动自行车有限公司从精益轮胎股份有限公司购买轮胎,合同约定以转账支票进行结算。货物名称:轮胎。规格型号:wt-1。单位:个。数量:120。单价:50元(不含税)。增值税税率:17%。

20××年6月11日,成都国通电动自行车有限公司签发一张宇宙银行转账支票以结算货款,并向该公司开户银行宇宙银行西区支行提示付款。(贷记转账支票)

实训角色:
(1)成都国通电动自行车有限公司出纳岗位,人员:赵红艳;
(2)成都国通电动自行车有限公司会计岗位,人员:张建涛;
(3)精益轮胎股份有限公司出纳岗位,人员:王浩然;
(4)精益轮胎股份有限公司会计岗位,人员:赵志福;
(5)宇宙银行西区支行业务经办人员:吴放。

实训道具:
(1)100张面值100元的点钞券;
(2)成都国通电动自行车有限公司财务专用章;
(3)成都国通电动自行车有限公司法人代表章(王远飞);
(4)宇宙银行西区支行业务公章;
(5)宇宙银行西区支行转讫章;
(6)宇宙银行西区支行业务经办人员章(吴放);
(7)月亮银行西区支行转讫章;
(8)月亮银行西区支行业务经办人员章(毛祥);
(9)精益轮胎股份有限公司发票专用章。

实训单据:
(1)增值税专用发票(1份);
(2)转账支票(1张);
(3)银行进账单(1份);
(4)记账凭证(2张)。

操作流程:
(1)销货单位开具发票。

精益轮胎股份有限公司会计人员开具一份"增值税专用发票"(一式三联),每联次均加盖"精益轮胎股份有限公司发票专用章",开票人:赵志福。

填制完成后的增值税专用发票第一联如下。

填制完成后的增值税专用发票第二联如下。

填制完成后的增值税专用发票第三联如下。

(2) 销货单位交付发票。

精益轮胎股份有限公司会计人员将加盖了发票专用章后的"增值税专用发票"的"第二联 抵扣联"、"第三联 发票联"交予成都国通电动自行车有限公司,成都国通电动自行车有限公司会计人员对增值税专用发票进行审核验证。

(3) 购货单位(出票人)签发转账支票。

增值税专用发票验证合法后,成都国通电动自行车有限公司出纳人员根据增值税专用发票上的销货单位信息、金额信息填写一张"转账支票",由会计人员签字后,在支票的正面(正联)加盖"成都国通电动自行车有限公司财务专用章"、成都国通电动自行车有限公司法人代表章"王远飞"。

填制完成后的转账支票正面如下。

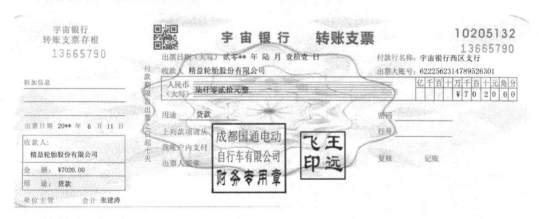

(4) 出票人提示付款。

同时,成都国通电动自行车有限公司出纳人员填写一份"银行进账单"(一式三联);出纳人员将填写完成的"转账支票"和"银行进账单"(一式三联)交予该公司开户银行宇宙银行西区支行。

填制完成后的银行进账单第 1 联如下。

**宇宙银行　　进账单（贷方凭证）1**

20** 年 6 月 11 日

| 出票人 | 全称 | 成都国通电动自行车有限公司 | 收款人 | 全称 | 精益轮胎股份有限公司 |
|---|---|---|---|---|---|
| | 账号 | 6222562314789526301 | | 账号 | 6222468314789575943 |
| | 开户银行 | 宇宙银行西区支行 | | 开户银行 | 月亮银行西区支行 |

| 金额 | 人民币（大写） | 柒仟零贰拾元整 | 亿 千 百 十 万 千 百 十 元 角 分 |
|---|---|---|---|
| | | | ￥ 7 0 2 0 0 0 |

| 票据种类 | 转账支票 | 票据张数 | 1 |
|---|---|---|---|
| 票据号码 | 13665790 | | |

备注：

复核：　　　记账：

此联由收款人开户银行作贷方凭证

填制完成后的银行进账单第 2 联如下。

**宇宙银行　　进账单（回单）2**

20** 年 6 月 11 日

| 出票人 | 全称 | 成都国通电动自行车有限公司 | 收款人 | 全称 | 精益轮胎股份有限公司 |
|---|---|---|---|---|---|
| | 账号 | 6222562314789526301 | | 账号 | 6222468314789575943 |
| | 开户银行 | 宇宙银行西区支行 | | 开户银行 | 月亮银行西区支行 |

| 金额 | 人民币（大写） | 柒仟零贰拾元整 | 亿 千 百 十 万 千 百 十 元 角 分 |
|---|---|---|---|
| | | | ￥ 7 0 2 0 0 0 |

| 票据种类 | 转账支票 | 票据张数 | 1 |
|---|---|---|---|
| 票据号码 | 13665790 | | |

复核　　记账　　　　　　　　　　开户银行签章

此联是开户银行交给持（出）票人的回单

填制完成后的银行进账单第 3 联如下。

**宇宙银行　　进账单（收账通知）3**

20** 年 6 月 11 日

| 出票人 | 全称 | 成都国通电动自行车有限公司 | 收款人 | 全称 | 精益轮胎股份有限公司 |
|---|---|---|---|---|---|
| | 账号 | 6222562314789526301 | | 账号 | 6222468314789575943 |
| | 开户银行 | 宇宙银行西区支行 | | 开户银行 | 月亮银行西区支行 |

| 金额 | 人民币（大写） | 柒仟零贰拾元整 | 亿 千 百 十 万 千 百 十 元 角 分 |
|---|---|---|---|
| | | | ￥ 7 0 2 0 0 0 |

| 票据种类 | 转账支票 | 票据张数 | 1 |
|---|---|---|---|
| 票据号码 | 13665790 | | |

复核　　记账　　　　　　　　收款人开户银行签章

此联是收款人开户银行交给收款人的收账通知

(5) 银行接票处理。

宇宙银行西区支行业务经办人员对支票进行认真审查无误后,在"银行进账单"的"第2联 回单"上加盖"宇宙银行西区支行业务公章"和宇宙银行西区支行业务经办人员章"吴放",在"第3联 收账通知"上加盖"宇宙银行西区支行转讫"章和宇宙银行西区支行经办人员印章"吴放"。

盖章后的银行进账单第2联如下。

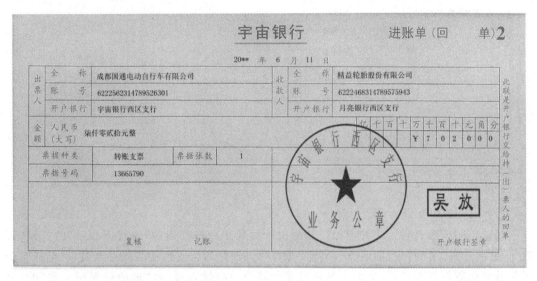

盖章后的银行进账单第3联如下。

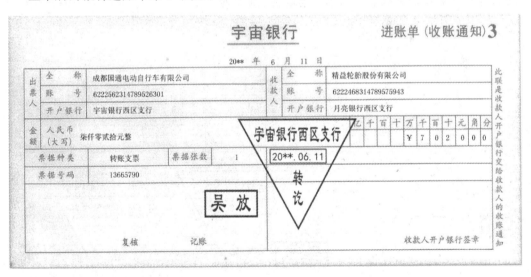

(6) 购货单位登记入账。

盖好章后,银行业务经办人员将"转账支票"的"存根"联、"银行进账单"的"第2联 回单"交予成都国通电动自行车有限公司出纳人员,由其交予该公司会计人员,和"增值税专用发票"的"第3联 发票联"一起填制记账凭证。

填制完成后的记账凭证如下。

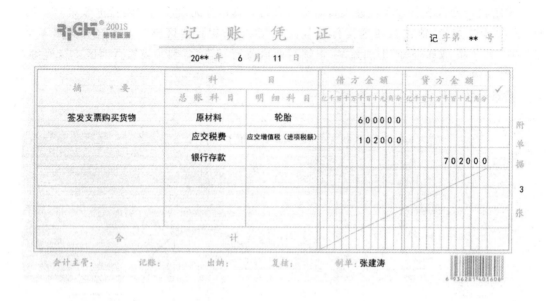

(7) 销货单位登记入账。

精益轮胎股份有限公司开户银行月亮银行西区支行将收到的"银行进账单"的"第3联 收账通知"加盖"月亮银行西区支行转讫"章和月亮银行西区支行业务经办人员章"毛祥",交予精益轮胎股份有限公司,出纳人员将其交予该公司会计人员,和"增值税专用发票"的"第1联 记账联"、打印的转账业务回单一起填制记账凭证。

盖章后的银行进账单第3联如下。

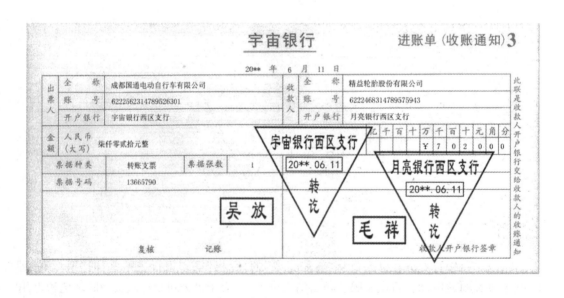

填制完成后的记账凭证如下。

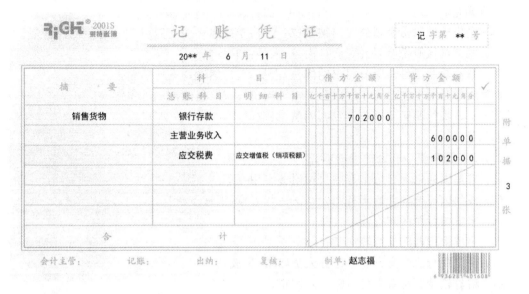

(8) 银行之间划转资金。

宇宙银行西区支行业务经办人员留下"转账支票"的正联、"银行进账单"的"第1联 贷方凭证",以此为依据在成都国通电动自行车有限公司和精益轮胎股份有限公司账户之间进行资金划转,在银行资金清算系统中,将"转账支票"上的金额由成都国通电动自行车有限公司银行账户划入精益轮胎股份有限公司银行账户(利用点钞券代替)。

(9) 增值税进项税额认证。

成都国通电动自行车有限公司会计人员将"增值税专用发票"的"第2联 抵扣联"交予税务机关,进行增值税进项税额的抵扣认证。

目前,增值税进项税有如下三种认证方式。

①手工认证:登录国家税务局网站根据提示进行认证。

②现场认证:把发票直接拿到国税局服务大厅进行认证。

③自动扫描认证:需已安装扫描仪,发票抵扣联的抬头放在扫描仪里面进行扫描,生成文件导出来,上传到国家税务局网站上进行网上认证,认证通过后从国家税务局网站上下载认证结果。

认证期限为180天。

**业务7:背书转让**

业务资料:20××年6月15日,盛华机械股份有限公司从精益轮胎股份有限公司购买轮胎,价税合计7020元,合同约定以转账支票进行结算。当天,盛华机械股份有限公司出纳人员填写转账支票后交付精益轮胎股份有限公司以支付货款。(借记转账支票)

20××年6月16日,精益轮胎股份有限公司从成都国通电动自行车有限公司购买货物,价税合计7020元,将6月15日收到的转账支票背书转让于成都国通电动自行车有限公司以支付货款。

20××年6月17日,成都国通电动自行车有限公司持有20××年6月16日收到的转账支票向该公司开户银行宇宙银行西区支行进行委托收款。

实训角色：

(1) 盛华机械股份有限公司出纳岗位，人员：李晓凤；

(2) 盛华机械股份有限公司会计岗位，人员：刘大同；

(3) 精益轮胎股份有限公司出纳岗位，人员：王浩然；

(4) 成都国通电动自行车有限公司出纳岗位，人员：赵红艳；

(5) 宇宙银行西区支行业务经办人员：吴放。

实训道具：

(1) 100 张面值 100 元的点钞券；

(2) 成都国通电动自行车有限公司财务专用章；

(3) 成都国通电动自行车有限公司法人代表章(王远飞)；

(4) 宇宙银行西区支行业务公章；

(5) 宇宙银行西区支行转讫章；

(6) 宇宙银行西区支行业务经办人员印章(吴放)；

(7) 精益轮胎股份有限公司财务专用章；

(8) 精益轮胎股份有限公司法人代表章(李敏杰)；

(9) 盛华机械股份有限公司财务专用章；

(10) 盛华机械股份有限公司法人代表章(叶振忠)。

实训单据：

(1) 转账支票(1 张)；

(2) 银行进账单(1 份)；

(3) 记账凭证(2 张)。

操作流程如下。

(1) 出票人签发转账支票。

20××年 6 月 15 日，盛华机械股份有限公司出纳人员根据增值税专用发票上的信息填写一张太阳银行武侯支行"转账支票"，由会计人员签字后，在支票的正面(正联)加盖"盛华机械股份有限公司财务专用章"、盛华机械股份有限公司法人代表章"叶振忠"。支票背面此时不需要盖章。

填制完成后的转账支票正面如下。

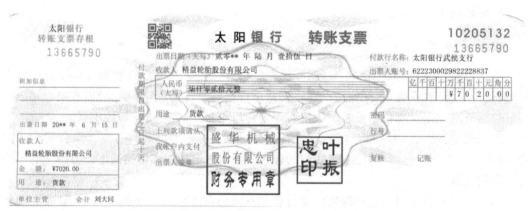

(2) 出票人交付转账支票。

20××年6月15日,盛华机械股份有限公司出纳人员留下"转账支票"的"存根"联,将填写完成的"转账支票"正联交给精益轮胎股份有限公司。

公司留存的转账支票存根联如下。

(3) 收款人背书转让支票。

20××年6月16日,精益轮胎股份有限公司取得"转账支票"正联后,该公司出纳人员在"转账支票"背面进行"背书",将支票背书转让于成都国通电动自行车有限公司。背书时,"被背书人":成都国通电动自行车有限公司,"背书人签章":"精益轮胎股份有限公司财务专用章"、精益轮胎股份有限公司法人代表章"李敏杰",背书日期:20××年6月16日。背书信息记载完成后,将转账支票交给成都国通电动自行车有限公司。

背书后的转账支票背面如下。

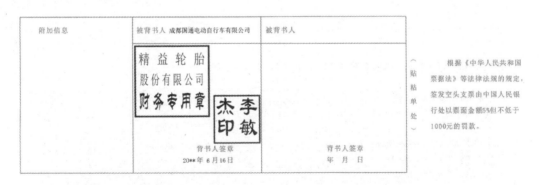

(4) 持票人委托收款转让支票。

20××年6月17日,成都国通电动自行车有限公司出纳人员在"转账支票"背面进行"委托收款"背书,将支票背书转让于该公司开户银行宇宙银行西区支行。背书时,"被背书人":宇宙银行西区支行,"背书人签章":"成都国通电动自行车有限公司财务专用章"、成都国通电动自行车有限公司法人代表章"王远飞"、"委托收款"字样,背书日期:20××年6月17日。

再次背书后的转账支票背面如下。

（5）持票人填写银行进账单。

同时，成都国通电动自行车有限公司出纳人员根据"转账支票"正联信息填写一份"银行进账单"（一式三联）。

填制完成后的银行进账单第1联如下。

填制完成后的银行进账单第2联如下。

填制完成后的银行进账单第 3 联如下。

| 宇宙银行 | | | 进账单（收账通知）3 |
|---|---|---|---|

（出票人）全称：盛华机械股份有限公司
账号：6222300029822228837
开户银行：太阳银行武侯支行

（收款人）全称：成都国通电动自行车有限公司
账号：6222562314789526301
开户银行：宇宙银行西区支行

20** 年 6 月 17 日

金额人民币（大写）：柒仟零贰拾元整　￥7020.00

票据种类：转账支票　票据张数：1
票据号码：13665790

（6）持票人向银行提示付款。

成都国通电动自行车有限公司出纳人员将"转账支票"正联和"银行进账单"（一式三联）交予该公司开户银行宇宙银行西区支行。

（7）银行接票处理。

宇宙银行西区支行业务经办人员对支票进行认真审查无误后，在"银行进账单"的"第 2 联 回单"上加盖"宇宙银行西区支行业务公章"和宇宙银行西区支行业务经办人员章"吴放"，在"第 3 联 收账通知"上加盖"宇宙银行西区支行转讫"章和宇宙银行西区支行经办人员印章"吴放"。

盖章后的银行进账单第 2 联如下。

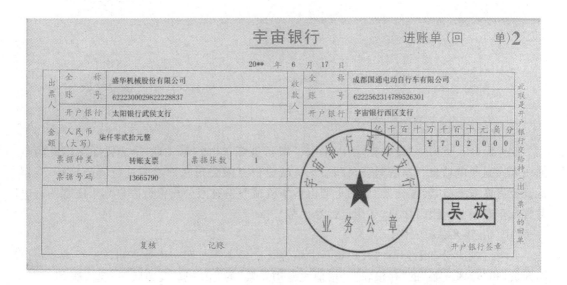

盖章后的银行进账单第3联如下。

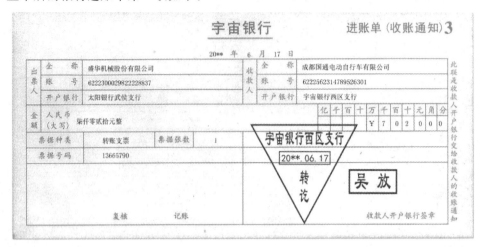

（8）持票人登记入账。

盖好章后，宇宙银行西区支行业务经办人员将"银行进账单"的"第2联 回单"、"第3联 收账通知"交予成都国通电动自行车有限公司，出纳人员将其交予该公司会计人员，和"增值税专用发票"的"第1联 记账联"填制记账凭证。

填制完成后的记账凭证如下。

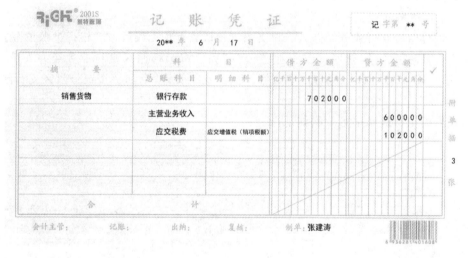

（9）银行之间划转资金。

业务经办人员留下"转账支票"的正联、"银行进账单"的"第1联 贷方凭证"，以此为依据在成都国通电动自行车有限公司和盛华机械股份有限公司账户之间进行资金划转，在银行资金清算系统将"转账支票"上的金额由盛华机械股份有限公司银行账户划入成都国通电动自行车有限公司银行账户（利用点钞券代替）。

（10）出票人登记入账。

盛华机械股份有限公司的开户银行太阳银行武侯支行打印一份业务回单交予该公司出纳人员，和"转账支票"的"存根联"、"增值税专用发票"的"第3联 发票联"一起入账。

填制完成后的记账凭证如下。

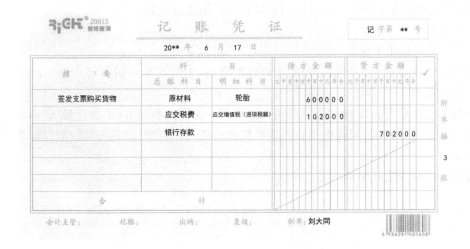

## 2.4.5 银行汇票流转程序实训

实训角色：
(1) 成都国通电动自行车有限公司出纳岗位，人员：赵红艳；
(2) 盛华机械股份有限公司出纳岗位，人员：李晓凤；
(3) 宇宙银行西区支行业务经办人员：吴放；
(4) 太阳银行武侯支行业务经办人员：陈海。

实训道具：
(1) 成都国通电动自行车有限公司公章；
(2) 成都国通电动自行车有限公司财务专用章；
(3) 成都国通电动自行车有限公司法人代表章（王远飞）；
(4) 宇宙银行西区支行转讫章；
(5) 宇宙银行西区支行业务经办人员章（吴放）；
(6) 宇宙银行西区支行汇票专用章；
(7) 盛华机械股份有限公司财务专用章；
(8) 盛华机械股份有限公司法人代表章（叶振忠）；
(9) 盛华机械股份有限公司公章；
(10) 太阳银行武侯支行业务公章；
(11) 太阳银行武侯支行转讫章；
(12) 太阳银行武侯支行业务经办人员章（陈海）。

实训单据：
(1) 授权委托书（2张）；
(2) 银行汇票申请书（1份）；
(3) 银行汇票（1份）；
(4) 银行进账单（1份）。

业务8：签发交付银行汇票

业务资料：20××年6月18日，成都国通电动自行车有限公司购买货物,价税合计8560元,合同约定以银行汇票进行结算。

操作流程:

(1) 申请人提出申请。

成都国通电动自行车有限公司使用银行汇票前,先向其开户银行宇宙银行西区支行申请签发银行汇票。

成都国通电动自行车有限公司出纳人员填写一份授权委托书,加盖公章"成都国通电动自行车有限公司"和成都国通电动自行车有限公司法人代表章"王远飞"后,办理业务时提交至开户银行。

盖章后的授权委托书如下。

## 授权委托书

中国宇宙银行 __西区支行__ :

我单位(公司)现委托下述受委托人作为我方代理人到你行办理我方在你行开立的 __一般银行结算__ 账户(账号:6222562314789526301 )的以下业务:__申请签发银行汇票__

一、委托人及受托人

    委托人:

        企业(单位)名称: 成都国通电动自行车有限公司

        法定代表人: 王远飞

        证件类型: 身份证　　证件号码: 492136197102125958

    受托人:

        姓名: 赵红艳　　性别: 女

        证件类型: 身份证　　证件号码: 510284198501054864

二、授权期限

    上述授权权限自20××年6月18日开始,至20××年6月20日终止。(最长不超过三个月)

三、特别声明

    上述代理事项受委托人均可独立代理。委托人在权限内代我方办理的上述事项我方均予以承认。

                委托人(公章):

                法定代表人:

                20××年 6月18日

项目2 票据和结算凭证的填写

同时,出纳人员根据交易的相关信息填写一份"银行汇票申请书"(一式三联)。其中:

申请人:成都国通电动自行车有限公司,账号:6222562314789526301,用途:货款;

收款人:盛华机械股份有限公司,账号:6222300029822228837,代理付款行:太阳银行武侯支行;

汇票金额:9000元;

申请人签章:成都国通电动自行车有限公司财务专用章、成都国通电动自行车有限公司法人代表章"王远飞"(只需要在"银行汇票申请书"的"第2联 借方凭证"上盖章);

其余信息省略不填。

填制完成的银行汇票申请书第1联如下。

填制完成的银行汇票申请书第2联如下。

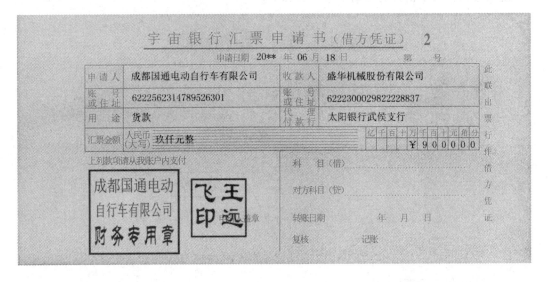

填制完成的银行汇票申请书第3联如下。

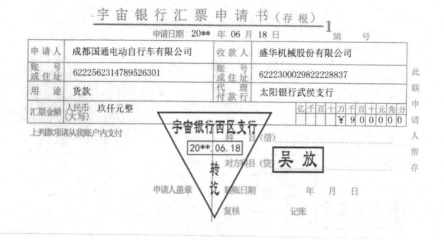

（2）银行审查并受理。

宇宙银行西区支行业务经办人员收到申请人成都国通电动自行车有限公司提交的银行汇票申请书和授权委托书后，应认真审查申请书内容填写是否完整、清晰，签章是否为预留印鉴。经审查无误后，才能受理其签发银行汇票的申请。

审查后，出票行宇宙银行西区支行业务经办人员从申请人存款账户上扣取汇票金额，并在"银行汇票申请书"的"第2联 借方凭证"背面打印交易信息；

同时，在"第1联 存根"上加盖"宇宙银行西区支行转讫"章、宇宙银行西区支行业务经办人员章"吴放"后，交回银行汇票申请人；"第2联 借方凭证"和"第3联 贷方凭证"银行留存。

交回银行汇票申请人的申请书第1联如下。

（3）银行出票交付申请人。

宇宙银行西区支行业务经办人员根据申请书的内容输入相关信息，打印一份银行汇票（一式四联），其中"出票金额"：9000元，但"实际结算金额"和"多余金额"暂时不填写。

汇票审核无误后,银行业务经办人员在"银行汇票"的"第2联"上加盖"宇宙银行西区支行汇票专用章"、宇宙银行西区支行经办人员章"吴放",连同银行汇票"第3联 解讫通知"一并交给申请人成都国通电动自行车有限公司;

银行汇票"第1联 卡片"加盖银行业务经办人员章"吴放"、复核人员名章后,连同"第4联 多余款项收账通知"一并专夹保管。

填制完成的银行汇票第1联如下。

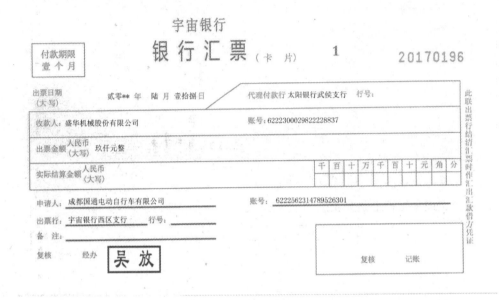

填制完成的银行汇票第2联如下。

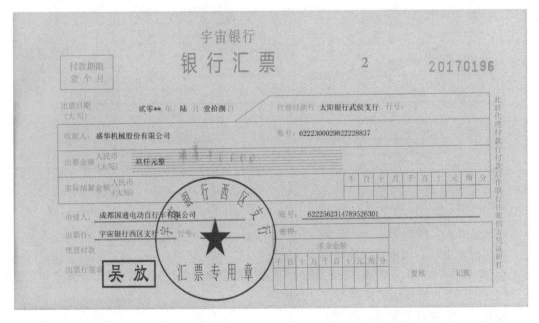

填制完成的银行汇票第3联如下。

填制完成的银行汇票第4联如下。

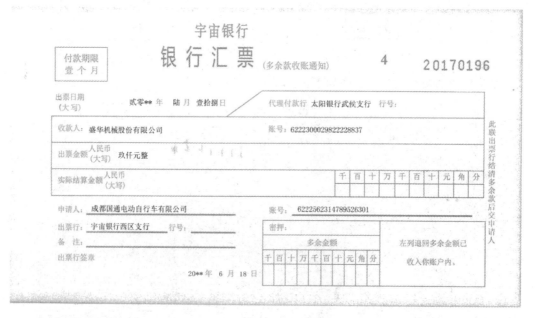

(4) 申请人交付汇票。

成都国通电动自行车有限公司将实际结算金额"8560元"和多余金额"440元"填写在银行汇票"第2联"和"第3联 解讫通知"的相应栏内,同时将银行汇票的"第2联"和"第3联 解讫通知"交付给盛华机械股份有限公司。

补充完成的银行汇票第2联如下。

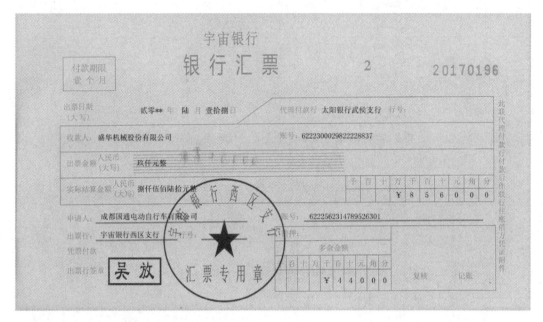

补充完成的银行汇票第 3 联如下。

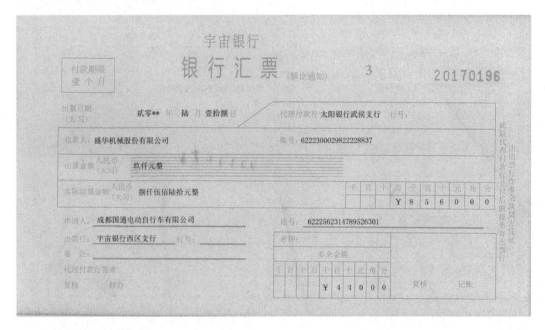

(5) 持票人提示付款。

持票人盛华机械股份有限公司收受银行汇票并认真审核后,直接委托该公司开户银行太阳银行武侯支行向出票行宇宙银行西区支行收款。委托开户银行收款时,应在汇票背面作委托收款的背书,同时填写"银行进账单"(一式三联)。

盛华机械股份有限公司出纳人员填写一份授权委托书,加盖公章"盛华机械股份有限公司"和盛华机械股份有限公司法人代表章"叶振忠"后,办理业务时提交至开户银行。

盖章后的授权委托书如下。

# 授 权 委 托 书

中国太阳银行　　武侯支行　　：

　　我单位（公司）现委托下述受委托人作为我方代理人到你行办理我方在你行开立的　一般银行结算　账户（账号：6222300029822228837　）的以下业务：　办理银行汇票委托收款　

一、委托人及受托人

　　委托人：

　　　　企业（单位）名称：盛华机械股份有限公司

　　　　法定代表人：叶振忠

　　　　证件类型：身份证　　证件号码：513102197611045578

　　受托人：

　　　　姓名：李晓凤　　性别：女

　　　　证件类型：身份证　　证件号码：510284198609274848

二、授权期限

　　上述授权权限自20××年 6 月 18 日开始，至20××年 6 月 20 日终止。（最长不超过三个月）

三、特别声明

　　上述代理事项受委托人均可独立代理。委托人在权限内代我方办理的上述事项我方均予以承认。

委托人（公章）：【盛华机械股份有限公司 公章】

法定代表人：【叶振忠 印】

20××年 6 月 18 日

在"第2联"背面作"委托收款"的背书,"被背书人":太阳银行武侯支行,"背书人签章":盛华机械股份有限公司财务专用章、盛华机械股份有限公司法人代表章"叶振忠"、记载"委托收款"字样。

银行汇票第2联背面委托收款背书转让如下。

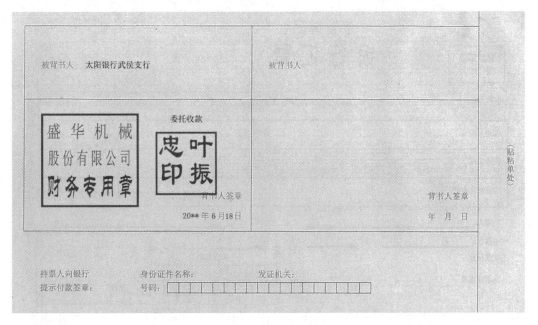

同时,填写"银行进账单"(一式三联),其中"出票人":成都国通电动自行车有限公司,"收款人":盛华机械股份有限公司。

填制完成的银行进账单第1联如下。

填制完成的银行进账单第2联如下。

### 宇宙银行 进账单（回单）2

20** 年 6 月 18 日

| 出票人 | 全称 | 成都国通电动自行车有限公司 | 收款人 | 全称 | 盛华机械股份有限公司 |
|---|---|---|---|---|---|
| | 账号 | 6222562314789526301 | | 账号 | 6222300029822228837 |
| | 开户银行 | 宇宙银行西区支行 | | 开户银行 | 太阳银行武侯支行 |

| 金额 | 人民币（大写） | 捌仟伍佰陆拾元整 | 亿 千 百 十 万 千 百 十 元 角 分 ¥ 8 5 6 0 0 0 |
|---|---|---|---|

| 票据种类 | 银行汇票 | 票据张数 | 1 |
|---|---|---|---|
| 票据号码 | | | |

复核　　记账　　　　　　　　　　开户银行签章

此联是开户银行交给持（出）票人的回单

填制完成的银行进账单第 3 联如下。

### 宇宙银行 进账单（收账通知）3

20** 年 6 月 18 日

| 出票人 | 全称 | 成都国通电动自行车有限公司 | 收款人 | 全称 | 盛华机械股份有限公司 |
|---|---|---|---|---|---|
| | 账号 | 6222562314789526301 | | 账号 | 6222300029822228837 |
| | 开户银行 | 宇宙银行西区支行 | | 开户银行 | 太阳银行武侯支行 |

| 金额 | 人民币（大写） | 捌仟伍佰陆拾元整 | 亿 千 百 十 万 千 百 十 元 角 分 ¥ 8 5 6 0 0 0 |
|---|---|---|---|

| 票据种类 | 银行汇票 | 票据张数 | 1 |
|---|---|---|---|
| 票据号码 | | | |

复核　　记账　　　　　　　　收款人开户银行签章

此联是收款人开户银行交给收款人的收账通知

盛华机械股份有限公司将背书后的汇票"第 2 联"，连同汇票"第 3 联 解讫通知"和填写好的"银行进账单"一起交予开户银行太阳银行武侯支行，委托该银行向出票银行收款。

（6）代理付款行接票及审查后，进行兑付。

代理付款行太阳银行武侯支行将"银行进账单"的"第 1 联 贷方凭证"和其他银行结算单据留存，为持票人办理转账。

代理付款行太阳银行武侯支行将"银行进账单"的"第 2 联 回单"加盖"太阳银行武侯支行业务公章"和太阳银行武侯支行业务经办人员章"陈海"、"第 3 联 收账通知"加盖"太阳银行武侯支行转讫"章和太阳银行武侯支行业务经办人员章"陈海"后，一并交给持票人盛华机械股份有限公司。

盖章后的银行进账单第 2 联如下。

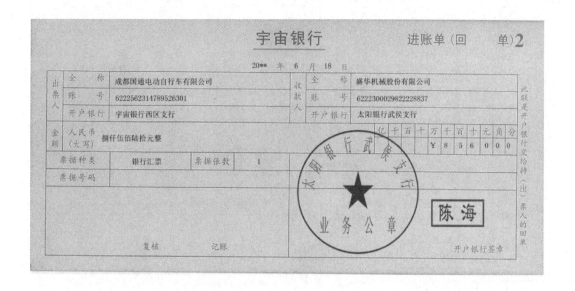

盖章后的银行进账单第 3 联如下。

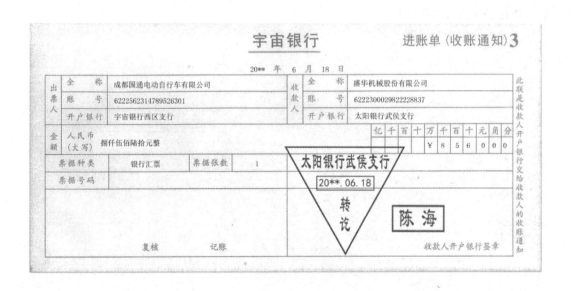

代理付款行太阳银行武侯支行将"银行汇票"的"第 2 联"加盖附件章后作为借方凭证附件留存。

盖章后的银行汇票第 2 联如下。

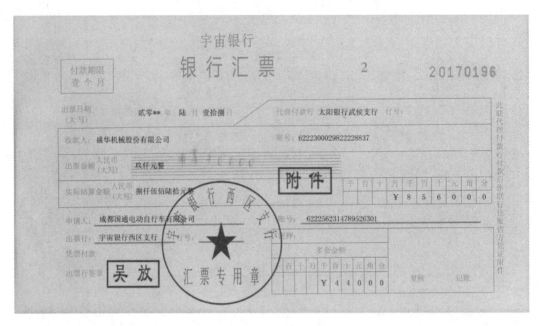

代理付款行太阳银行武侯支行将"银行汇票"的"第3联 解讫通知"加盖"太阳银行武侯支行转讫"章、太阳银行武侯支行业务经办人员章"陈海"后,和银行结算的其他单据一同寄给出票行宇宙银行西区支行。

盖章后的银行汇票第3联如下。

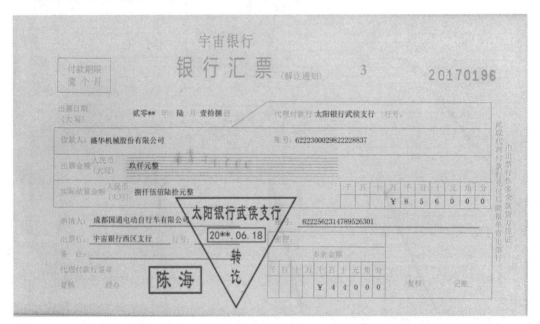

(7) 出票行接票审查后,进行付款。

出票行宇宙银行西区支行接到代理付款行太阳银行武侯支行寄来的银行汇票"第3联 解讫通知"和其他单据时,应抽出原出票时专夹保管的银行汇票"第1联 卡片",核对是否确属本行出票、其他单据与实际结算金额是否相符、多余金额结计是否正确无误。

核对后,银行汇票有多余款的,出票行应在银行汇票的"第1联 卡片"和"第4联 多余款收账通知"上填写实际结算金额,而银行汇票的"第1联 卡片"作为借方凭证、"第3联 解讫通知"和其他单据作为贷方凭证留存银行。

填制完成后的银行汇票第1联如下。

填制完成后的银行汇票第4联如下。

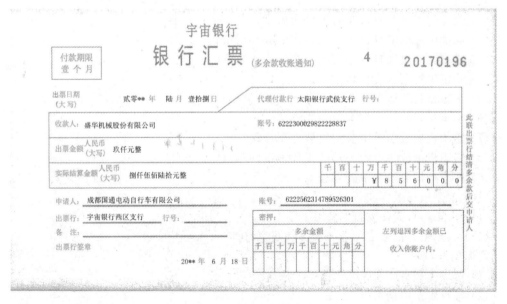

同时,出票行在银行汇票"第4联 多余款收账通知"上的"多余金额"栏填写多余金额,并加盖"宇宙银行西区支行转讫"章、宇宙银行西区支行经办人员章"吴放"后,通知申请人成都国通电动自行车有限公司多余款项已退回银行账户。

盖章后的银行汇票第4联如下。

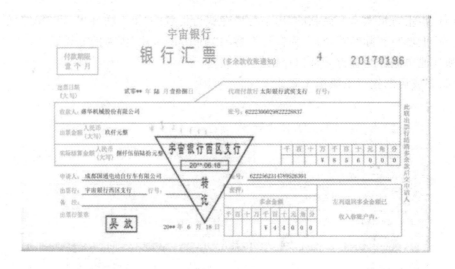

## 2.4.6 银行本票流转程序实训

实训角色：
(1) 成都国通电动自行车有限公司出纳岗位,人员:赵红艳；
(2) 盛华机械股份有限公司出纳岗位,人员:李晓凤；
(3) 宇宙银行西区支行业务经办人员:吴放；
(4) 太阳银行武侯支行业务经办人员:陈海。

实训道具：
(1) 成都国通电动自行车有限公司公章；
(2) 成都国通电动自行车有限公司财务专用章；
(3) 成都国通电动自行车有限公司法人代表章(王远飞)；
(4) 宇宙银行西区支行转讫章；
(5) 宇宙银行西区支行业务经办人员章(吴放)；
(6) 宇宙银行西区支行本票专用章；
(7) 盛华机械股份有限公司财务专用章；
(8) 盛华机械股份有限公司法人代表章(叶振忠)；
(9) 盛华机械股份有限公司公章；
(10) 太阳银行武侯支行业务公章；
(11) 太阳银行武侯支行转讫章；
(12) 太阳银行武侯支行业务经办人员章(陈海)。

实训单据：
(1) 授权委托书(2张)；
(2) 银行本票申请书(1份)；
(3) 银行本票(1份)；
(4) 银行进账单(1份)。

业务9:签发交付银行本票

业务资料:20××年6月20日,成都国通电动自行车有限公司从盛华机械股份有限公司购买货物,价税合计 8000 元,使用银行本票进行结算。

操作流程:

(1) 申请人提出申请。

成都国通电动自行车有限公司使用银行本票前,先向其开户银行宇宙银行西区支行申请签发银行本票。

成都国通电动自行车有限公司出纳人员填写一份授权委托书,加盖公章"成都国通电动自行车有限公司"和成都国通电动自行车有限公司法人代表章"王远飞"后,办理业务时提交至开户银行。

盖章后的授权委托书如下。

## 授 权 委 托 书

中国宇宙银行　　西区支行　　　　:

我单位(公司)现委托下述受委托人作为我方代理人到你行办理我方在你行开立的　一般银行结算　账户(账号:6222562314789526301　　　)的以下业务:　　　　　

申请签发银行本票

一、委托人及受托人

委托人:

企业(单位)名称:成都国通电动自行车有限公司

法定代表人:王远飞

证件类型:身份证　　证件号码:492136197102125958

受托人:

姓名:赵红艳　　性别:女

证件类型:身份证　　证件号码:510284198501054864

二、授权期限

上述授权权限自 20×× 年 6 月 20 日开始,至 20×× 年 6 月 22 日终止。(最长不超过三个月)

三、特别声明

上述代理事项受委托人均可独立代理。委托人在权限内代我方办理的一切事项我方均予以承认。

委托人(公章):

法定代表人:

20×× 年 6 月 20 日

同时,出纳人员根据交易的相关信息填写一份"银行本票申请书"(一式三联)。其中:
收款人:盛华机械股份有限公司;
本票金额:8000元;
代理付款行:太阳银行武侯支行;
申请人名称:成都国通电动自行车有限公司,账号:6222562314789526301;
申请人签章:成都国通电动自行车有限公司财务专用章、成都国通电动自行车有限公司法人代表章"王远飞",注意:只需要在"银行本票申请书"的"第2联 借方凭证"上盖章;
其余信息省略不填。
填制完成的银行本票申请书第1联如下。

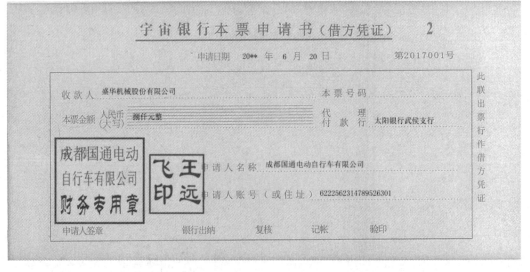

填制完成的银行本票申请书第2联如下。

填制完成的银行本票申请书第3联如下。

宇宙银行本票申请书（贷方凭证） 3

申请日期 20** 年 6 月 20 日　　第2017001号

收款人　盛华机械股份有限公司　　本票号码
本票金额　人民币（大写）捌仟元整　　代理付款行　太阳银行武侯支行
备注：
申请人名称　成都国通电动自行车有限公司
申请人账号（或住址）6222562314789526301
银行出纳　复核　记账　验印

此联出票行作贷方凭证

（2）银行审查并受理。

宇宙银行西区支行业务经办人员收到申请人成都国通电动自行车有限公司提交的银行本票申请书和授权委托书后，应认真审查申请书内容填写是否完整、清晰，签章是否为预留印鉴。经审查无误后，才能受理其签发银行本票的申请。

审查后，出票行宇宙银行西区支行业务经办人员从申请人存款账户上扣取本票金额。

同时，在"第1联 存根"上加盖"宇宙银行西区支行转讫"章、宇宙银行西区支行经办人员章"吴放"后，交回申请人；"第2联 借方凭证"和"第3联 贷方凭证"银行留存。

盖章后的银行本票申请书第1联如下。

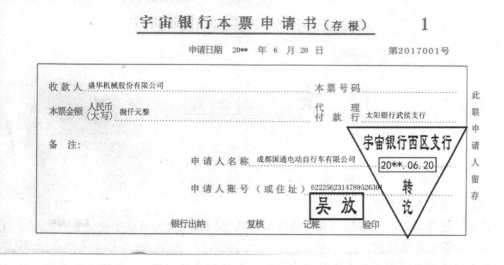

（3）银行出票交付申请人。

①宇宙银行西区支行办理转账后，业务经办人员根据申请书的内容输入相关信息，打印一份银行本票（一式二联），并填写完整。

②本票审核无误后，业务经办人员在银行本票的"第2联"上加盖"宇宙银行西区支行本

票专用章"、宇宙银行西区支行经办人员章"吴放",用压数机压印小写金额后交给申请人成都国通电动自行车有限公司。

③银行本票"第1联 卡片"加盖经办人员章"吴放"、复核人员名章后留存,专夹保管。

填制完成的银行本票第1联如下。

填制完成的银行本票第2联如下。

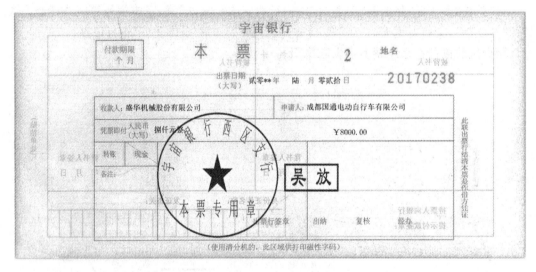

(4) 申请人交付本票。

成都国通电动自行车有限公司将银行本票的"第2联"交付给盛华机械股份有限公司。

(5) 持票人提示付款。

①持票人盛华机械股份有限公司收受银行本票并认真审核后,直接委托该公司开户银行太阳银行武侯支行向出票行宇宙银行西区支行收款。委托开户银行收款时,应在本票背面作委托收款的背书,同时填写"银行进账单"(一式三联)。

②盛华机械股份有限公司出纳人员填写一份授权委托书,加盖公章"盛华机械股份有限公司"和盛华机械股份有限公司法人代表章"叶振忠"后,办理业务时提交至开户银行。

盖章后的授权委托书如下。

# 授 权 委 托 书

中国太阳银行　　武侯支行　　：

我单位（公司）现委托下述受委托人作为我方代理人到你行办理我方在你行开立的 一般银行结算 账户（账号：6222300029822228837　　）的以下业务：_____
　　　　　　　　办理银行本票委托收款

一、委托人及受托人

　　委托人：

　　　　企业（单位）名称：盛华机械股份有限公司

　　　　法定代表人：叶振忠

　　　　证件类型：身份证　　　证件号码：513102197611045578

　　受托人：

　　　　姓名：李晓凤　　　　　性别：女

　　　　证件类型：身份证　　　证件号码：510284198609274848

二、授权期限

　　上述授权权限自20××年 6 月 20 日开始，至20××年 6 月 22 日终止。（最长不超过三个月）

三、特别声明

　　上述代理事项受委托人均可独立代理。委托人在权限内代我方办理的上述事项我方均予以承认。

委托人（公章）：

法定代表人：

20××年 6 月 20 日

③委托收款背书时，在"第2联"背面作"委托收款"的背书，"被背书人"：太阳银行武侯支行，"背书人签章"：盛华机械股份有限公司财务专用章、盛华机械股份有限公司法人代表章"叶振忠"、记载"委托收款"字样。

银行本票第2联背面委托收款背书转让如下。

| 被背书人　太阳银行武侯支行 | 被背书人 |
|---|---|
| 委托收款<br>【盛华机械股份有限公司财务专用章】【叶振忠印】<br>背书人签章<br>20\*\*年6月20日 | 背书人签章<br>　年　月　日 |
| 持票人向银行提示付款签章： | 身份证件名称：　　　发证机关：<br>号码： |

④同时，填写"银行进账单"（一式三联），其中"出票人"：成都国通电动自行车有限公司，"收款人"：盛华机械股份有限公司。

填制完成的银行进账单第1联如下。

## 宇宙银行　　进账单（贷方凭证）1

20\*\* 年 6 月 20 日

| 出票人 | 全称 | 成都国通电动自行车有限公司 | 收款人 | 全称 | 盛华机械股份有限公司 |
|---|---|---|---|---|---|
| | 账号 | 6222562314789526301 | | 账号 | 6222300029822228837 |
| | 开户银行 | 宇宙银行西区支行 | | 开户银行 | 太阳银行武侯支行 |
| 金额 | 人民币（大写） | 捌仟元整 | 亿千百十万千百十元角分<br>¥ 8 0 0 0 0 0 | | |
| 票据种类 | | 银行本票 | 票据张数 | 1 | |
| 票据号码 | | | | | |
| 备注 | | | | | |
| | | | 复核： | | 记账： |

此联由收款人开户银行作贷方凭证

填制完成的银行进账单第 2 联如下。

**宇宙银行　　进账单（回单）2**

20** 年 6 月 20 日

| 出票人 | 全称 | 成都国通电动自行车有限公司 | 收款人 | 全称 | 盛华机械股份有限公司 |
| --- | --- | --- | --- | --- | --- |
| | 账号 | 6222562314789526301 | | 账号 | 6222300029822228837 |
| | 开户银行 | 宇宙银行西区支行 | | 开户银行 | 太阳银行武侯支行 |
| 金额 | 人民币（大写） | 捌仟元整 | | | 亿千百十万千百十元角分　¥800000 |
| 票据种类 | | 银行本票 | 票据张数 | | 1 |
| 票据号码 | | | | | |

复核　　记账　　　　　　　　　　开户银行签章

（此联是开户银行交给持票人（出票人）的回单）

填制完成的银行进账单第 3 联如下。

**宇宙银行　　进账单（收账通知）3**

20** 年 6 月 20 日

| 出票人 | 全称 | 成都国通电动自行车有限公司 | 收款人 | 全称 | 盛华机械股份有限公司 |
| --- | --- | --- | --- | --- | --- |
| | 账号 | 6222562314789526301 | | 账号 | 6222300029822228837 |
| | 开户银行 | 宇宙银行西区支行 | | 开户银行 | 太阳银行武侯支行 |
| 金额 | 人民币（大写） | 捌仟元整 | | | 亿千百十万千百十元角分　¥800000 |
| 票据种类 | | 银行本票 | 票据张数 | | 1 |
| 票据号码 | | | | | |

复核　　记账　　　　　　　　　收款人开户银行签章

（此联是收款人开户银行交给收款人的收账通知）

⑤盛华机械股份有限公司将背书后的本票"第 2 联"和填写好的"银行进账单"一起交予开户银行太阳银行武侯支行，委托该银行向出票银行收款。

（6）代理付款行接票及审查后，进行兑付。

①代理付款行太阳银行武侯支行将"银行进账单"的"第 1 联 贷方凭证"和其他银行结算单据留存，为持票人办理转账。

②代理付款行太阳银行武侯支行将"银行进账单"的"第 2 联 回单"加盖"太阳银行武侯支行业务公章"和太阳银行武侯支行经办人员章"陈海"、"第 3 联 收账通知"加盖"太阳银行武侯支行转讫"章和太阳银行武侯支行经办人员章"陈海"后，一并交给持票人盛华机械股份有限公司。

盖章后的银行进账单第 2 联如下。

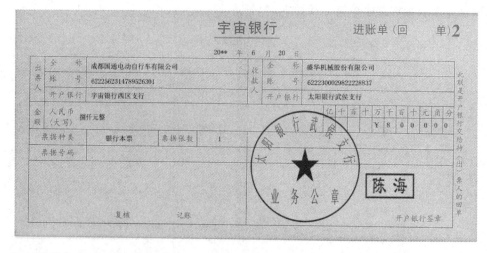

盖章后的银行进账单第 3 联如下。

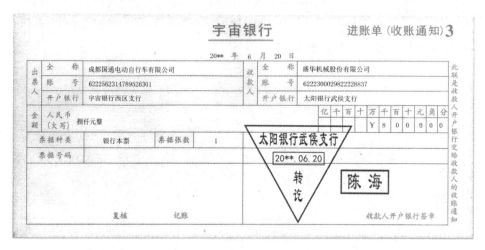

③代理付款行太阳银行武侯支行将"银行本票"的"第 2 联"加盖"太阳银行武侯支行转讫"章后,和银行结算的其他单据一同寄给出票行宇宙银行西区支行。

盖章后的银行本票第 2 联如下。

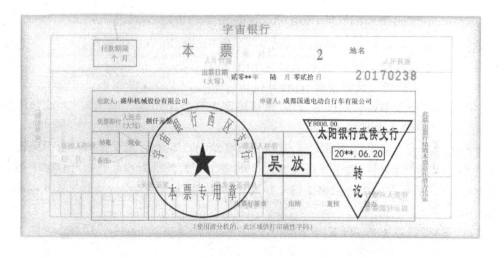

(7)出票行接票审查后,进行付款,结清银行本票。

出票行宇宙银行西区支行收到代理付款行太阳银行武侯支行寄来的银行本票"第2联"和其他单据时,应抽出原出票时专夹保管的银行本票"第1联 卡片",核对是否确属本行出票。

核对无误后,银行本票的"第1联 卡片"作为借方凭证、"第2联"和其他单据作为贷方凭证留存银行,进行资金清算。

### 2.4.7 银行承兑汇票流转程序实训

实训角色:
(1)成都国通电动自行车有限公司出纳岗位,人员:赵红艳;
(2)盛华机械股份有限公司出纳岗位,人员:李晓凤;
(3)宇宙银行西区支行业务经办人员:吴放;
(4)太阳银行武侯支行业务经办人员:陈海。

实训道具:
(1)成都国通电动自行车有限公司公章;
(2)成都国通电动自行车有限公司财务专用章;
(3)成都国通电动自行车有限公司法人代表章(王远飞);
(4)宇宙银行西区支行业务公章;
(5)宇宙银行西区支行业务经办人员章(吴放);
(6)宇宙银行西区支行汇票专用章;
(7)盛华机械股份有限公司财务专用章;
(8)盛华机械股份有限公司法人代表章(叶振忠);
(9)盛华机械股份有限公司公章;
(10)太阳银行武侯支行业务公章;
(11)太阳银行武侯支行转讫章;
(12)太阳银行武侯支行业务经办人员章(陈海)。

实训单据:
(1)授权委托书(2份);
(2)银行承兑汇票(1张);
(3)银行承兑协议(1张);
(4)托收凭证(1份)。

业务10:签发交付银行承兑汇票

业务资料:20××年6月22日,成都国通电动自行车有限公司从盛华机械股份有限公司购买货物,价税合计6000元。双方签订交易合同时,在合同中注明采用银行承兑汇票进行结算。成都国通电动自行车有限公司按合同规定当天出票并向其开户行宇宙银行西区支行申请承兑,银行承兑汇票的期限为3个月。

成都国通电动自行车有限公司将经过承兑的银行承兑汇票交予盛华机械股份有限公司,盛华机械股份有限公司在汇票到期前,即20××年9月21日,委托自己的开户行太阳银行武侯支行收取款项。双方通过银行承兑汇票结算方式，圆满地完成了交易。

操作流程：

（1）出票人出票并申请承兑。

步骤如下。

①成都国通电动自行车有限公司出纳人员填写一份授权委托书，加盖公章"成都国通电动自行车有限公司"和成都国通电动自行车有限公司法人代表章"王远飞"后，办理业务时提交至开户银行。

盖章后的授权委托书如下。

## 授权委托书

中国宇宙银行　　西区支行　　：

我单位（公司）现委托下述受委托人作为我方代理人到你行办理我方在你行开立的　一般银行结算　账户（账号：6222562314789526301　）的以下业务：

申请贵行承兑银行承兑汇票

一、委托人及受托人

委托人：

企业（单位）名称：成都国通电动自行车有限公司

法定代表人：王远飞

证件类型：身份证　　证件号码：492136197102125958

受托人：

姓名：赵红艳　　性别：女

证件类型：身份证　　证件号码：510284198501054864

二、授权期限

上述授权权限自20××年 6 月 22 日开始，至20××年 6 月 23 日终止。（最长不超过三个月）

三、特别声明

上述代理事项受委托人均可独立代理。委托人在权限内代我方办理的上述事项我方均予以承认。

委托人（公章）：

法定代表人：

20××年 6 月 22 日

②同时,出纳人员填写"银行承兑汇票"(一式三联),其中:"第1联"为卡片,出票时不需要签章;"第2联"为正联,出票时需要在此联加盖"成都国通电动自行车有限公司财务专用章"、成都国通电动自行车有限公司法人代表章"王远飞";"第3联"为存根,出票时不需要签章。

填制完成的银行承兑汇票第1联如下。

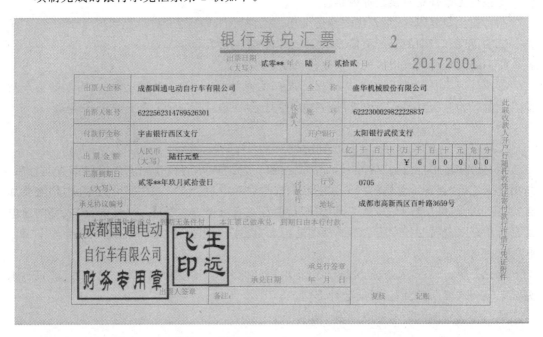

填制完成的银行承兑汇票第2联如下。

填制完成的银行承兑汇票第3联如下。

## 银行承兑汇票（存根）  3

出票日期（大写）：贰零\*\*年 陆月贰拾贰日    20172001

| | | | | |
|---|---|---|---|---|
| 出票人全称 | 成都国通电动自行车有限公司 | 收款人 | 全称 | 盛华机械股份有限公司 |
| 出票人账号 | 6222562314789526301 | | 账号 | 6222300029822228837 |
| 付款行全称 | 宇宙银行西区支行 | | 开户银行 | 太阳银行武侯支行 |
| 出票金额 | 人民币（大写）陆仟元整 | | | ￥6 0 0 0 0 0 |
| 汇票到期日（大写） | 贰零\*\*年玖月贰拾壹日 | 付款行 | 行号 | 0705 |
| 承兑协议编号 | | | 地址 | 成都市高新西区百叶路3659号 |
| | | 备注： | | |

此联由出票人存查

③同时，和"银行承兑汇票"（一式三联）一起提交相关资料向汇票上记载的付款行宇宙银行西区支行申请承兑。

申请办理银行承兑汇票时，承兑申请人应向开户行提交下列资料：

①银行无条件兑付票款等内容。

②营业执照复印件、法人代表身份证明。

③上年度和当期的资产负债表、利润表和现金流量表。

④商品交易合同或增值税发票原件及复印件。

⑤按规定需要提供担保的，提交保证人有关资料（包括营业执照复印件、当期的资产负债表、利润表和现金流量表）或抵（质）物的有关资料（包括权属证明和评估报告等）。

⑥银行要求提供的其他资料。

（2）承兑行接票审查后，签订承兑协议。

承兑行宇宙银行西区支行的信贷部门按照支付结算办法和有关规定接票审查同意后，与出票人签署"银行承兑协议"（一式三联），其中："第1联"和"第2联"均为正联，均需要加盖"宇宙银行西区支行业务公章"、宇宙银行西区支行业务经办人员章"吴放"、"成都国通电动自行车有限公司财务专用章"、成都国通电动自行车有限公司法人代表章"王远飞"；"第3联"为副本。

承兑行宇宙银行西区支行信贷部门将填写好的"银行承兑协议"（一式三联）及"银行承兑汇票"（一式三联）交该银行的会计部门。

填制完成后的银行承兑协议第1联如下。

# 银行承兑协议

1

编号：20170092

**银行承兑汇票的内容：**

| 出票人全称 | 成都国通电动自行车有限公司 | 收款人全称 | 盛华机械股份有限公司 |
|---|---|---|---|
| 开户银行 | 宇宙银行西区支行 | 开户银行 | 太阳银行武侯支行 |
| 账号 | 6222562314789526301 | 账号 | 6222300029822228837 |
| 汇票号码 | 20172001 | 汇票金额（大写） | 陆仟元整 |
| 出票日期 | 20×× 年 6 月 22 日 | 到期日期 | 20×× 年 9 月 21 日 |

以上汇票经银行承兑，出票人及承兑银行愿遵守《支付结算办法》的规定及下列条款：

一、出票人于汇票到期日前将应付票款足额交存承兑银行。

二、承兑手续费按票面金额千分之（ 0.5 ）计算，在银行承兑时一次付清。

三、出票人与持票人如发生任何交易纠纷，均由其双方自行处理，票款于到期前仍按第1条办理不误。

四、承兑汇票到期日，承兑银行凭票无条件支付票款。如到期日之前申请人不能足额交付票款时，承兑银行对不足支付部分的票款转作出票申请人逾期贷款，并按照有关规定计收罚息。

五、承兑汇票款付清后，本协议自动失效。

承兑银行签章　　　　　　　　　出票人签章

订立承兑协议日期　20×× 年 6 月 22 日

填制完成后的银行承兑协议第2联如下。

## 银行承兑协议　　　　2

编号：20170092

**银行承兑汇票的内容：**

| | | | |
|---|---|---|---|
| 出票人全称 | 成都国通电动自行车有限公司 | 收款人全称 | 盛华机械股份有限公司 |
| 开户银行 | 宇宙银行西区支行 | 开户银行 | 太阳银行武侯支行 |
| 账号 | 6222562314789526301 | 账号 | 6222300029822228837 |
| 汇票号码 | 20172001 | 汇票金额（大写） | 陆仟元整 |
| 出票日期 | 20×× 年 6 月 22 日 | 到期日期 | 20×× 年 9 月 21 日 |

以上汇票经银行承兑，出票人及承兑银行愿遵守《支付结算办法》的规定及下列条款：

一、出票人于汇票到期日前将应付票款足额交存承兑银行。

二、承兑手续费按票面金额千分之（ 0.5 ）计算，在银行承兑时一次付清。

三、出票人与持票人如发生任何交易纠纷，均由其双方自行处理，票款于到期前仍按第1条办理不误。

四、承兑汇票到期日，承兑银行凭票无条件支付票款。如到期日之前申请人不能足额交付票款时，承兑银行对不足支付部分的票款转作出票申请人逾期贷款，并按照有关规定计收罚息。

五、承兑汇票款付清后，本协议自动失效。

承兑银行签章　　　　　　　　　出票人签章

订立承兑协议日期　20×× 年 6 月 22 日

填制完成后的银行承兑协议第 3 联如下。

## 银行承兑协议    3

编号：20170092

**银行承兑汇票的内容：**

| | | | |
|---|---|---|---|
| 出票人全称 | 成都国通电动自行车有限公司 | 收款人全称 | 盛华机械股份有限公司 |
| 开户银行 | 宇宙银行西区支行 | 开户银行 | 太阳银行武侯支行 |
| 账号 | 6222562314789526301 | 账号 | 6222300029822228837 |
| 汇票号码 | 20172001 | 汇票金额（大写） | 陆仟元整 |
| 出票日期 | 20×× 年 6 月 22 日 | 到期日期 | 20×× 年 9 月 21 日 |

以上汇票经银行承兑，出票人及承兑银行愿遵守《支付结算办法》的规定及下列条款：

一、出票人于汇票到期日前将应付票款足额交存承兑银行。

二、承兑手续费按票面金额千分之（ 0.5 ）计算，在银行承兑时一次付清。

三、出票人与持票人如发生任何交易纠纷，均由其双方自行处理，票款于到期前仍按第 1 条办理不误。

四、承兑汇票到期日，承兑银行凭票无条件支付票款。如到期日之前申请人不能足额交付票款时，承兑银行对不足支付部分的票款转作出票申请人逾期贷款，并按照有关规定计收罚息。

五、承兑汇票款付清后，本协议自动失效。

承兑银行签章              出票人签章

订立承兑协议日期 20×× 年 6 月 22 日

（3）承兑行承兑。

承兑行宇宙银行西区支行会计部门接到汇票和承兑协议后，应认真审查。审核无误后，在"银行承兑汇票"的"第 1 联"和"第 2 联"上注明承兑协议编号，并在"银行承兑汇票"的"第 2 联"上的"承兑行签章"处加盖"宇宙银行西区支行汇票专用章"、宇宙银行西区支行业务经办人员章"吴放"。

补充后的银行承兑汇票第 1 联如下。

银行承兑汇票（卡 片） 1  20172001

| 出票日期（大写） | 贰零**年 陆 月 贰拾贰 日 | | |
|---|---|---|---|
| 出票人全称 | 成都国通电动自行车有限公司 | 全 称 | 盛华机械股份有限公司 |
| 出票人账号 | 6222562314789526301 | 账 号 | 6222300029822228837 |
| 付款行全称 | 宇宙银行西区支行 | 开户银行 | 太阳银行武侯支行 |
| 出票金额 | 人民币（大写）陆仟元整 | | ￥6 0 0 0 0 0 |
| 汇票到期日（大写） | 贰零**年玖月贰拾壹日 | 付款行 行号 | 0705 |
| 承兑协议编号 | 20170092 | 地址 | 成都市高新西区百叶路3659号 |

此联承兑行留存备查，到期支付票款时作借方凭证附件

本汇票请你行承兑，此项汇票款我单位按承兑协议于到期日前足额交存你行，到期请予以支付。

出票人签章    备注：    复核    记账

补充后的银行承兑汇票第 2 联如下。

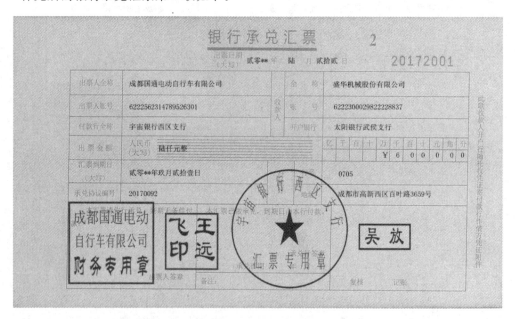

由出票人申请承兑的，承兑行宇宙银行西区支行会计部门将"银行承兑汇票"的"第 2 联"、"第 3 联 存根"连同"银行承兑协议"的"第 2 联"交给出票人成都国通电动自行车有限公司，按照规定向其收取承兑手续费。

同时，承兑行（付款行）宇宙银行西区支行将"银行承兑汇票"的"第 1 联 卡片"和"银行承兑协议"的"第 1 联"及"第 3 联"专夹保管。

承兑行宇宙银行西区支行应对银行承兑汇票登记簿的余额经常与保存的"银行承兑汇票"的"第 1 联 卡片"进行核对，以保证金额相符。

(4) 出票人交付汇票。

出票人成都国通电动自行车有限公司将"银行承兑汇票"的"第2联"交付收款人（持票人）盛华机械股份有限公司。

(5) 持票人委托收款。

①银行承兑汇票到期时，持票人盛华机械股份有限公司应委托其开户银行太阳银行武侯支行向承兑行宇宙银行西区支行收取汇票款项。

②盛华机械股份有限公司出纳人员填写一份授权委托书，加盖公章"盛华机械股份有限公司"和盛华机械股份有限公司法人代表章"叶振忠"后，办理业务时提交至开户银行。

盖章后的授权委托书如下。

## 授 权 委 托 书

中国太阳银行___武侯支行___：

我单位（公司）现委托下述受委托人作为我方代理人到你行办理我方在你行开立的 _一般银行结算_ 账户（账号：6222300029822228837）的以下业务：_____
办理银行承兑汇票委托收款

一、委托人及受托人

  委托人：

    企业（单位）名称：盛华机械股份有限公司

    法定代表人： 叶振忠

    证件类型：身份证  证件号码：513102197611045578

  受托人：

    姓名：李晓凤  性别：女

    证件类型：身份证  证件号码：510284198609274848

二、授权期限

  上述授权权限自20××年 9 月21日开始，至20××年 9 月23日终止。（最长不超过三个月）

三、特别声明

  上述代理事项受委托人均可独立代理。委托人在权限内代我方办理的上述事项我方均予以承认。

          委托人（公章）：

          法定代表人：

          20××年 9 月21日

③同时委托收款时,持票人盛华机械股份有限公司需要填制"托收凭证"(一式五联),在单据上的"业务类型"栏的"委托收款"勾选"电划"、"托收凭据名称"栏写明"银行承兑汇票"、"合同名称号码"栏写明签订的购货合同的号码,并在"托收凭证"的"第2联 贷方凭证"上的"收款人签章"处加盖"盛华机械股份有限公司财务专用章"和盛华机械股份有限公司法人代表章"叶振忠"。

填制完成的托收凭证第1联如下。

填制完成的托收凭证第2联如下。

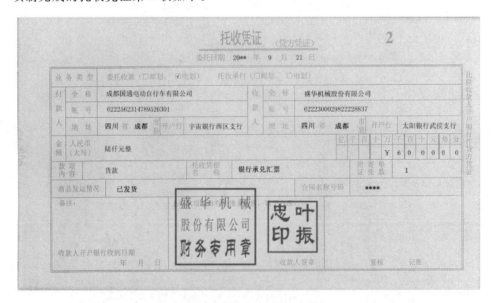

填制完成的托收凭证第3联、第4联和第5联均省略。

④同时,盛华机械股份有限公司在"银行承兑汇票"的"第2联"背面作成"委托收款"背书,其中"被背书人":太阳银行武侯支行;"背书人签章":加盖"盛华机械股份有限公司财务

专用章"和盛华机械股份有限公司法人代表章"叶振忠"。

⑤背书完成后,该公司将"托收凭证"(一式五联)连同"银行承兑汇票"的"第2联"一并送交该公司开户行太阳银行武侯支行。

银行承兑汇票第2联背面委托收款背书转让如下。

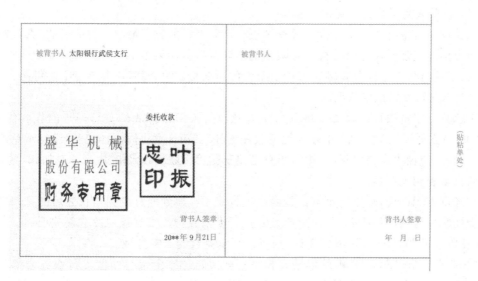

(6)持票人开户行接票审查后,办理托收。

①持票人开户行太阳银行武侯支行收到持票人交来的"托收凭证"和"银行承兑汇票"后,应认真审查相关内容。

②审查无误后,持票人开户行太阳银行武侯支行按照委托收款结算方式办理。

③"托收凭证"的"第1联 受理回单"上加盖"太阳银行武侯支行业务公章"和太阳银行武侯支行业务经办人员章"陈海"后,作为回单交回给持票人。

盖章后的托收凭证第1联如下。

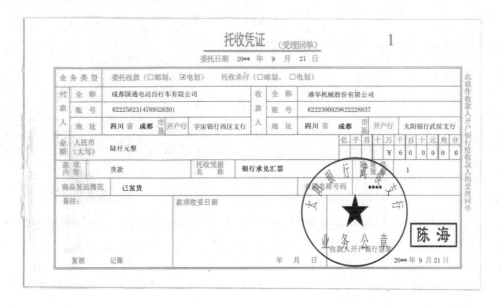

④"托收凭证"的"第2联 贷方凭证"据以登记"发出托收凭证结算登记簿"后专夹保管。

⑤"托收凭证"的"第3联 借方凭证"加盖带有联行行号的结算专用章,连同"托收凭证"的"第4联 汇款依据或收账通知"、"第5联 付款通知"及"银行承兑汇票"的"第2联"邮寄付款人开户行宇宙银行西区支行办理托收。

(7) 出票人向承兑行交存汇票款项。

承兑行宇宙银行西区支行应每天查看银行承兑汇票的到期情况,对到期的汇票,应于到期日向出票人成都国通电动自行车有限公司收取票款。如果出票人存款账户不足支付汇票款项的,承兑行将不足部分差额转入该出票人的逾期贷款户,每日按0.5‰计收利息。

(8) 承兑行支付汇票款项。

①承兑行宇宙银行西区支行接到持票人开户行太阳银行武侯支行寄来的托收凭证的"第3联 借方凭证"、"第4联 汇款依据或收账通知"、"第5联 付款通知"及"银行承兑汇票"的"第2联",应抽出专夹保管的"银行承兑汇票"的"第1联 卡片"和"银行承兑协议"的"第3联",认真审查相关内容。

②经审查无误后,承兑行宇宙银行西区支行应于汇票到期日或到期日之后的见票当日,按照委托收款付款的手续办理,向持票人开户行太阳银行武侯支行划拨汇票款项。

"托收凭证"的"第3联 借方凭证"据以进行承兑行的账务处理。

"托收凭证"的"第4联 汇款依据或收账通知"加盖"宇宙银行西区支行业务公章"和宇宙银行西区支行业务经办人员章"吴放"后,随联行报单寄持票人开户行。

盖章后的托收凭证第4联如下。

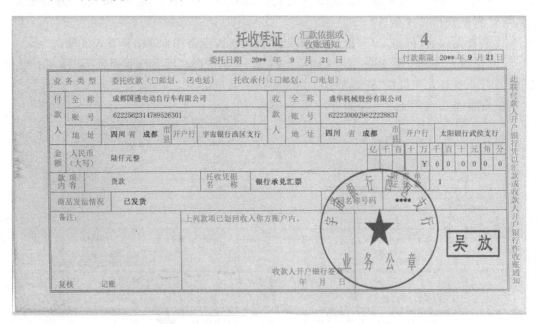

"托收凭证"的"第5联 付款通知"加盖"宇宙银行西区支行转讫"章和宇宙银行西区支行业务经办人员章"吴放"后交给出票人成都国通电动自行车有限公司,通知该公司汇票款项已付。

盖章后的托收凭证第5联如下。

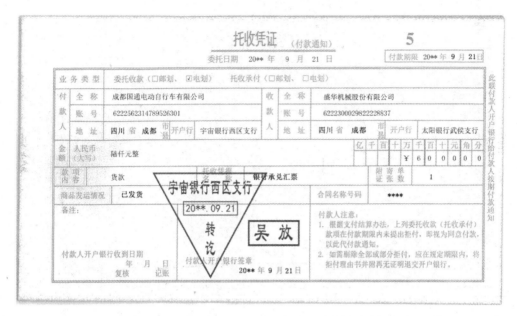

（9）持票人开户行收取汇票款项。

持票人开户行太阳银行武侯支行收到承兑行寄来的联行报单和"托收凭证"的"第 4 联 汇款依据或收账通知"后，应将留存的"托收凭证"的"第 2 联 贷方凭证"抽出核对。

核对无误后，持票人开户行太阳银行武侯支行在"托收凭证"的"第 4 联 汇款依据或收账通知"上加盖"太阳银行武侯支行转讫"章和太阳银行武侯支行业务经办人员章"陈海"后，交给持票人盛华机械股份有限公司，以告知该公司汇票款项已收妥入账；在"托收凭证"的"第 2 联 贷方凭证"上填明转账日期作为该银行的贷方凭证，进行账务处理。

盖章完成后的托收凭证第 4 联如下。

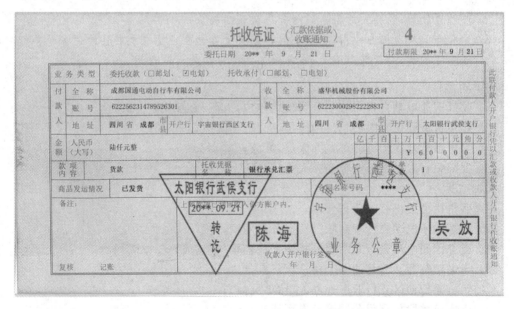

补充完成后的托收凭证第 2 联如下。

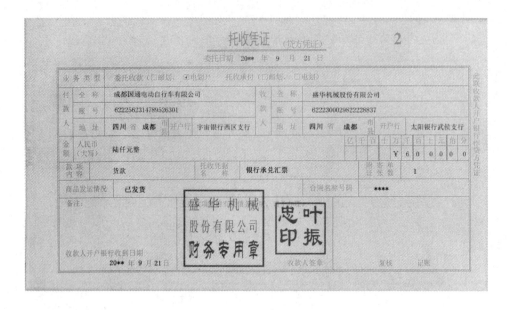

## 2.4.8 商业承兑汇票流转程序实训

据统计,目前我国商业汇票中的商业承兑汇票的使用较少,其业务量和资金量不到商业汇票的10%。商业承兑汇票的信用、融资功能未能得到充分体现。

除使用量较小外,商业承兑汇票的使用具有如下特点:

(1) 使用领域主要集中在石油、电力、钢铁、煤炭、航空、电子和医药等行业,以及一些关联企业或产业链中上下游关系紧密的企业;

(2) 流通性较弱,受票人对汇票进行背书转让的较少;

(3) 主要在同城范围内使用,企业一般不愿接受异地企业承兑或转让的商业承兑汇票;

(4) 发展不平衡,中西部与沿海、东部地区相比存在较大的差距。

实训角色:

(1) 成都国通电动自行车有限公司出纳岗位,人员:赵红艳;

(2) 盛华机械股份有限公司出纳岗位,人员:李晓凤;

(3) 宇宙银行西区支行业务经办人员:吴放;

(4) 太阳银行武侯支行业务经办人员:陈海。

实训道具:

(1) 盛华机械股份有限公司公章;

(2) 成都国通电动自行车有限公司财务专用章;

(3) 成都国通电动自行车有限公司法人代表章(王远飞);

(4) 宇宙银行西区支行业务公章;

(5) 宇宙银行西区支行业务经办人员章(吴放);

(6) 盛华机械股份有限公司财务专用章;

(7) 盛华机械股份有限公司法人代表章(叶振忠);

(8) 太阳银行武侯支行业务公章；
(9) 太阳银行武侯支行转讫章；
(10) 太阳银行武侯支行业务经办人员章(陈海)。

实训单据：
(1) 授权委托书；
(2) 商业承兑汇票；
(3) 托收凭证。

### 业务 11：签发交付商业承兑汇票

业务资料：20××年 6 月 24 日，成都国通电动自行车有限公司从盛华机械股份有限公司购买货物，价税合计 5000 元。双方签订交易合同时，在合同中注明采用商业承兑汇票进行结算。成都国通电动自行车有限公司当天出票并由该公司进行承兑，该商业承兑汇票的期限为 3 个月。

20××年 9 月 23 日，商业承兑汇票到期时，盛华机械股份有限公司向其开户银行委托收款。

操作流程：

(1) 出票人出票、承兑后，交付商业承兑汇票。

商业承兑汇票既可以由付款人成都国通电动自行车有限公司签发并承兑，也可以由收款人盛华机械股份有限公司签发后再交由付款人成都国通电动自行车有限公司承兑。本业务中，由付款人成都国通电动自行车有限公司签发并承兑。

成都国通电动自行车有限公司填写一份"商业承兑汇票"（一式三联），并在"第 2 联"正联上的"承兑人签章"处和"出票人签章"处均加盖"成都国通电动自行车有限公司财务专用章"、成都国通电动自行车有限公司法人代表章"王远飞"。

加盖签章后，"商业承兑汇票"的"第 1 联 卡片"和"第 3 联 存根"由承兑人（出票人）成都国通电动自行车有限公司留存；"第 2 联"正联交付收款人（持票人）盛华机械股份有限公司作委托收款的依据。

填制完成后的商业承兑汇票第 1 联如下。

| 商业承兑汇票（卡片） | | | 1　20170074 |
|---|---|---|---|
| 出票日期（大写） | 贰零**年 陆 月 贰拾肆 日 | | |
| 付款人 | 全称 | 成都国通电动自行车有限公司 | 收款人 全称 盛华机械股份有限公司 |
| | 账号 | 6222562314789526301 | 账号 6222300029822228837 |
| | 开户银行 | 宇宙银行西区支行 | 开户银行 太阳银行武侯支行 |
| 出票金额 | 人民币（大写）伍仟元整 | | 亿千百十万千百十元角分 ￥ 5 0 0 0 0 0 |
| 汇票到期日（大写） | 贰零**年玖月贰拾叁日 | 付款人开户行 | 行号 0705 地址 成都市高新西区百叶路3659号 |
| 交易合同号码 | 20170074 | | |
| | | 备注： | |
| | | 出票人签章 | |

此联由承兑人留存

承兑后的商业承兑汇票第 2 联如下。

| 商业承兑汇票 | | | | 2 20170074 |
|---|---|---|---|---|
| 出票日期（大写） | 贰零**年 陆 月 贰拾肆 日 | | | |
| 付款人 | 全称 | 成都国通电动自行车有限公司 | 收款人 | 全称 | 盛华机械股份有限公司 |
| | 账号 | 6222562314789526301 | | 账号 | 6222300029822228837 |
| | 开户银行 | 宇宙银行西区支行 | | 开户银行 | 太阳银行武侯支行 |
| 出票金额 | 人民币（大写） | 伍仟元整 | | ¥ 5 0 0 0 0 0 0 |
| 汇票到期日（大写） | 贰零**年玖月贰拾叁日 | | 付款人开户行 | 行号 0705 地址 成都市高新西区百叶路3659号 |

（盖有"成都国通电动自行车有限公司 财务专用章"、"飞印"、"王远"等印章；承兑人签章 20** 年 6 月 24 日；出票人签章）

填制完成后的商业承兑汇票第 3 联如下。

| 商业承兑汇票（存根） | | | | 3 20170074 |
|---|---|---|---|---|
| 出票日期（大写） | 贰零**年 陆 月 贰拾肆 日 | | | |
| 付款人 | 全称 | 成都国通电动自行车有限公司 | 收款人 | 全称 | 盛华机械股份有限公司 |
| | 账号 | 6222562314789526301 | | 账号 | 6222300029822228837 |
| | 开户银行 | 宇宙银行西区支行 | | 开户银行 | 太阳银行武侯支行 |
| 出票金额 | 人民币（大写） | 伍仟元整 | | ¥ 5 0 0 0 0 0 0 |
| 汇票到期日（大写） | 贰零**年玖月贰拾叁日 | | 付款人开户行 | 行号 0705 地址 成都市高新西区百叶路3659号 |
| 交易合同号码 | 20170074 | | | |
| 备注 | | | | |

（2）持票人委托收款。

①商业承兑汇票到期时，持票人盛华机械股份有限公司应委托其开户银行太阳银行武侯支行向出票人开户行宇宙银行西区支行收取汇票款项。

②盛华机械股份有限公司出纳人员填写一份授权委托书，加盖公章"盛华机械股份有限公司"和盛华机械股份有限公司法人代表章"叶振忠"后，办理业务时提交至开户银行。

盖章后的授权委托书如下。

## 授 权 委 托 书

中国太阳银行　　武侯支行　　：

我单位（公司）现委托下述受委托人作为我方代理人到你行办理我方在你行开立的　一般银行结算　账户(账号：6222300029822228837　)的以下业务：＿＿＿＿＿＿

　　　　　　　　　　办理商业承兑汇票委托收款

一、委托人及受托人

　　委托人：

　　　　企业（单位）名称：盛华机械股份有限公司

　　　　法定代表人：　叶振忠

　　　　证件类型：身份证　　　证件号码：513102197611045578

　　受托人：

　　　　姓名：李晓凤　　　　　性别：女

　　　　证件类型：身份证　　　证件号码：510284198609274848

二、授权期限

　　上述授权权限自20××年　9　月　23　日开始，至20××年　9　月　23　日终止。（最长不超过三个月）

三、特别声明

　　上述代理事项受委托人均可独立代理。委托人在权限内代我方办理的上述事项我方均予以承认。

委托人（公章）：　[盛华机械股份有限公司 公章]

法定代表人：　[叶振忠 印]

20××年　9　月　23　日

③同时委托收款时，持票人盛华机械股份有限公司需要填制"托收凭证"（一式五联），在单据上的"业务类型"栏的"委托收款"勾选"电划"、"托收凭据名称"栏写明"商业承兑汇票"、"合同名称号码"栏写明签订的购货合同的号码，并在"托收凭证"的"第2联 贷方凭证"上的"收款人签章"处加盖"盛华机械股份有限公司财务专用章"和盛华机械股份有限公司法人代表章"叶振忠"。

填制完成后的托收凭证第1联如下。

| 托收凭证 (受理回单) | | | | | | | | 1 |
|---|---|---|---|---|---|---|---|---|

委托日期 20** 年 9 月 23 日

业务类型：委托收款（□邮划、☑电划）　托收承付（□邮划、□电划）

| 付款人 | 全称 | 成都国通电动自行车有限公司 | 收款人 | 全称 | 盛华机械股份有限公司 |
|---|---|---|---|---|---|
| | 账号 | 6222562314789526301 | | 账号 | 6222300029822228837 |
| | 地址 | 四川省 成都 市县 开户行 宇宙银行西区支行 | | 地址 | 四川省 成都 市县 开户行 太阳银行武侯支行 |

金额 人民币（大写）：伍仟元整　￥5000.00

款项内容：货款　托收凭据名称：商业承兑汇票　附寄单证张数：1

商品发运情况：已发货　合同名称号码：****

备注：　款项收妥日期：　年 月 日

复核　记账　收款人开户银行签章　年 月 日

此联作收款人开户银行给收款人的受理回单

填制完成后的托收凭证第 2 联如下。

| 托收凭证 (贷方凭证) | | | | | | | | 2 |
|---|---|---|---|---|---|---|---|---|

委托日期 20** 年 9 月 23 日

业务类型：委托收款（□邮划、☑电划）　托收承付（□邮划、□电划）

| 付款人 | 全称 | 成都国通电动自行车有限公司 | 收款人 | 全称 | 盛华机械股份有限公司 |
|---|---|---|---|---|---|
| | 账号 | 6222562314789526301 | | 账号 | 6222300029822228837 |
| | 地址 | 四川省 成都 市县 开户行 宇宙银行西区支行 | | 地址 | 四川省 成都 市县 开户行 太阳银行武侯支行 |

金额 人民币（大写）：伍仟元整　￥5000.00

款项内容：货款　托收凭据名称：商业承兑汇票　附寄单证张数：1

商品发运情况：已发货　合同名称号码：****

备注：（盛华机械股份有限公司财务专用章）（叶振忠印）

收款人开户银行收到日期　年 月 日　收款人签章　复核　记账

此联收款人开户银行作贷方凭证

填制完成的托收凭证第 3 联、第 4 联和第 5 联均省略。

同时，盛华机械股份有限公司在"商业承兑汇票"的"第 2 联"背面作成"委托收款"背书，其中"被背书人"：太阳银行武侯支行；"背书人签章"：加盖"盛华机械股份有限公司财务专用章"和盛华机械股份有限公司法人代表章"叶振忠"。背书完成后，该公司将"托收凭证"（一式五联）连同"商业承兑汇票"的"第 2 联"一并送交该公司开户行太阳银行武侯支行。

商业承兑汇票第 2 联背面委托收款背书转让如下。

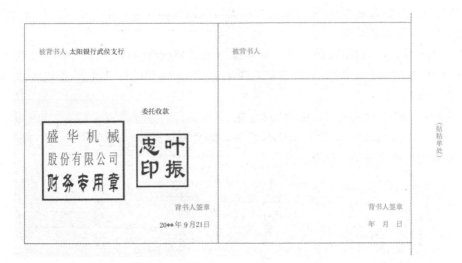

(3) 持票人开户行接票审查后,办理托收。

① 持票人开户行太阳银行武侯支行收到持票人盛华机械股份有限公司交来的"托收凭证"和"商业承兑汇票"后,应认真审查相关内容。

② 审查无误后,持票人开户行太阳银行武侯支行按照委托收款结算方式办理:

"托收凭证"的"第 1 联 受理回单"上加盖"太阳银行武侯支行业务公章"和太阳银行武侯支行业务经办人员章"陈海"后,作为回单交回给持票人。

盖章后的托收凭证第 1 联如下。

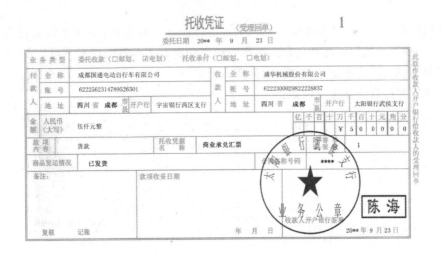

"托收凭证"的"第 2 联 贷方凭证"据以登记"发出、收到托收(委收)登记簿"后专夹保管。

"托收凭证"的"第 3 联 借方凭证"加盖带有联行行号的结算专用章,连同"托收凭证"的"第 4 联 汇款依据或收账通知"、"第 5 联 付款通知"及"商业承兑汇票"的"第 2 联"邮寄付款人(出票人)开户行宇宙银行西区支行办理托收。

(4) 付款人(出票人)开户行收票、审查后,通知付款人付款。

①付款人(出票人)开户行宇宙银行西区支行收到持票人开户银行寄来的托收凭证及商业承兑汇票后,应认真审查。

②审查无误后,宇宙银行西区支行业务经办人员吴放将"托收凭证"的"第3联 借方凭证"、"第4联 汇款依据或收账通知"、"第5联 付款通知"加盖当日日戳后,据以登记"收到托收凭证登记簿"。

③将"第4联 汇款依据或收账通知"加盖"宇宙银行西区支行业务公章"和宇宙银行西区支行业务经办人员章"吴放"后,随联行报单寄持票人开户行。

盖章后的托收凭证第4联如下。

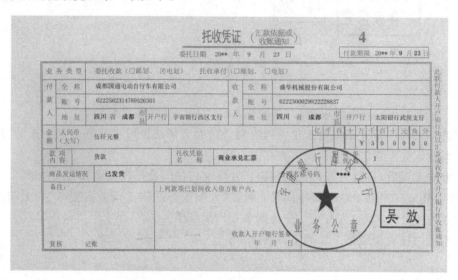

④同时将"第5联 付款通知"加盖"宇宙银行西区支行转讫"章和宇宙银行西区支行业务经办人员章"吴放"后,通知付款人成都国通电动自行车有限公司来开户行在"收到托收凭证登记簿"上签收,将汇票票款划拨给持票人开户行。

盖章后的托收凭证第5联如下。

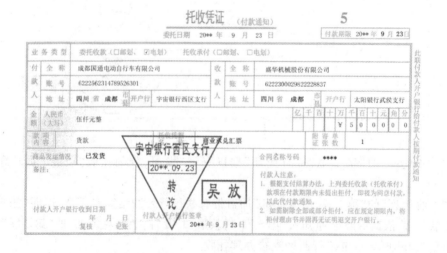

⑤将托收凭证的"第3联 借方凭证"连同"商业承兑汇票"的"第2联"留存，专夹保管，以便考核汇票款项的支付或退回情况。

(5) 持票人开户行收取汇票款项。

持票人开户行太阳银行武侯支行收到付款人（出票人）开户行宇宙银行西区支行寄来的联行报单和"托收凭证"的"第4联 汇款依据或收账通知"后，应将留存的"托收凭证"的"第2联 贷方凭证"抽出核对。

核对无误后，持票人开户行太阳银行武侯支行在"托收凭证"的"第4联 汇款依据或收账通知"上加盖"太阳银行武侯支行转讫"章和太阳银行武侯支行业务经办人员章"陈海"后，交给持票人盛华机械股份有限公司，以告知该公司汇票款项已收妥入账；在"托收凭证"的"第2联 贷方凭证"上填明转账日期作为该银行的贷方凭证，进行账务处理。

盖章完成后的托收凭证第4联如下。

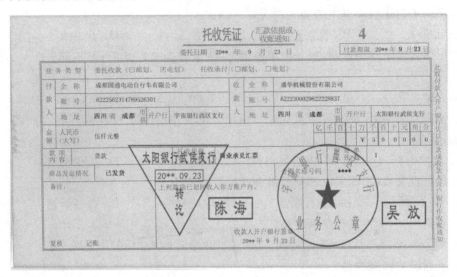

补充完成后的托收凭证第2联如下。

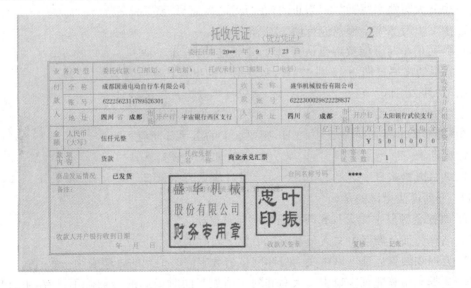

# 2.5 票据和结算凭证的填写同步实训

一、单项选择题

1. 商业汇票付款人承兑时附有条件的,视为(　　)。
   A. 拒绝承兑　　B. 有条件承兑　　C. 延期承兑　　D. 待定承兑
2. 以下属于支票的相对记载事项的是(　　)。
   A. 无条件支付委托　　　　B. 付款人名称
   C. 出票日期　　　　　　　D. 付款地
3. 下列不属于票据基本当事人的有(　　)。
   A. 出票人　　B. 收款人　　C. 付款人　　D. 背书人
4. 出票人签发空头支票,银行应予退票,并按票面金额处以5%但不低于(　　)元的罚款。
   A. 100　　　B. 500　　　C. 1000　　　D. 3000
5. 银行汇票丧失,失票人可以凭(　　)出具的其享有票据权利的证明,向出票银行请求付款或退款。
   A. 出票银行　　B. 中国人民银行　　C. 银监会　　D. 人民法院
6. 票据丧失后,不能采取的补救措施是(　　)。
   A. 挂失支付　　B. 公示催告　　C. 申请仲裁　　D. 普通诉讼
7. 在我国,以下不属于票据的是(　　)。
   A. 银行汇票　　B. 商业发票　　C. 商业汇票　　D. 支票
8. 下列说法错误的是(　　)。
   A. 中文大写金额数字应用正楷或行书填写
   B. 中文大写数字写到"角"为止的,在"角"之后应写"整"字
   C. 中文大写数字金额前应标明"人民币"
   D. 阿拉伯小写金额数字要认真填写,不得连写,分辨不清
9. 票据的出票日期为10月20日,则票据上的出票日期应写为(　　)。
   A. 10月20日　　　　　　　B. 零壹拾月零贰拾日
   C. 零壹拾月贰拾日　　　　D. 壹拾月零贰拾日
10. 票据的出票日期为2月12日,则票据上的出票日期应写为(　　)。
    A. 2月12日　　　　　　　B. 零贰月壹拾贰日
    C. 贰月壹拾贰日　　　　　D. 零贰月拾贰日
11. 下列说法错误的是(　　)。
    A. 票据金额以中文大写和阿拉伯数字同时记载
    B. 结算凭证金额以中文大写和阿拉伯数字同时记载
    C. 票据和结算凭证上以中文大写和阿拉伯数字同时记载的金额必须一致
    D. 票据和结算凭证上以中文大写和阿拉伯数字同时记载的金额若不一致,更改后,银

行可以受理

12. 下列说法错误的是( )。
A. 单位和个人办理支付结算必须使用中国人民银行统一规定印制的票据凭证和结算凭证
B. 票据的金额不得更改
C. 票据的出票日期不得更改
D. 票据的收款人名称可以更改

13. 根据《支付结算办法》的规定,甲企业发现其持有由乙公司签发的销售金额为50万元的转账支票为空头支票后,可以向乙公司要求赔偿( )。
A. 25000元　　B. 15000元　　C. 10000元　　D. 20000元

14. 根据《支付结算办法》的规定,票据签发后,( )可以更改。
A. 出票日期　　B. 收款人名称　　C. 用途　　D. 票据金额

15. 出票人可以签发( )。
A. 空头支票
B. 签章与预留银行签章不符的支票
C. 使用支付密码地区、支付密码错误的支票
D. 未记载收款人名称的支票

16. 支票的提示付款期限自出票日起( )。
A. 10日　　B. 30日　　C. 60日　　D. 90日

17. 下列表述中,正确的是( )。
A. 单位确需坐支现金的,必须事先报经单位决策层审查批准
B. 单位确需坐支现金的,必须事先报经中国人民银行总行审查批准
C. 单位确需坐交现金的,必须事先报经开户银行审查批准
D. 单位确需坐支现金的,必须事先报经中国人民银行各级分行审查批准

18. 下列各项中,( )不属于支付结算票据。
A. 支票　　B. 汇票　　C. 本票　　D. 发票

19. 支票的( ),可以由出票人授权补记。
A. 出票人　　B. 出票日期　　C. 金额　　D. 付款人名称

20. 既可以支取现金,又可以转账的支票是( )。
A. 现金支票　　B. 转账支票　　C. 普通支票　　D. 划线支票

21. 由出票人签发,委托付款人在指定日期无条件支付确定的金额给收款人或者持票人的结算方式是( )。
A. 银行汇票　　B. 支票　　C. 银行本票　　D. 商业汇票

22. 对于票据出票日期使用小写填写的,下列表述中,正确的是( )。
A. 银行受理,但由此造成损失的,由出票人自行承担
B. 银行受理,但由此造成损失的,由银行自行承担
C. 银行受理,但由此造成损失的,由出票人和银行共同承担
D. 银行不予受理

23. 太平洋公司是一家有限责任制公司,10月12日,签发支票一张,填写的出票日期为

"零壹拾月壹拾贰日"字样,出票大写金额为"叁万零壹佰伍拾元正"字样。

关于公司支票的填写,下列说法中正确的有( )。

A. 该支票的出票日期既可以使用中文大写也可以使用阿拉伯数字填写

B. 该支票的出票日期正确写法应为"零壹拾月零壹拾贰日"

C. 若该支票的出票日期未按规范填写,银行可予受理,但由此造成损失的,由出票人自行承担

D. 该支票中的中文大写金额填写错误

24. 下列不符合支付结算凭证填写的要求的有( )。

A. 中文大写金额数字前应标明"人民币"字样,大写金额数字与"人民币"字样填写之间应留有空白

B. 大写金额数字前未印"人民币"字样的,应加填"人民币"三字

C. 在票据和结算凭证大写金额栏内不得预印固定的"仟、佰、拾、万、元、角、分"字样

D. 票据出票日期使用小写填写的,银行不予受理

25. 有关票据出票日期的说法,正确的是( )。

A. 票据的出票日期必须使用中文大写

B. 在填写月、日时,月为壹、贰和壹拾的应在其前加"壹"

C. 在填写月、日时,日为拾壹至拾玖的,应在其前面加"零"

D. 票据出票日期使用小写填写的,银行也应受理

26. 下列关于在中国境内填写票据和结算凭证的表述中,不正确的是( )。

A. 票据和结算凭证的中文大写金额数字应用正楷或行书填写,用繁体字,也应受理

B. 阿拉伯数字小写金额数字前面,均应填写人民币符号"￥"

C. 少数民族地区和外国驻华使馆,金额大写必须使用少数民族文字或外国文字

D. 票据的出票日期必须使用中文大写,使用小写填写的,银行不予受理

27. 银行本票是( )签发的。

A. 银行　　　　B. 企业　　　　C. 单位　　　　D. 个人

二、多项选择题

1. 签发汇兑凭证必须记载的事项有( )。

A. 无条件支付的委托　　　　B. 汇入地点、汇入行名称

C. 委托日期　　　　　　　　D. 确定的金额

2. 根据《票据法》的规定,下列关于汇票提示承兑的表述中,正确的有( )。

A. 见票后定期付款汇票的持票人应当自出票日起3个月内向付款人提示承兑

B. 票据上没有记载付款日期的,无需提示承兑汇票

C. 付款人自收到提示承兑的汇票之日起3日内不作出承兑与否表示的,视为承兑

D. 承兑附有条件的,视为拒绝承兑

3. 下列关于现金支票填制的说法正确的是( )。

A. 如实写明用途,存根联与支票正联填写的用途应一致

B. 在签发人签章处按预留银行印鉴分别签章,签章不能缺漏

C. 现金支票签发后,将支票从存根联与正联之间骑缝线剪开,正联交给收款人办理提现,存根联留下作为记账依据

D. 收款单位名称必须填写全称并与预留银行印鉴中单位名称保持一致

4. 以下属于支票必须记载事项的是（　　）。
A. 表明"支票"的字样　　　　　　B. 付款人名称
C. 付款日期　　　　　　　　　　D. 确定的金额

5.《票据法》所指的票据包括（　　）。
A. 支票　　　B. 信用证　　　C. 汇票　　　D. 本票

6. 申请人因银行汇票超过付款提示期或其他原因要求退款时,应将（　　）提交到出票银行。
A. 银行汇票　　　　　　　　　　B. 解讫通知
C. 本人身份证件或单位证明　　　D. 销货退回的证明

7. 关于商业汇票,说法正确的有（　　）。
A. 商业汇票分为商业承兑汇票和银行承兑汇票
B. 商业汇票的付款人为承兑人
C. 出票人不得签发无对价的商业汇票
D. 汇票未按规定期限提示承兑的,持票人丧失付款请求权

8. 商业汇票的绝对记载事项包括（　　）。
A. 无条件支付的委托　　　　　　B. 确定的金额
C. 付款人名称　　　　　　　　　D. 付款地

9. 被背书人受理银行汇票时,应审查（　　）。
A. 背书是否连续　　　　　　　　B. 背书人签章是否符合规定
C. 背书使用粘单的是否按规定签章　D. 背书人是个人的,应验证其个人证件

10. （　　）,银行不得为其签发现金银行汇票。
A. 申请人为单位的　　　　　　　B. 收款人为单位的
C. 申请人和收款人均为单位的　　D. 申请人和收款人均为个人的

11. 建立健全现金核算与内部控制的具体要求包括（　　）。
A. 建立单位货币资金内部控制制度　B. 加强货币资金业务岗位管理
C. 严格货币资金的授权管理　　　　D. 按照规定程序办理货币资金支付业务

12. 符合建立健全现金的内部控制工作要求的有（　　）。
A. 建立单位货币资金内部控制制度　B. 加强货币资金业务岗位管理
C. 严格货币资金的授权管理　　　　D. 按照规定程序办理货币资金支付业务

13. 下列关于票据的中文大写金额数字中,正确的有（　　）。
A. 壹万陆仟元整　　　　　　　　B. 三万二千一十二元五角整
C. 肆万零叁元捌角整　　　　　　D. 柒仟元正

14. 银行汇票出票人在票据上的签章为（　　）。
A. 单位公章
B. 出票银行公章
C. 经中国人民银行批准使用的该银行汇票专用章
D. 其法定代表人的签名或者盖章

15. 关于商业汇票的承兑,说法正确的有（　　）。

A. 付款人应无条件承兑商业汇票

B. 承兑附有条件的,商业汇票无效

C. 付款人应自收到提示承兑的汇票之日起3日内承兑或拒绝承兑

D. 付款人拒绝承兑的,必须出具拒绝承兑的证明

16. 关于银行汇票,说法正确的有(　　)。

A. 填明"现金"字样的银行汇票可以背书转让

B. 银行汇票的背书转让以不超过出票金额的实际结算金额为准

C. 未填写实际结算金额的汇票不得背书转让

D. 实际结算金额超过出票金额的银行汇票不得背书转让

17. 出纳人员按规定办理现金资金支付手续后,应及时登记的账簿有(　　)。

A. 现金日记账　　　　　　　　B. 银行存款日记账

C. 总账　　　　　　　　　　　D. 费用明细账

18. 下列各项关于￥5340.13的中文大写的写法中,不正确的有(　　)。

A. 人民币伍仟叁佰肆拾元零壹角叁分　B. 人民币伍仟叁佰肆拾元壹角叁分

C. 人民币伍仟叁佰肆拾元壹角叁分整　D. 人民币伍仟叁佰肆拾元零壹角叁分整

19. 行使追索权的当事人可能是(　　)。

A. 票据收款人　　　　　　　　B. 最后被背书人

C. 保证人　　　　　　　　　　D. 背书人

20. 票据权利包括(　　)。

A. 背书权　　　B. 付款请求权　　　C. 追索权　　　D. 承兑权

21. 下列说法正确的有(　　)。

A. 单位应按规定收支和使用现金

B. 开户银行有权对其开户单位的现金收支进行监督

C. 国家鼓励开户单位在经济活动中采用转账结算方式,减少使用现金

D. 开户单位之间所有的经济往来,都必须通过开户银行进行转账结算

22. (　　)的银行汇票不得背书转证。

A. 填明"现金"字样　　　　　　B. 未填写实际结算金额

C. 实际结算金额超过出票金额　　D. 代理付款人

23. 关于银行本票,说法正确的有(　　)。

A. 银行本票可用于转账

B. 持票人超过提示付款期限提示付款的,代理付款人不予受理

C. 收款人名称可以由出票人授权补记

D. 银行本票丧失,失票人可凭人民法院出具的证明,向出票银行请求付款或退款

24. 下列说法正确的有(　　)。

A. 支票的付款人为支票上记载的出票人

B. 支票的付款人为支票上记载的出票人开户银行

C. 支票的付款地为出票人所在地

D. 支票的付款地为付款人所在地

25. 关于支票,说法正确的有(　　)。

A. 用于支取现金的支票也可以背书转让
B. 出票人在付款人处的存款足以支付支票金额时,付款人应当在见票当日足额付款
C. 出票人不得签发与预留银行签章不符的支票
D. 签发支票应使用碳素墨水或墨汁填写

26. 出票人签发空头支票,则( )。
A. 银行应予以退票
B. 银行应按票面金额处以3%但不低于1000元的罚款
C. 持票人有权要求出票人赔偿支票金额2%的赔偿金
D. 对屡次签发的,银行应停止其签发支票

27. 可支取现金的支票有( )。
A. 现金支票    B. 转账支票    C. 普通支票    D. 划线支票

28. 支票的( ),可以由出票人授权补记。
A. 付款人名称    B. 出票日期    C. 支票的金额    D. 收款人名称

29. 关于支票,说法正确的有( )。
A. 支票适用于同一票据交换地区
B. 支票的付款人为支票上记载的出票人开户银行
C. 支票的付款地为付款人所在地
D. 用于支取现金的支票可以背书转让

30. 本票未记载( )的,本票无效。
A. 表明"本票"的字样          B. 无条件支付的承诺
C. 付款地                    D. 出票地

31. 关于商业汇票,说法正确的有( )。
A. 商业汇票分为商业承兑汇票、银行承兑汇票和银行汇票三类
B. 出票人不得签发无对价的商业汇票
C. 持票人超过提示付款期限提示付款的,持票人开户银行不予受理
D. 汇票未按规定期限提示承兑的,持票人丧失对其前手的追索权

32. 不属于银行本票付款日期的有( )。
A. 出票后定期付款            B. 出票后定日付款
C. 见票后定期付款            D. 见票即付

33. 关于银行本票,说法正确的有( )。
A. 填明"现金"字样的银行本票不得背书转让
B. 填明"现金"字样的银行本票丧失,不得挂失止付
C. 未填明"现金"字样的银行本票丧失,可以挂失止付
D. 未填明"现金"字样的银行本票可以背书转让

34. 行使追索权的当事人可能是( )。
A. 最后被背书人  B. 保证人    C. 背书人    D. 承兑人

35. ( )属于票据的基本当事人。
A. 出票人      B. 付款人    C. 收款人    D. 承兑人

36. 下列各项中,表述正确的是( )。

A. 票据是出票人依法签发的有价证券
B. 票据所记载的金额是由出票人自己支付或委托付款人支付
C. 票据行为包括出票、背书和承兑三种
D. 票据签章是票据行为生效的重要条件

37. 根据《支付结算办法》的规定,签发票据和结算凭证时不得更改的项目有(　　)。
   A. 出票和签发日期　　　　　　B. 收款人名称
   C. 金额　　　　　　　　　　　D. 用途

38. 票据的付款请求权是指持票人向(　　)出示票据,要求付款的权利。
   A. 汇票的承兑人　　　　　　　B. 本票的出票人
   C. 支票的付款人　　　　　　　D. 汇票的背书人

39. 一般而言,票据具有(　　)等职能。
   A. 信用　　　B. 支付　　　C. 汇兑　　　D. 结算

40. 办理支付结算时,(　　)的结算凭证,银行不予受理。
   A. 未使用中国人民银行统一规定格式　　B. 更改过金额
   C. 金额大、小写不一致　　　　　　　　D. 使用外国文字

41. (　　)是银行汇票的绝对记载事项。
   A. 出票日期　　B. 付款日期　　C. 出票地　　D. 付款人名称

42. 下列可以用现金结算的有(　　)。
   A. 支付银行承兑汇票手续费500元
   B. 支付给职工黎明差旅费2000元
   C. 支付购买扫描仪及打字机价款4500元
   D. 职工王红报销药费150元

43. 下列说法错误的有(　　)。
   A. 票据金额以中文大写和阿拉伯数字同时记载
   B. 结算凭证金额可以只用中文大写记载
   C. 票据金额若中文大写与阿拉伯数字不一致,银行受理时,应以中文大写的金额为准
   D. 票据金额若中文大写与阿拉伯数字不一致,银行受理时,应以阿拉伯数字的金额为准

44. 下列说法错误的是(　　)。
   A. 票据的金额可以更改　　　　B. 票据的金额不得更改
   C. 票据的出票日期不得更改　　D. 票据的收款人名称可以更改

45. 下列说法正确的有(　　)。
   A. 票据上的中文大写金额数字应用正楷或行书填写
   B. 票据中文大写数字到"元"为止的,在其之后,应写"整"("正")字
   C. 票据中文大写数字金额前应标明"人民币"字样
   D. 票据出票日期虽为大写,但未按要求规范填写的,银行一律不予受理

46. 下列说法错误的是(　　)。
   A. 票据是会计凭证
   B. 结算凭证是会计凭证

C. 票据和结算凭证金额数字书写中使用繁体字,不应受理
D. 票据出票日期用阿拉伯数字填写

三、判断题

1. 除法律另有规定外,依法背书转让的票据,任何单位和个人不得冻结票据款项。(　　)
2. 根据《支付结算办法》的规定,付款人对商业汇票所作出的承兑是无条件的。(　　)
3. 支票的持票人超过提示付款期限提示付款的,持票人开户银行不予受理,持票人作出相应说明后,付款人仍应付款。(　　)
4. 支票在其票据交换区域可以背书转让,用于支取现金的支票也可背书转让。(　　)
5. 签发现金银行汇票,申请人和收款人必须均为个人。(　　)
6. 出票人签章不符要求的,票据无效;背书人在票据上的签章不符要求的,票据同样丧失法律。(　　)
7. 支票、银行本票及银行汇票均是单位和个人都可以采用的结算方式。(　　)
8. 普通支票只能用于转账。(　　)
9. 支票的出票人签发支票的金额不得超过出票时在付款人处实有的金额。(　　)
10. 超过提示付款期的支票提示付款时,持票人开户银行仍可受理。(　　)
11. 票据和结算凭证的金额,出票或者签发日期、收款人名称不得更改,更改的票据无效,更改的结算凭证,银行不予受理。(　　)
12. 票据出票日期使用小写,银行可予受理,但由此造成损失的,由出票人自行承担。(　　)
13. 付款人的承兑附有条件的,则该票据无效。(　　)
14. 商业汇票的提示付款期限,自汇票出票日起 10 日。(　　)
15. 商业承兑汇票的出票人与付款人具有真实的委托付款关系。(　　)
16. 汇出银行向汇款人签发的汇款回单,是该笔汇款已转入收款人账户的证明。(　　)
17. 单位可超过现金结算起点向出差人员支付必须随身携带的差旅费。(　　)
18. 单位收到现金收入,只能于收到现金的当日送存开户银行。(　　)
19. 票据的相对记载事项是指不强制当事人必须记载而允许当事人自行选择,不记载时不影响票据效力。(　　)
20. 根据《票据法》的规定,票据的付款人,是受出票人委托付款或自行承担付款责任的人。(　　)
21. 银行汇票的实际结算金额若超过出票金额,背书转让以出票金额为主。(　　)
22. 支票的付款人名称,可以由出票人授权补记。(　　)
23. 银行办理商业承兑汇票划款时,付款人存款账户不足支付的,应由银行替其垫付部分款项。(　　)
24. 银行承兑汇票的承兑银行应按票面金额向持票人收取万分之五的手续费。(　　)
25. 银行承兑汇票的出票人于汇票到期日未能足额交存票款时,承兑银行不承担付款的责任。(　　)
26. 商业汇票的提示付款期限最长不得超过 3 个月。(　　)

27. 如果票据缺乏当事人的签章,则该票据行为无效。(    )
28. 单位之间可以相互借用现金。(    )
29. 结算凭证的金额不得更改,更改的结算凭证,银行不予受理。(    )
30. 银行汇票的提示付款期限自出票日起2个月。(    )
31. 商业汇票适用于单位和个人之间各种款项的结算。(    )
32. 商业汇票的付款人为出票人。(    )
33. 所有的银行汇票均可背书转让。(    )
34. 银行汇票是由单位签发的,由其在见票时按照出票金额无条件支付给收款人或者持票人的票据。(    )
35. 只有票据的最后被背书人才能行使追索权。(    )
36. 票据权利包括付款请求权和追索权。(    )
37. 付款人、承兑人、背书人、被背书人和保证人都是票据的非基本当事人。(    )
38. 票据当事人是指票据法律关系中享有票据权利、承担票据义务的当事人。(    )

四、案例分析题(不定项选择)

1. 大华公司会计部门开出和收到的票据情况如下:

(1) 2月5日,收到A公司的开户银行开出的银行汇票一张,注明的出票日期为20××年2月4日,金额10万元。

(2) 2月10日,大华公司向客户B企业开出一张支票,由于B企业的名称全称和金额不确定,因此出纳在开出支票时未记载"收款人名称"和"金额"。

(3) 2月15日,为支付欠C公司的咨询费,将B公司开具的支票背书转让给C公司,在背书时,出纳将大华公司的签章盖在了票据背面"被背书人"处,将C公司的名称写在了"背书人"处。

根据材料,选择下列符合题意的选项:

(1) 下列属于银行汇票非法定记载事项的有(    )。
  A. 付款日期             B. 出票地
  C. 签发票据的原因       D. 票据项下交易的合同号码

(2) 关于2月10日大华公司向B企业开出支票的行为,下列表述中正确的是(    )。
  A. 收款人名称可以授权补记,在出票时未记载的,票据也是有效的
  B. 由于"收款人名称"是支票的绝对记载事项,因此大华公司开具的支票无效
  C. 由于"确定的金额"是支票的绝对记载事项,因此大华公司开具的支票无效
  D. 确定的金额可以授权补记,在出票时未记载的,票据也是有效的

(3) 支票的提示付款期限是(    )。
  A. 出票日起10日内       B. 出票日起1个月内
  C. 到期日起10日内       D. 到期日起1个月内

(4) 关于2月15日大华公司转让票据的行为,下列观点正确的有(    )。
  A. 背书时应不记载背书人,被背书人应记载为"C公司"
  B. 大华公司出纳的背书记载不符合规定
  C. 该记载会导致此票据不连续
  D. 该记载会导致付款人拒绝付款

2. 填写票据和结算凭证应当做到标准化、规范化、要素齐全、数字正确、字迹清晰、不错漏、不潦草、防止涂改。

(1) 以下关于填写票据和结算凭证的说法中正确的是(　　)。
A. 中文大写金额数字可以使用简化汉字如一、二等代替
B. 中文大写金额数字到"角"停止的,之后必须填写"整"
C. 票据的出票日期必须使用中文大写
D. 出票日期中,日为拾壹至拾玖的,应在前边加"壹"

(2) 以下关于填写票据和结算凭证的说法中正确的是(　　)。
A. 无权限人假冒他人或虚构人名义签章的行为属于伪造票据
B. 无权更改票据内容的人对票据上签章以外的记载事项加以改变的行为属于变造票据
C. 伪造、变造票据属于欺诈行为,应追究其行政责任
D. 对票据和结算凭证上的其他记载事项,原记载人可以改正

(3) 关于大写金额的写法下列正确的是(　　)。
A. 写到元为止的,应写整字　　　　B. 写到角为止的,可以写整字
C. 写到分为止的,应写整字　　　　D. 写到分为止的,不写整字

(4) 下列关于金额￥1078.09的表述,正确的是(　　)。
A. 人民币壹仟零柒拾捌元零玖分整　　B. 人民币壹仟零柒拾捌元零玖分
C. 人民币壹仟柒拾捌元零玖分　　　　D. 人民币壹仟零柒拾捌元玖分

(5) 下列关于出票日期10月21日的表述,正确的是(　　)。
A. 零壹拾月零贰拾壹日　　　　　　B. 零壹拾月贰拾壹日
C. 壹拾月零贰拾壹日　　　　　　　D. 壹拾月贰拾壹日

五、思考题

1. 票据和结算凭证的出票日期为何使用大写?
2. 票据和结算凭证的不同联次各有什么用途?
3. 不同票据和结算凭证的结算流程和办理手续区别在哪些地方?
4. 票据和结算凭证的开具应注意哪些事项?
5. 网络经济下会计原始凭证如何收集和辨识?
6. 票据填写的基本要求有哪些?
7. 什么是支票?其种类有哪些?
8. 申办银行汇票的基本程序和有关规定是什么?
9. 签发支票有哪些规定?
10. 什么是商业汇票?其适用范围是如何规定的?
11. 什么是票据记载事项,它分为哪几种情况?
12. 什么是票据行为?
13. 什么是票据追索权?行使票据追索权的当事人有哪些?
14. 什么是票据当事人?票据的当事人包括哪些?

# 项目 3　账证处理流程

## 3.1　记账凭证的处理

### 3.1.1　记账凭证的填制要求

记账凭证的填制要求如下。
(1) 内容完整、手续完备。
(2) 编号连续、不得隔号。需填两张以上记账凭证的,可采用分数编号法编号。
(3) 书写规范、字迹清晰。
(4) 依据审核无误的原始凭证填制。
①记账凭证必须附有原始凭证,但期末结账、更正差错的业务除外。
②不得将不同内容和类别的原始凭证汇总填制在一张记账凭证上面。
(5) 填制记账凭证时若发生错误,应当重新填制。填制后发现有误,采用正确的错账更正法进行更正。
(6) 填制完后,如有空行,应当在金额栏的空行处划线注销。

### 3.1.2　记账凭证填制实训

以太原艾丽制衣有限责任公司为会计主体,会计期间设置为20××年12月,根据下列业务资料内容完成记账凭证的填制。
(1) 业务资料如下。

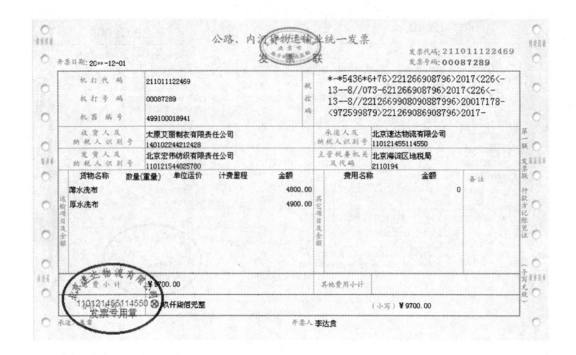

根据业务资料 1 填写下列记账凭证。

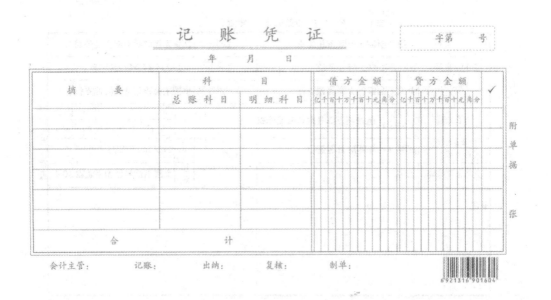

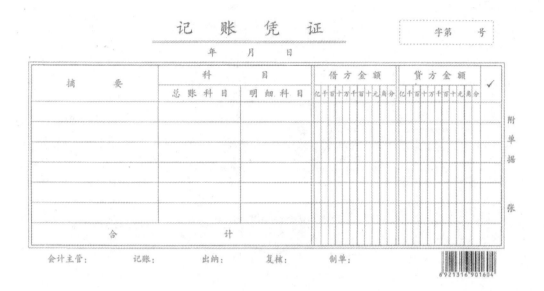

(2) 业务资料 2 如下。

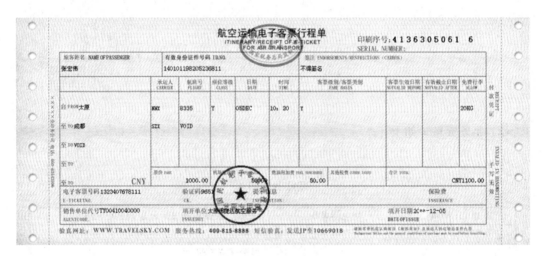

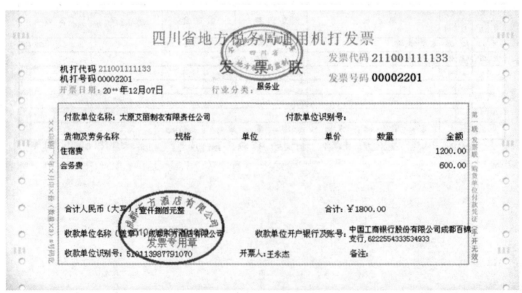

根据业务资料2填写下列记账凭证。

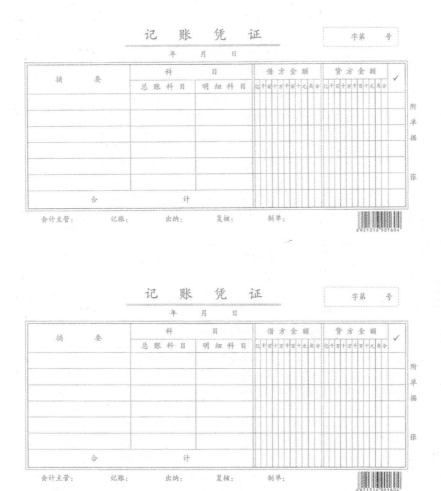

(3) 业务资料3如下。

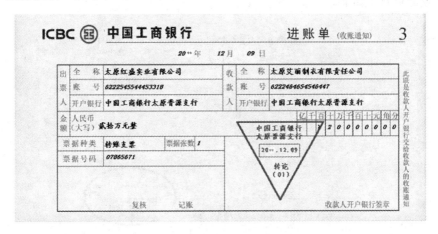

根据业务资料 3 填写下列记账凭证。

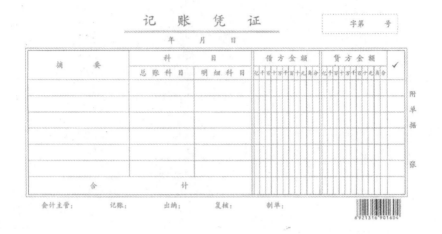

（4）业务资料 4 如下。

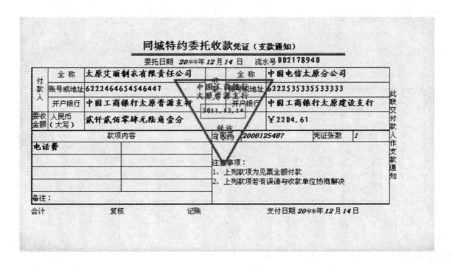

根据业务资料 4 填写下列记账凭证。

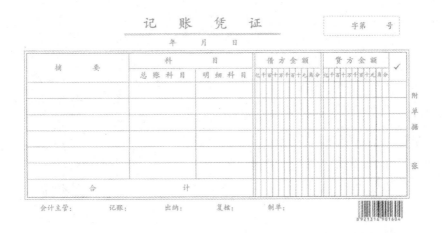

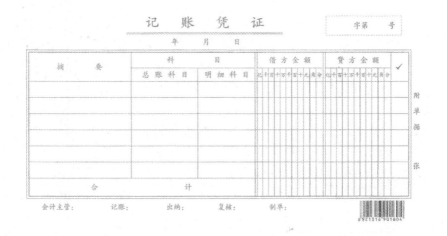

(5)业务资料 5 如下。

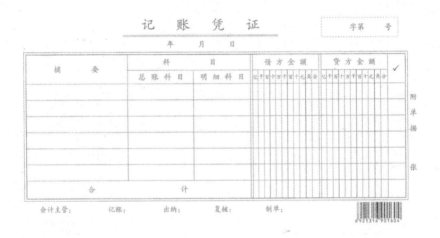

根据业务资料 5 填写下列记账凭证。

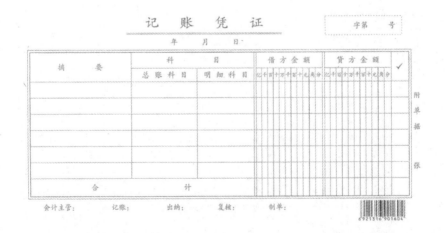

(6) 业务资料 6 如下。

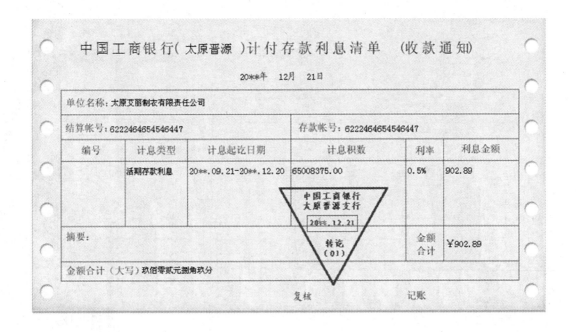

根据业务资料 6 填写下列记账凭证。

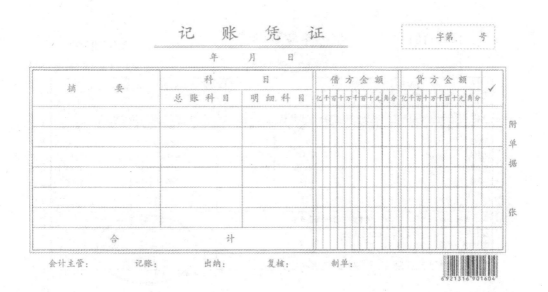

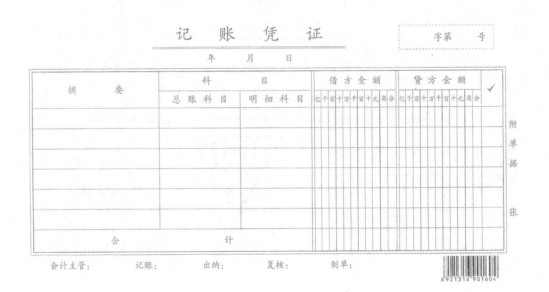

（7）业务资料7如下。

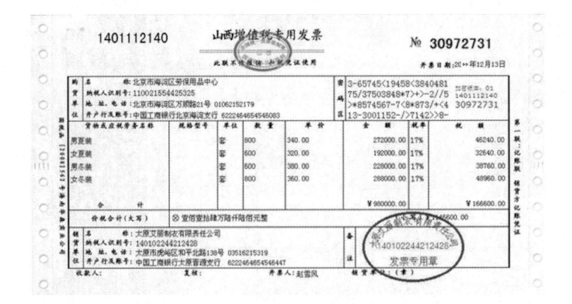

项目3 账证处理流程

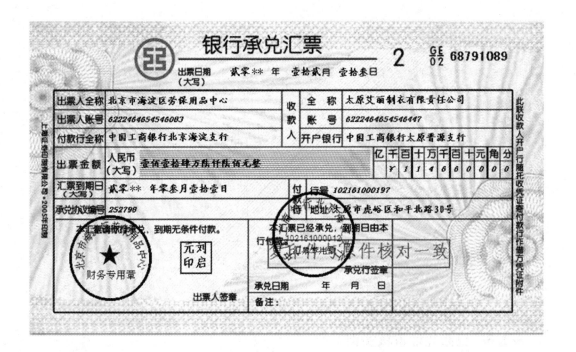

根据业务资料7填写下列记账凭证。

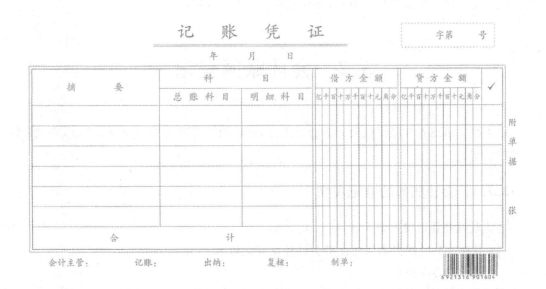

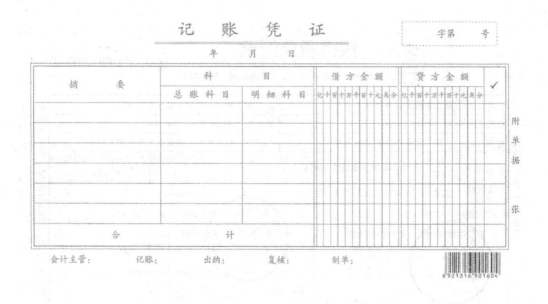

### 3.1.3 记账凭证审核实训

请各位同学各自找另一名同学作为自己所填制的记账凭证的审核人,完成项目3.1.2所生成的记账凭证相关项目的审核,并在记账凭证上进行签章。

## 3.2 会计账簿登记

以太原艾丽制衣有限责任公司为会计主体,会计期间设置为20××年12月,完成会计账簿的登记。

### 3.2.1 会计账簿的登记规则

会计账簿的登记规则如下。
(1) 会计人员应根据审核无误的会计凭证登记账簿。
(2) 登记内容应齐全。
①应将会计凭证的日期、编号、业务内容摘要、金额和其他有关资料逐项记入账内;
②做到数字准确、摘要清楚、登记及时、字迹工整;
③每一项会计事项,一方面要记入有关总账,另一方面要记入该总账所属的明细账(平行登记)。

(3) 使用蓝黑墨水书写,不得使用圆珠笔(银行的复写账簿除外)或铅笔书写,红字限制使用。

下列情况,可以用红色墨水:

①按照红字冲账的记账凭证,冲销错误记录;
②在不设借贷等栏的多栏式账页中,登记减少数;
③在三栏式账页的余额栏内,如未印明余额方向的,在余额栏内登记负数余额。

会计中的红字表示负数,因此,除上述情况外,不得用红色墨水登记账簿。

(4) 应按页次顺序连续登记,不得跳行、隔页。

如果发生跳行、隔页,应划线注销,或注明"此行空白"、"此页空白"字样,并由记账人员签名或盖章。

空行的处理如下。

总　账

会计科目:原材料

| 20××年 | | 凭证 | | 摘　要 | 借方 | 贷方 | 借或贷 | 余额 |
|---|---|---|---|---|---|---|---|---|
| 月 | 日 | 种类 | 号数 | | | | | |
| 2 | 5 | | | 承前页 | | | 借 | 20000 |
| | 5 | 转 | 25 | 入库 | 100000 | | 借 | 30000 |
| | | | | 此行注销　张清 | | | | |
| | 7 | 转 | 30 | 出库 | | 5000 | 借 | 25000 |

空页的处理如下。

总　账

会计科目:原材料

| 20××年 | | 凭证 | | 摘　要 | 借方 | 贷方 | 借或贷 | 余额 |
|---|---|---|---|---|---|---|---|---|
| 月 | 日 | 种类 | 号数 | | | | | |
| | | | | 此页注销　张清 | | | | |
| | | | | | | | | |
| | | | | | | | | |
| | | | | | | | | |

(5) 记账发生错误,按规定的方法更正。错账更正方法有补充登记法、红字更正法和划线更正法。

(6) 账簿中书写的文字和数字应紧靠底线书写,上面要留有适当空格,不要写满格,一般应占格距的1/2。

(7) 有余额的账户,结出余额后,应在"借或贷"余额栏内写明"借"或"贷"字样。

余额为0的账户,应在"借或贷"栏内写"平"字,并在"余额"栏内"元"所对应的列用"0"表示。

现金日记账和银行存款日记账必须逐日结出余额。

## 总账

会计科目：原材料

| 年 | | 凭证 | | 摘要 | 借方 | 贷方 | 借或贷 | 余额 |
|---|---|---|---|---|---|---|---|---|
| 月 | 日 | 种类 | 号数 | | | | | |
| 2 | 1 | | | 月初余额 | | | 借 | 20000 |
| | 5 | 转 | 25 | 入库 | 10000 | | 借 | 30000 |
| | 7 | 转 | 30 | 出库 | | 5000 | 借 | 25000 |
| | | | | | | | 平 | 0 |

这里为余额方向栏。有余额时写"借"或"贷"

没有余额时写"平"

（8）登记完毕后，要在记账凭证上签名或盖章，并在记账凭证的"过账"栏内画对号，注明已经登账的符号，表示记账完毕，避免重记、漏记。

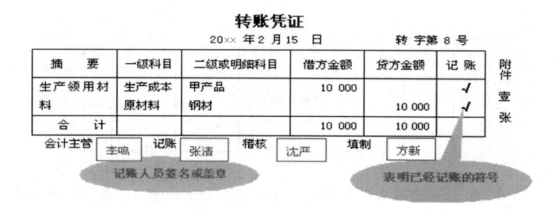

（9）每一账页登记完毕，但业务尚未登记完毕，需结转下页，应当结出本页合计数及余额。同时，把合计数及余额写在本页最后一行和下页第一行有关栏内，并在摘要栏内注明"过次页"和"承前页"字样。

## 总 账

会计科目：原材料

| 年 | | 凭证 | | 摘要 | 借方 | 贷方 | 借或贷 | 余额 |
|---|---|---|---|---|---|---|---|---|
| 月 | 日 | 种类 | 号数 | | | | | |
| 2 | 5 | | | 承前页 | | | 借 | 20000 |
| | 5 | 转 | 25 | 入库 | 100000 | | 借 | 30000 |
| | 7 | 转 | 30 | 出库 | | 5000 | 借 | 25000 |
| | 8 | | | 过次页 | 100000 | 5000 | 借 | 25000 |

> 账页的最后一行

## 总 账

会计科目：原材料

| 年 | | 凭证 | | 摘要 | 借方 | 贷方 | 借或贷 | 余额 |
|---|---|---|---|---|---|---|---|---|
| 月 | 日 | 种类 | 号数 | | | | | |
| 2 | 8 | | | 承前页 | 100000 | 5000 | 借 | 25000 |

> 新账页的第一行

### 3.2.2 会计账簿启用实训

（1）启用20××年12月份的太原艾丽制衣有限责任公司的总账账簿。

**账 簿 启 用 表**

| 单位名称 | | | | | 单位盖章 | |
|---|---|---|---|---|---|---|
| 账簿名称 | | | | | | |
| 账簿编号 | | 年总 册第 册 | | | | |
| 账簿页数 | | 本账簿共计 页第 页 | | | | |
| 启用日期 | | 年月日至 年月日 | | | | |
| 经管人员 | 负责人 | | 主办会计 | | 记账 | |
| | 职别 姓名 盖章 | | 职别 姓名 盖章 | | 职别 姓名 盖章 | |
| 交接记录 | 职别 姓名 | 接管 | | 移交 | | 印花税票粘贴处 |
| | | 年 月 日 盖章 | | 年 月 日 盖章 | | |
| | | | | | | |
| | | | | | | |
| | | | | | | |

(2) 启用20××年12月份的太原艾丽制衣有限责任公司的现金日记账账簿。

### 账簿启用表

| 单位名称 | | | | | | | | | 单位盖章 |
|---|---|---|---|---|---|---|---|---|---|
| 账簿名称 | | | | | | | | | |
| 账簿编号 | | 年总　　　册第　　　册 | | | | | | | |
| 账簿页数 | | 本账簿共计　　　页第　　　页 | | | | | | | |
| 启用日期 | | 年　月　日至　　年　月　日 | | | | | | | |
| 经管人员 | 负责人 | | | 主办会计 | | | 记账 | | |
| | 职别 | 姓名 | 盖章 | 职别 | 姓名 | 盖章 | 职别 | 姓名 | 盖章 |
| | | | | | | | | | |
| 交接记录 | 职别 | 姓名 | 接管 | | | 移交 | | | 印花税票粘贴处 |
| | | | 年 | 月 | 日 | 盖章 | 年 | 月 | 日 | 盖章 | |
| | | | | | | | | | | | |
| | | | | | | | | | | | |
| | | | | | | | | | | | |

(3) 启用20××年12月份的太原艾丽制衣有限责任公司的明细账账簿。

### 账簿启用表

| 单位名称 | | | | | | | | | 单位盖章 |
|---|---|---|---|---|---|---|---|---|---|
| 账簿名称 | | | | | | | | | |
| 账簿编号 | | 年总　　　册第　　　册 | | | | | | | |
| 账簿页数 | | 本账簿共计　　　页第　　　页 | | | | | | | |
| 启用日期 | | 年　月　日至　　年　月　日 | | | | | | | |
| 经管人员 | 负责人 | | | 主办会计 | | | 记账 | | |
| | 职别 | 姓名 | 盖章 | 职别 | 姓名 | 盖章 | 职别 | 姓名 | 盖章 |
| | | | | | | | | | |
| 交接记录 | 职别 | 姓名 | 接管 | | | 移交 | | | 印花税票粘贴处 |
| | | | 年 | 月 | 日 | 盖章 | 年 | 月 | 日 | 盖章 | |
| | | | | | | | | | | | |
| | | | | | | | | | | | |
| | | | | | | | | | | | |

## 3.2.3 会计账簿设置与登记实训

请结合表 3-1 太原艾丽制衣有限责任公司 20××年 12 月的期初余额表(部分数据)及项目 3.1.2 记账凭证填制实训的全部资料内容,进行 20××年 12 月期初余额的建账,并进行项目 3.1.2 记账凭证填制实训所涉及的所有记账凭证的过账,完成账簿设置与登记的实训。

表 3-1 太原艾丽制衣有限责任公司 20××年 12 月的期初余额表(部分数据)

单位:元

| 总账科目 | 二级科目 | 三级科目 | 借方余额 | 贷方余额 | 备注 |
| --- | --- | --- | --- | --- | --- |
| 一、资产类 | | | | | |
| 库存现金 | | | 23,987.00 | | |
| 银行存款 | | | 6,043,876.65 | | |
| 应收票据 | 保定劳保用品销售公司 | | 117,000.00 | | |
| 应收账款 | 太原红盛实业公司 | | 256,652.00 | | |
| 其他应收款 | 王洁 | | 5,000.00 | | |
| 库存商品 | 男夏装 | | 58,502.16 | | 20 件 |
| | 女夏装 | | 72,244.08 | | 24 件 |
| 二、负债类 | | | | | |
| 应付票据 | 广东双美纺织品公司 | | | 1,355,440.00 | |
| 应交税费 | 应交增值税 | 进项税额 | | | |
| | 应交增值税 | 销项税额 | | | |
| | 应交所得税 | | 1,252,075.24 | | |
| | 应交个人所得税 | | | 844.32 | |
| | 未交增值税 | | | 253,440.00 | |
| | 应交城市维护建设税 | | | 17,740.80 | |
| | 应交教育费附加 | | | 7,603.20 | |
| 三、所有者权益 | | | | | |
| 实收资本 | 鸿源公司 | | | 20,000,000.00 | |
| 本年利润 | | | | 6,806,543.87 | |
| 利润分配 | 未分配利润 | | 26,090.25 | | |

请在以下空白账页中完成表 3-1 期初余额的建账和项目 3.1.2 记账凭证填制实训所涉及的经济业务的过账。

现金日记账:P164—P165

银行存款日记账:P166—P167

总分类账:P168—P183

三栏式明细分类账:P184—P194

数量金额式明细分类账:P195—P205

多栏式明细分类账:P206—P213

## 现金日记账

| 年 | | 凭证 | | 票号 据数 | 摘要 | 借方 百十万千百十元角分 | 贷方 百十万千百十元角分 | 余额 百十万千百十元角分 | 核对 |
|---|---|---|---|---|---|---|---|---|---|
| 月 | 日 | 种类 | 号数 | | | | | | |
| | | | | | | | | | |
| | | | | | 过次页 | | | | |

## 现金日记账

| 年 | 凭证 | | 票据 | 摘要 | 借方 | 贷方 | 余额 | 核对 |
|---|---|---|---|---|---|---|---|---|
| 月 日 | 种类 | 号数 | 号数 | | 百十万千百十元角分 | 百十万千百十元角分 | 百十万千百十元角分 | |
| | | | | | | | | |
| | | | | 过次页 | | | | |

# 银行存款日记账

开户行
账号

| 年 | | 凭证 | | 支票 | | 摘要 | 借方 | | 核对 | 贷方 | | 核对 | 余额 | |
|---|---|---|---|---|---|---|---|---|---|---|---|---|---|---|
| 月 | 日 | 种类 | 号数 | 类别 | 号数 | | 亿千百十万千百十元角分 | | | 亿千百十万千百十元角分 | | | 亿千百十万千百十元角分 | |
| | | | | | | | | | | | | | | |
| | | | | | | | | | | | | | | |
| | | | | | | | | | | | | | | |
| | | | | | | 过次页 | | | | | | | | |

承前 过次 转本

# 银行存款日记账

| 年 | | 凭证 | | 支票 | | 摘要 | 借方 | 核对 | 贷方 | 核对 | 借或贷 | 余额 |
|---|---|---|---|---|---|---|---|---|---|---|---|---|
| 月 | 日 | 种类 | 号数 | 类别 | 号数 | | 亿千百十万千百十元角分 | | 亿千百十万千百十元角分 | | | 亿千百十万千百十元角分 |
| | | | | | | | | | | | | |
| | | | | | | 过次页 | | | | | | |

开户行  
账 号

总分类账

一级科目

| 年 月 日 | 凭证 种类 号数 | 摘要 | 借方 十亿千百十万千百十元角分 核对 | 贷方 十亿千百十万千百十元角分 核对 | 借或贷 | 余额 十亿千百十万千百十元角分 核对 |
|---|---|---|---|---|---|---|
| | | | | | | |

过次页

## 总分类账

| 年 月 日 | 凭证 种类 号数 | 摘要 | 借方 十亿千百十万千百十元角分 核对 | 贷方 十亿千百十万千百十元角分 核对 | 借或贷 | 余额 十亿千百十万千百十元角分 核对 |
|---|---|---|---|---|---|---|
| | | 过次页 | | | | |

一级科目

总分类账

一级科目：_____

## 总分类账

| 年 | | 凭证 | | 摘要 | 借方 | | 贷方 | | 借或贷 | 余额 | |
|---|---|---|---|---|---|---|---|---|---|---|---|
| 月 | 日 | 种类 | 号数 | | 十亿千百十万千百十元角分 | 核对 | 十亿千百十万千百十元角分 | 核对 | | 十亿千百十万千百十元角分 | 核对 |

一级科目

总 分 类 账

一级科目

| 年 月 | 凭证 种类 | 凭证 号数 | 摘要 | 借方 十亿千百十万千百十元角分 | 核对 | 贷方 十亿千百十万千百十元角分 | 核对 | 借或贷 | 余额 十亿千百十万千百十元角分 | 核对 |
|---|---|---|---|---|---|---|---|---|---|---|
| | | | | | | | | | | |
| | | | 过次页 | | | | | | | |

## 总分类账

一级科目

| 年 | | 凭证 | | 摘要 | 借方 | | | | | | | | | | 核对 | 贷方 | | | | | | | | | | 核对 | 借或贷 | 余额 | | | | | | | | | | 核对 |
|---|---|---|---|---|---|---|---|---|---|---|---|---|---|---|---|---|---|---|---|---|---|---|---|---|---|---|---|---|---|---|---|---|---|---|---|---|---|
| 月 | 日 | 种类 | 号数 | | 十亿 | 千 | 百 | 十 | 万 | 千 | 百 | 十 | 元 | 角 | 分 | | 十亿 | 千 | 百 | 十 | 万 | 千 | 百 | 十 | 元 | 角 | 分 | | | 十亿 | 千 | 百 | 十 | 万 | 千 | 百 | 十 | 元 | 角 | 分 | |

过次页

# 总分类账

| 年 | | 凭证 | | 摘要 | 借方 | | | | | | | | | | 核对 | 贷方 | | | | | | | | | | 核对 | 借或贷 | 余额 | | | | | | | | | | 核对 |
|---|---|---|---|---|---|---|---|---|---|---|---|---|---|---|---|---|---|---|---|---|---|---|---|---|---|---|---|---|---|---|---|---|---|---|---|---|---|
| 月 | 日 | 种类 | 号数 | | 十 | 亿 | 千 | 百 | 十 | 万 | 千 | 百 | 十 | 元 | 角 | 分 | | 十 | 亿 | 千 | 百 | 十 | 万 | 千 | 百 | 十 | 元 | 角 | 分 | | | 十 | 亿 | 千 | 百 | 十 | 万 | 千 | 百 | 十 | 元 | 角 | 分 | |

一级科目

过次页

## 总分类账

| 年 月 日 | 凭证 种类 | 凭证 号数 | 摘要 | 借方 十亿千百十万千百十元角分 | 核对 | 贷方 十亿千百十万千百十元角分 | 核对 | 借或贷 | 余额 一级科目 十亿千百十万千百十元角分 | 核对 |
|---|---|---|---|---|---|---|---|---|---|---|
| | | | | | | | | | | |

过次页

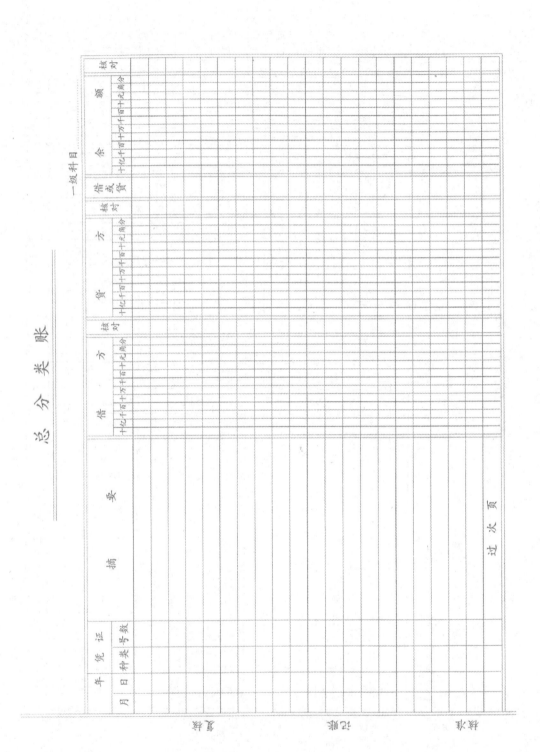

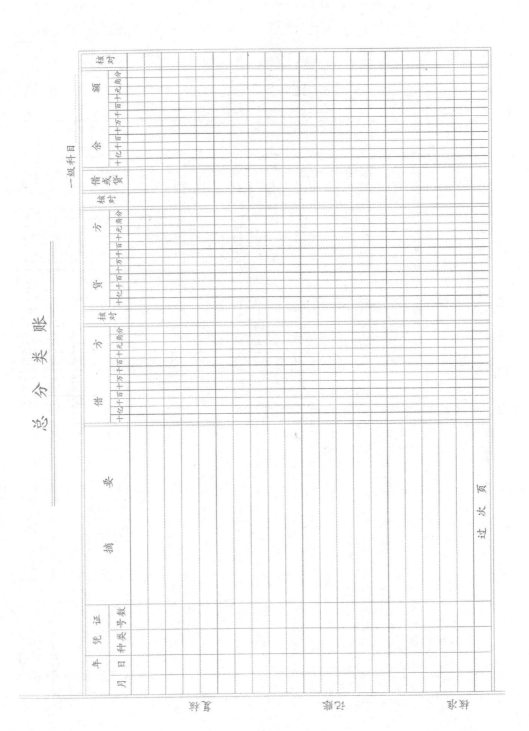

总分类账

| 年 | | 凭证 | | 摘要 | 借方 | | 核对 | 贷方 | | 核对 | 借或贷 | 余额 一级科目 | | 核对 |
|---|---|---|---|---|---|---|---|---|---|---|---|---|---|---|
| 月 | 日 | 种类 | 号数 | | 十亿千百十万千百十元角分 | | | 十亿千百十万千百十元角分 | | | | 十亿千百十万千百十元角分 | | |

## 总分类账

一级科目

| 年 | 凭证 | | 摘要 | 借方 | | 贷方 | | 借或贷 | 余额 | |
|---|---|---|---|---|---|---|---|---|---|---|
| 月 日 | 种类 | 号数 | | 十亿千百十万千百十元角分 | 核对 | 十亿千百十万千百十元角分 | 核对 | | 十亿千百十万千百十元角分 | 核对 |
| | | | | | | | | | | |
| | | | 过次页 | | | | | | | |

# 总分类账

一级科目

| 年 | | 凭证 | | 摘要 | 借方 | | 核对 | 贷方 | | 核对 | 余额 | 借或贷 | | 核对 |
|---|---|---|---|---|---|---|---|---|---|---|---|---|---|---|
| 月 | 日 | 种类 | 号数 | | 十亿千百十万千百十元角分 | | | 十亿千百十万千百十元角分 | | | 十亿千百十万千百十元角分 | | | |
| | | | | | | | | | | | | | | |
| | | | | | | | | | | | | | | |
| | | | | | | | | | | | | | | |
| | | | | | | | | | | | | | | |
| | | | | | | | | | | | | | | |
| | | | | | | | | | | | | | | |
| | | | | | | | | | | | | | | |
| | | | 过次页 | | | | | | | | | | | |

## 总分类账

| 年 月 日 | 凭证 种类 号数 | 摘要 | 借方 十亿千百十万千百十元角分 | 核对 | 贷方 十亿千百十万千百十元角分 | 核对 | 余额 十亿千百十万千百十元角分 | 核对 |
|---|---|---|---|---|---|---|---|---|
| | | | | | | | | |

一级科目

借或贷

过次页

# 总 分 类 账

一级科目 _____

| 年 月 日 | 凭证 种类 号数 | 摘要 | 借方 十亿千百十万千百十元角分 | 核对 | 贷方 十亿千百十万千百十元角分 | 核对 | 借或贷 | 余额 十亿千百十万千百十元角分 | 核对 |
|---|---|---|---|---|---|---|---|---|---|
| | | | | | | | | | |
| | | | | | | | | | |
| | | | | | | | | | |
| | | | | | | | | | |
| | | | | | | | | | |
| | | 过次页 | | | | | | | |

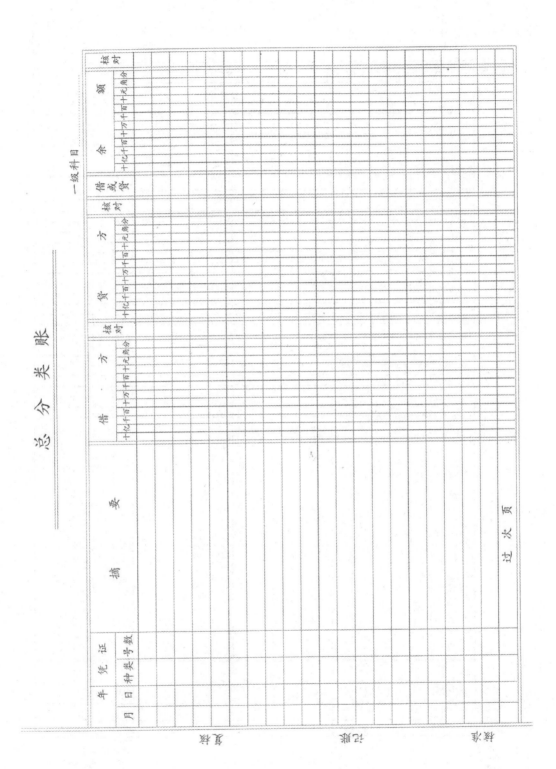

一级科目 _____
二级科目或明细科目 _____

第　　页

| 年 | | 凭证 | | 摘要 | 借方 | | | | | | | | | | 贷方 | | | | | | | | | | 借或贷 | 余额 | | | | | | | | | |
|---|---|---|---|---|---|---|---|---|---|---|---|---|---|---|---|---|---|---|---|---|---|---|---|---|---|---|---|---|---|---|---|---|---|---|
| 月 | 日 | 种类 | 号数 | | 亿 | 千 | 百 | 十 | 万 | 千 | 百 | 十 | 元 | 角 | 分 | 亿 | 千 | 百 | 十 | 万 | 千 | 百 | 十 | 元 | 角 | 分 | | 亿 | 千 | 百 | 十 | 万 | 千 | 百 | 十 | 元 | 角 | 分 |
| | | | | | | | | | | | | | | | | | | | | | | | | | | | | | | | | | | | | | | |

## 项目3 账证处理流程

| 一级科目 | | | | | | 第 页 |
|---|---|---|---|---|---|---|
| 二级科目或明细科目 | | | | | | |

| 年 | | 凭证 | | 摘要 | 借方 | 贷方 | 借或贷 | 余额 |
|---|---|---|---|---|---|---|---|---|
| 月 | 日 | 种类 | 号数 | | 亿千百十万千百十元角分 | 亿千百十万千百十元角分 | | 亿千百十万千百十元角分 |
| | | | | | | | | |
| | | | | | | | | |
| | | | | | | | | |
| | | | | | | | | |
| | | | | | | | | |
| | | | | | | | | |
| | | | | | | | | |
| | | | | | | | | |
| | | | | | | | | |
| | | | | | | | | |
| | | | | | | | | |

一级科目 _____
二级科目或明细科目 _____

第 页

| 年 | | 凭证 | | 摘要 | 借方 | | | | | | | | | | | 贷方 | | | | | | | | | | | 借或贷 | 余额 | | | | | | | | | | |
|---|---|---|---|---|---|---|---|---|---|---|---|---|---|---|---|---|---|---|---|---|---|---|---|---|---|---|---|---|---|---|---|---|---|---|---|---|---|
| 月 | 日 | 种类 | 号数 | | 亿 | 千 | 百 | 十 | 万 | 千 | 百 | 十 | 元 | 角 | 分 | 亿 | 千 | 百 | 十 | 万 | 千 | 百 | 十 | 元 | 角 | 分 | | 亿 | 千 | 百 | 十 | 万 | 千 | 百 | 十 | 元 | 角 | 分 |
| | | | | | | | | | | | | | | | | | | | | | | | | | | | | | | | | | | | | | | |
| | | | | | | | | | | | | | | | | | | | | | | | | | | | | | | | | | | | | | | |
| | | | | | | | | | | | | | | | | | | | | | | | | | | | | | | | | | | | | | | |
| | | | | | | | | | | | | | | | | | | | | | | | | | | | | | | | | | | | | | | |
| | | | | | | | | | | | | | | | | | | | | | | | | | | | | | | | | | | | | | | |
| | | | | | | | | | | | | | | | | | | | | | | | | | | | | | | | | | | | | | | |
| | | | | | | | | | | | | | | | | | | | | | | | | | | | | | | | | | | | | | | |
| | | | | | | | | | | | | | | | | | | | | | | | | | | | | | | | | | | | | | | |

| 一级科目 | | | | | | | | | | | | | | | | | | | | | | | | | | | | | | | | | | | | | | | | | | | | | | | | | | |
|---|---|---|---|---|---|---|---|---|---|---|---|---|---|---|---|---|---|---|---|---|---|---|---|---|---|---|---|---|---|---|---|---|---|---|---|---|---|---|---|---|---|---|---|---|---|---|---|---|---|

二级科目或明细科目 _____  第 ___ 页

| 年 | | 凭证 | | 摘要 | 借方 | | | | | | | | | | 贷方 | | | | | | | | | | 借或贷 | 余额 | | | | | | | | | |
|---|---|---|---|---|---|---|---|---|---|---|---|---|---|---|---|---|---|---|---|---|---|---|---|---|---|---|---|---|---|---|---|---|---|---|---|
| 月 | 日 | 种类 | 号数 | | 亿 | 千万 | 百万 | 十万 | 万 | 千 | 百 | 十 | 元 | 角 | 分 | 亿 | 千万 | 百万 | 十万 | 万 | 千 | 百 | 十 | 元 | 角 | 分 | | 亿 | 千万 | 百万 | 十万 | 万 | 千 | 百 | 十 | 元 | 角 | 分 |

| 一级科目 |  |  |  |  |  | 第 页 |
|---|---|---|---|---|---|---|
| 二级科目或明细科目 |  |  |  |  |  |  |

| 凭证 | | 摘要 | 借方 | 贷方 | 借或贷 | 余额 |
|---|---|---|---|---|---|---|
| 年 月 日 | 种类 号数 | | 亿千百十万千百十元角分 | 亿千百十万千百十元角分 | | 亿千百十万千百十元角分 |

一级科目 _____
二级科目或明细科目 _____
第　　页

| 年 | | 凭证 | | 摘要 | 借方 | | | | | | | | | | | 贷方 | | | | | | | | | | | 借或贷 | 余额 | | | | | | | | | | |
|---|---|---|---|---|---|---|---|---|---|---|---|---|---|---|---|---|---|---|---|---|---|---|---|---|---|---|---|---|---|---|---|---|---|---|---|---|---|
| 月 | 日 | 种类 | 号数 | | 亿 | 千 | 百 | 十 | 万 | 千 | 百 | 十 | 元 | 角 | 分 | 亿 | 千 | 百 | 十 | 万 | 千 | 百 | 十 | 元 | 角 | 分 | | 亿 | 千 | 百 | 十 | 万 | 千 | 百 | 十 | 元 | 角 | 分 |

| 一级科目 | | | | | | | | | | | 第 页 | | | | | | | | | | | | | | | | | | | | | | | | | | |
|---|---|---|---|---|---|---|---|---|---|---|---|---|---|---|---|---|---|---|---|---|---|---|---|---|---|---|---|---|---|---|---|---|---|---|---|---|

| 年 | | 凭证 | | 摘要 | 借方 | | | | | | | | | | 贷方 | | | | | | | | | | 借或贷 | 余额 | | | | | | | | | |
|---|---|---|---|---|---|---|---|---|---|---|---|---|---|---|---|---|---|---|---|---|---|---|---|---|---|---|---|---|---|---|---|---|---|---|---|
| 月 | 日 | 种类 | 号数 | | 亿 | 千 | 百 | 十 | 万 | 千 | 百 | 十 | 元 | 角 | 分 | 亿 | 千 | 百 | 十 | 万 | 千 | 百 | 十 | 元 | 角 | 分 | | 亿 | 千 | 百 | 十 | 万 | 千 | 百 | 十 | 元 | 角 | 分 |
| | | | | | | | | | | | | | | | | | | | | | | | | | | | | | | | | | | | | | | |

# 项目3 账证处理流程

一级科目_____
二级科目或明细科目_____
第　　页

| 年 | | 凭证 | | 摘要 | 借方 | 贷方 | 借或贷 | 余额 |
|---|---|---|---|---|---|---|---|---|
| 月 | 日 | 种类 | 号数 | | 亿千百十万千百十元角分 | 亿千百十万千百十元角分 | | 亿千百十万千百十元角分 |

一级科目 _____
二级科目或明细科目 _____

第　　页

| 年 | | 凭证 | | 摘要 | 借方 | | | | | | | | | | 贷方 | | | | | | | | | | 借或贷 | 余额 | | | | | | | | | |
|---|---|---|---|---|---|---|---|---|---|---|---|---|---|---|---|---|---|---|---|---|---|---|---|---|---|---|---|---|---|---|---|---|---|---|
| 月 | 日 | 种类 | 号数 | | 亿 | 千 | 百 | 十 | 万 | 千 | 百 | 十 | 元 | 角 | 分 | 亿 | 千 | 百 | 十 | 万 | 千 | 百 | 十 | 元 | 角 | 分 | | 亿 | 千 | 百 | 十 | 万 | 千 | 百 | 十 | 元 | 角 | 分 |

一级科目：_____
二级科目或明细科目：_____
第　　页

| 年 | | 凭证 | | 摘要 | 借方 | | | | | | | | | | 贷方 | | | | | | | | | | 借或贷 | 余额 | | | | | | | | | |
|---|---|---|---|---|---|---|---|---|---|---|---|---|---|---|---|---|---|---|---|---|---|---|---|---|---|---|---|---|---|---|---|---|---|---|---|
| 月 | 日 | 种类 | 号数 | | 亿 | 千 | 百 | 十 | 万 | 千 | 百 | 十 | 元 | 角 | 分 | 亿 | 千 | 百 | 十 | 万 | 千 | 百 | 十 | 元 | 角 | 分 | | 亿 | 千 | 百 | 十 | 万 | 千 | 百 | 十 | 元 | 角 | 分 |
| | | | | | | | | | | | | | | | | | | | | | | | | | | | | | | | | | | | | | | |

一级科目：……………………………

二级科目或明细科目：……………………………

第　　页

| 年 | | 凭证 | | 摘要 | 借方 | | | | | | | | | | 贷方 | | | | | | | | | | 借或贷 | 余额 | | | | | | | | | |
|---|---|---|---|---|---|---|---|---|---|---|---|---|---|---|---|---|---|---|---|---|---|---|---|---|---|---|---|---|---|---|---|---|---|---|---|
| 月 | 日 | 种类 | 号数 | | 亿 | 千 | 百 | 十 | 万 | 千 | 百 | 十 | 元 | 角 | 分 | 亿 | 千 | 百 | 十 | 万 | 千 | 百 | 十 | 元 | 角 | 分 | | 亿 | 千 | 百 | 十 | 万 | 千 | 百 | 十 | 元 | 角 | 分 |

# 明 细 账

第 _____ 页

名 称 _____ 规 格 _____ 编 号 _____ 类 别 _____ 最高储备量 _____
计量单位 _____ 储备定额 _____ 计划单价 _____ 存放地点 _____ 最低储备量 _____

| 年 | | 凭证 | | 摘要 | 收入 | | | 发出 | | | 结存 | | |
|---|---|---|---|---|---|---|---|---|---|---|---|---|---|
| 月 | 日 | 种类 | 号数 | | 数量 | 单价 | 金额(千百十万千百十元角分) | 数量 | 单价 | 金额(千百十万千百十元角分) | 数量 | 单价 | 金额(千百十万千百十元角分) |

# 明 细 账

第_____页　　　　　　　　　　　编　号_____　　　　　类　别_____　　　　　最高储备量_____

规　格_____　　　　　计量单位_____　　　　　存放地点_____　　　　　最低储备量_____

名　称_____　　　　　　　　　　　储备定额_____　　　　　计划单价_____

| 年 | 凭证 | | 摘要 | 收入 | | | 发出 | | | 结存 | | |
|---|---|---|---|---|---|---|---|---|---|---|---|---|
| 月 日 | 种类 | 号数 | | 数量 | 单价 | 金额（千百十万千百十元角分） | 数量 | 单价 | 金额（千百十万千百十元角分） | 数量 | 单价 | 金额（千百十万千百十元角分） |
| | | | | | | | | | | | | |
| | | | | | | | | | | | | |
| | | | | | | | | | | | | |
| | | | | | | | | | | | | |

# 明 细 账

第 _____ 页

规　格: _____　　编　号: _____　　类　别: _____　　最高储备量: _____

名　称: _____　　计量单位: _____　　储备定额: _____　　存放地点: _____　　最低储备量: _____

计划单价: _____

| 年 | | 凭证 | | 摘要 | 收入 | | | 发出 | | | 结存 | | |
|---|---|---|---|---|---|---|---|---|---|---|---|---|---|
| 月 | 日 | 种类 | 号数 | | 数量 | 单价 | 金额（千百十万千百十元角分） | 数量 | 单价 | 金额（千百十万千百十元角分） | 数量 | 单价 | 金额（千百十万千百十元角分） |
| | | | | | | | | | | | | | |

# 明 细 账

第_____页  
名 称_____ 编 号_____ 储备定额_____ 类 别_____ 最高储备量_____  
规 格_____ 计量单位_____ 计划单价_____ 存放地点_____ 最低储备量_____

| 年 | | 凭证 | | 摘要 | 收入 | | | 发出 | | | 结存 | | |
|---|---|---|---|---|---|---|---|---|---|---|---|---|---|
| 月 | 日 | 种类 | 号数 | | 数量 | 单价 | 金额 (千百十万千百十元角分) | 数量 | 单价 | 金额 (千百十万千百十元角分) | 数量 | 单价 | 金额 (千百十万千百十元角分) |
| | | | | | | | | | | | | | |
| | | | | | | | | | | | | | |
| | | | | | | | | | | | | | |
| | | | | | | | | | | | | | |
| | | | | | | | | | | | | | |
| | | | | | | | | | | | | | |
| | | | | | | | | | | | | | |
| | | | | | | | | | | | | | |
| | | | | | | | | | | | | | |
| | | | | | | | | | | | | | |

## 明细账

第_____页

规  格：_____　　编  号：_____　　储备定额：_____　　类  别：_____　　最高储备量：_____

名  称：_____　　计量单位：_____　　计划单价：_____　　存放地点：_____　　最低储备量：_____

| 年 | | 凭证 | | 摘要 | 收入 | | | | | | | | | | 发出 | | | | | | | | | | 结存 | | | | | | | | | |
|---|---|---|---|---|---|---|---|---|---|---|---|---|---|---|---|---|---|---|---|---|---|---|---|---|---|---|---|---|---|---|---|---|---|---|
| 月 | 日 | 种类 | 号数 | | 数量 | 单价 | 金额 | | | | | | | | 数量 | 单价 | 金额 | | | | | | | | 数量 | 单价 | 金额 | | | | | | | |
| | | | | | | | 千 | 百 | 十 | 万 | 千 | 百 | 十 | 元 | 角 | 分 | | | 千 | 百 | 十 | 万 | 千 | 百 | 十 | 元 | 角 | 分 | | | 千 | 百 | 十 | 万 | 千 | 百 | 十 | 元 | 角 | 分 |

# 明 细 账

第_____页  
规 格_____ 编 号_____ 最高储备量_____  
名 称_____ 储备定额_____ 类 别_____ 最低储备量_____  
 计量单位_____ 计划单价_____ 存放地点_____

| 年 | | 凭证 | | 摘要 | 收入 | | | | 发出 | | | | 结存 | | | |
|---|---|---|---|---|---|---|---|---|---|---|---|---|---|---|---|---|
| 月 | 日 | 种类 | 号数 | | 数量 | 单价 | 金额(千百十万千百十元角分) | | 数量 | 单价 | 金额(千百十万千百十元角分) | | 数量 | 单价 | 金额(千百十万千百十元角分) | |

# 明 细 账

第_____页

规　格：_____　　编　号：_____　　类　别：_____　　最高储备量：_____

名　称：_____　　计量单位：_____　　储备定额：_____　　存放地点：_____　　最低储备量：_____

计划单价：_____

| 年 | | 凭证 | | 摘要 | 收入 | | | | | | | | | 发出 | | | | | | | | | 结存 | | | | | | | | |
|---|---|---|---|---|---|---|---|---|---|---|---|---|---|---|---|---|---|---|---|---|---|---|---|---|---|---|---|---|---|---|---|---|
| 月 | 日 | 种类 | 号数 | | 数量 | 单价 | 金额 | | | | | | | 数量 | 单价 | 金额 | | | | | | | | 数量 | 单价 | 金额 | | | | | | | |
| | | | | | | | 千 | 百 | 十 | 万 | 千 | 百 | 十 | 元 | 角 | 分 | | | 千 | 百 | 十 | 万 | 千 | 百 | 十 | 元 | 角 | 分 | 千 | 百 | 十 | 万 | 千 | 百 | 十 | 元 | 角 | 分 |

# 明 细 账

第_____页

规　格_____　　编　号_____　　储备定额_____　　最高储备量_____

名　称_____　　计量单位_____　　计划单价_____　　最低储备量_____

类　别_____　　存放地点_____

| 凭证 | | 摘要 | 收入 | | | 发出 | | | 结存 | | |
|---|---|---|---|---|---|---|---|---|---|---|---|
| 年 月 日 | 种类 号数 | | 数量 | 单价 | 金额 千百十万千百十元角分 | 数量 | 单价 | 金额 千百十万千百十元角分 | 数量 | 单价 | 金额 千百十万千百十元角分 |
|  |  |  |  |  |  |  |  |  |  |  |  |
|  |  |  |  |  |  |  |  |  |  |  |  |
|  |  |  |  |  |  |  |  |  |  |  |  |
|  |  |  |  |  |  |  |  |  |  |  |  |
|  |  |  |  |  |  |  |  |  |  |  |  |
|  |  |  |  |  |  |  |  |  |  |  |  |
|  |  |  |  |  |  |  |  |  |  |  |  |
|  |  |  |  |  |  |  |  |  |  |  |  |

# 明 细 账

第_____页

规 格_____ 编 号_____ 储备定额_____ 类 别_____ 最高储备量_____
名 称_____ 计量单位_____ 计划单价_____ 存放地点_____ 最低储备量_____

| 年 | | 凭证 | | 摘要 | 收入 | | | | 发出 | | | | 结存 | | | |
|---|---|---|---|---|---|---|---|---|---|---|---|---|---|---|---|---|
| 月 | 日 | 种类 | 号数 | | 数量 | 单价 | 金额(千百十万千百十元角分) | | 数量 | 单价 | 金额(千百十万千百十元角分) | | 数量 | 单价 | 金额(千百十万千百十元角分) | |

# 明　细　账

第　　　　页  
规　格 ……………………　　　编　号 ……………………　　　类　别 ……………………　　　储备定额 ……………………　　　最高储备量 ……………………  
名　称 ……………………　　　计量单位 ……………………　　　存放地点 ……………………　　　计划单价 ……………………　　　最低储备量 ……………………

| 年 | | 凭证 | | 摘要 | 收入 | | | 发出 | | | 结存 | | |
|---|---|---|---|---|---|---|---|---|---|---|---|---|---|
| 月 | 日 | 种类 | 号数 | | 数量 | 单价 | 金额<br>千百十万千百十元角分 | 数量 | 单价 | 金额<br>千百十万千百十元角分 | 数量 | 单价 | 金额<br>千百十万千百十元角分 |

# 明细账

第_____页
规格_____  编号_____  储备定额_____  最高储备量_____
名称_____  计量单位_____  计划单价_____  类别_____  最低储备量_____
          存放地点_____

| 年 | | 凭证 | | 摘要 | 收入 | | | 发出 | | | 结存 | | |
|---|---|---|---|---|---|---|---|---|---|---|---|---|---|
| 月 | 日 | 种类 | 号数 | | 数量 | 单价 | 金额(千百十万千百十元角分) | 数量 | 单价 | 金额(千百十万千百十元角分) | 数量 | 单价 | 金额(千百十万千百十元角分) |

明细分类账

# 项目 3　账证处理流程

明细分类账

| 年 月 日 | 凭证 种类 号数 | 摘要 | | | | | |
|---|---|---|---|---|---|---|---|
| YEAR MTH DATE | VOUCHER KIND NO. | DESCRIPTION | | | | | |

过次页

# 明细分类账

| 年 月 | 日 | 凭证 | | 摘要 | 借方 | 贷方 | 借或贷 | 余额 | |
|---|---|---|---|---|---|---|---|---|---|
| YEAR MTH | DATE | 种类 KIND | 号数 NO. | DESCRIPTION | 亿千百十万千百十元角分 | 亿千百十万千百十元角分 | | 亿千百十万千百十元角分 | |
| | | | | | | | | | |
| | | | | 过次页 | | | | | |

明细分类账

# 明细分类账

| 年 YEAR | | 凭证 VOUCHER | | 摘要 DESCRIPTION | | | | | | | | | | | | | | | | | | | | | | | | | | | | | | | | | | | | | | | | | | | | | | | |
|---|---|---|---|---|---|---|---|---|---|---|---|---|---|---|---|---|---|---|---|---|---|---|---|---|---|---|---|---|---|---|---|---|---|---|---|---|---|---|---|---|---|---|---|---|---|---|---|---|---|---|---|
| 月 MTH | 日 DATE | 种类 KIND | 号数 NO. | | 亿 | 千 | 百 | 十 | 万 | 千 | 百 | 十 | 元 | 角 | 分 | 百 | 十 | 万 | 千 | 百 | 十 | 元 | 角 | 分 | 百 | 十 | 万 | 千 | 百 | 十 | 元 | 角 | 分 | 百 | 十 | 万 | 千 | 百 | 十 | 元 | 角 | 分 | 百 | 十 | 万 | 千 | 百 | 十 | 元 | 角 | 分 |
| | | | | | | | | | | | | | | | | | | | | | | | | | | | | | | | | | | | | | | | | | | | | | | | | | | | |
| | | | | | | | | | | | | | | | | | | | | | | | | | | | | | | | | | | | | | | | | | | | | | | | | | | | |
| | | | | | | | | | | | | | | | | | | | | | | | | | | | | | | | | | | | | | | | | | | | | | | | | | | | |
| | | | | | | | | | | | | | | | | | | | | | | | | | | | | | | | | | | | | | | | | | | | | | | | | | | | |
| | | | | | | | | | | | | | | | | | | | | | | | | | | | | | | | | | | | | | | | | | | | | | | | | | | | |
| | | | | | | | | | | | | | | | | | | | | | | | | | | | | | | | | | | | | | | | | | | | | | | | | | | | |
| | | | | | | | | | | | | | | | | | | | | | | | | | | | | | | | | | | | | | | | | | | | | | | | | | | | |
| | | | | | | | | | | | | | | | | | | | | | | | | | | | | | | | | | | | | | | | | | | | | | | | | | | | |
| | | | | | | | | | | | | | | | | | | | | | | | | | | | | | | | | | | | | | | | | | | | | | | | | | | | |
| | | | | | | | | | | | | | | | | | | | | | | | | | | | | | | | | | | | | | | | | | | | | | | | | | | | |
| | | | | | | | | | | | | | | | | | | | | | | | | | | | | | | | | | | | | | | | | | | | | | | | | | | | |
| | | | | | | | | | | | | | | | | | | | | | | | | | | | | | | | | | | | | | | | | | | | | | | | | | | | |
| | | | | | | | | | | | | | | | | | | | | | | | | | | | | | | | | | | | | | | | | | | | | | | | | | | | |
| | | | | | | | | | | | | | | | | | | | | | | | | | | | | | | | | | | | | | | | | | | | | | | | | | | | |
| | | | | | | | | | | | | | | | | | | | | | | | | | | | | | | | | | | | | | | | | | | | | | | | | | | | |
| | | | | | | | | | | | | | | | | | | | | | | | | | | | | | | | | | | | | | | | | | | | | | | | | | | | |
| | | | | | | | | | | | | | | | | | | | | | | | | | | | | | | | | | | | | | | | | | | | | | | | | | | | |
| | | | | | | | | | | | | | | | | | | | | | | | | | | | | | | | | | | | | | | | | | | | | | | | | | | | |
| | | | | | | | | | | | | | | | | | | | | | | | | | | | | | | | | | | | | | | | | | | | | | | | | | | | |
| | | | | | | | | | | | | | | | | | | | | | | | | | | | | | | | | | | | | | | | | | | | | | | | | | | | |
| | | | | 过 次 页 | | | | | | | | | | | | | | | | | | | | | | | | | | | | | | | | | | | | | | | | | | | | | | | |

明细分类账

明细分类账

| 年 |   | 凭证 | | 摘要 | 亿千百十万千百十元角分 | 亿千百十万千百十元角分 | 亿千百十万千百十元角分 | 亿千百十万千百十元角分 | 亿千百十万千百十元角分 |
|---|---|---|---|---|---|---|---|---|---|
| 月 | 日 | 种类 | 号数 | DESCRIPTION | | | | | |
| | | | | | | | | | |
| | | | | 过次页 | | | | | |

明细分类账

## 3.2.4 对账与结账实训

### (一) 对账

**1. 账证核对**

核对会计账簿记录与原始凭证、记账凭证、凭证字号、内容、金额是否一致,记账方向是否相符。

如发现差错,应逐步核对,直到查出错误的原因为止。

结合项目 3.1.2 记账凭证填制实训的资料内容和项目 3.2.3 账簿设置与登记实训的资料内容进行账证核对实训。

**2. 账账核对**

(1) 总分类账与总分类账的核对。

总分类账与总分类账的核对一般是通过编制"总分类账户试算平衡表"进行核对。通过列示各总分类账户期初余额、期末余额和本期发生额,看其借方发生额、贷方发生额及期初余额和期末余额是否平衡。如果借贷双方金额不平衡,则说明记账有误,应进一步核查更正。

结合表 3-2 总分类账户试算平衡表判断总分类账户的借方发生额、贷方发生额及期初余额和期末余额是否平衡,进行总分类账核对实训。

表 3-2 总分类账户试算平衡表

单位:元

| 账户名称 | 期初余额 | | 本期发生额 | | 期末余额 | |
| --- | --- | --- | --- | --- | --- | --- |
| | 借方 | 贷方 | 借方 | 贷方 | 借方 | 贷方 |
| 库存现金 | 700.00 | | 39,600.00 | 39,600.00 | 700.00 | |
| 银行存款 | 120,000.00 | | | 41,600.00 | 78,400.00 | |
| 原材料 | 300,000.00 | | | 58,000.00 | 242,000.00 | |
| 生产成本 | 180,000.00 | | 105,540.00 | 141,224.00 | 144,316.00 | |
| 库存商品 | 200,000.00 | | 141,224.00 | | 341,224.00 | |
| 应收账款 | 5,000.00 | | | 520.00 | 4,480.00 | |
| 固定资产 | 400,000.00 | | | | 400,000.00 | |
| 累计折旧 | | 85,000.00 | | 19,000.00 | | 104,000.00 |
| 短期借款 | | 300,000.00 | | | | 300,000.00 |
| 应付票据 | | 90,000.00 | | | | 90,000.00 |
| 应付账款 | | 150,000.00 | | | | 150,000.00 |
| 预收账款 | | 49,000.00 | | | | 49,000.00 |
| 应付利息 | 200.00 | | 39,600.00 | 39,600.00 | 200.00 | |
| 应交水费 | | 1,500.00 | | | | 1,500.00 |
| 应付股利 | | 144,000.00 | | 400.00 | | 144,400.00 |

续表

| 账户名称 | 期初余额 | | 本期发生额 | | 期末余额 | |
|---|---|---|---|---|---|---|
| | 借方 | 贷方 | 借方 | 贷方 | 借方 | 贷方 |
| 长期借款 | | 200,000.00 | | | | 200,000.00 |
| 本年利润 | | 186,400.00 | 13,980.00 | | | 172,420.00 |
| 制造费用 | | | 16,940.00 | 16,940.00 | | |
| 管理费用 | | | 13,580.00 | 13,580.00 | | |
| 财务费用 | | | 400.00 | 400.00 | | |
| 合计 | 1,205,900.00 | 1,205,900.00 | 370,864.00 | 370,864.00 | 1,773,320.00 | 1,773,320.00 |

（2）总分类账与日记账的核对。

总分类账与现金日记账、银行存款日记账之间，可以将其期初余额、本期发生额和期末余额直接进行核对（见表3-3、表3-4）。

**表 3-3　现金总账与现金日记账核对**

单位：元

| 会计账簿 | 期初余额 | | 本期发生额 | | 期末余额 | |
|---|---|---|---|---|---|---|
| | 借方 | 贷方 | 借方 | 贷方 | 借方 | 贷方 |
| 现金日记账 | 700.00 | | 39,600.00 | 39,600.00 | 700.00 | |
| 现金总账 | 700.00 | | 39,600.00 | 39,600.00 | 700.00 | |

**表 3-4　银行存款总账与银行存款日记账核对**

单位：元

| 会计账簿 | 期初余额 | | 本期发生额 | | 期末余额 | |
|---|---|---|---|---|---|---|
| | 借方 | 贷方 | 借方 | 贷方 | 借方 | 贷方 |
| 银行存款日记账 | 120,000.00 | | | 41,600.00 | 78,400.00 | |
| 银行存款总账 | 120,000.00 | | | 41,600.00 | 78,400.00 | |

（3）总分类账与所属明细账的核对。

总分类账与所属明细账的核对是将总分类账所属的各明细账户期初余额、本期发生额和期末余额的合计数与对应的总账期初余额、本期发生额和期末余额相核对，看其是否相符（见表3-5至表3-7）。

**表 3-5　原材料总账与原材料明细账核对**

单位：元

| 会计账簿 | | 期初余额 | | 本期发生额 | | 期末余额 | |
|---|---|---|---|---|---|---|---|
| | | 借方 | 贷方 | 借方 | 贷方 | 借方 | 贷方 |
| 原材料明细账 | A 材料 | 300,000.00 | | | 41,600.00 | 78,400.00 | |
| 原材料总账 | | 300,000.00 | | | 41,600.00 | 78,400.00 | |

表 3-6　生产成本总账与生产成本明细账核对

单位:元

| 会计账簿 | | 期初余额 | | 本期发生额 | | 期末余额 | |
|---|---|---|---|---|---|---|---|
| | | 借方 | 贷方 | 借方 | 贷方 | 借方 | 贷方 |
| 生产成本明细账 | 甲产品 | 26,924.00 | | 45,976.00 | 53,760.00 | 19,140.00 | |
| | 乙产品 | 27,900.00 | | 59,564.00 | 87,464.00 | 0.00 | |
| | 丙产品 | 125,176.00 | | | | 125,176.00 | |
| | 合计 | 180,000.00 | | 105,540.00 | 141,224.00 | 144,316.00 | |
| 生产成本总账 | | 180,000.00 | | 105,540.00 | 141,224.00 | 144,316.00 | |

表 3-7　管理费用总账与管理费用明细账核对

单位:元

| 会计账簿 | | 期初余额 | | 本期发生额 | | 期末余额 | |
|---|---|---|---|---|---|---|---|
| | | 借方 | 贷方 | 借方 | 贷方 | 借方 | 贷方 |
| 管理费用明细账 | 折旧费 | | | 8,000.00 | 8,000.00 | | |
| | 工资费 | | | 2,000.00 | 2,000.00 | | |
| | 材料费 | | | 2,400.00 | 2,400.00 | | |
| | 报刊费 | | | 320.00 | 320.00 | | |
| | 水电费 | | | 860.00 | 860.00 | | |
| | 合计 | | | 13,580.00 | 13,580.00 | | |
| 管理费用总账 | | | | 13,580.00 | 13,580.00 | | |

### 3. 账实核对

账实核对是核对会计账簿记录与财产实有数额是否相符。包括:现金日记账账面余额与现金实际库存数相核对;银行存款日记账账面余额定期与银行对账单相核对;各种财产物资明细账账面余额与财产物资实存数额相核对;各种应收、应付明细账账面余额与有关债务、债权单位或个人相核对等。

## (二) 结账

结账是指把一定时期内应记入账簿的经济业务全部登记入账后,计算记录本期发生额及期末余额,并将余额结转下期或新的账簿。

### 1. 日结

现金、银行存款日记账,需要逐日结出余额。结账时,在本日最后一笔经济业务下面结计出本日发生额合计及余额,摘要栏注明"本日合计"即可。

### 2. 月结(见表3-8)

结账时,在本月最后一笔经济业务下面通栏划单红线,结出本月发生额合计和月末余额;在摘要栏注明"本月合计"字样,在借或贷栏内写明"借"或"贷"字样,在下面通栏划单红线。

如果本月只发生一笔经济业务,由于这笔经济业务记录的金额就是本月发生额,结账时,只要在此记录下通栏划一单红线,表示与下月的发生额分开即可,不需另行结出"本月合计"数。如无余额,应在借或贷栏内写上"平"字样,余额栏内写上"∅"字样,其余同上所述。

对于期末没有余额的"损益类"等账户,在加计借贷方发生额,显示双方金额相等后,在"摘要"栏注明"本月发生额合计"字样,在其下通栏划单红线,以表示该账户月底已结平。下月份在红线下连续登记。

表 3-8
**生产成本明细账(多栏式)**

产品名称:A产品

| 20××年 | | 凭证号数 | 摘要 | 成本项目(借方) | | | | | | | | | | | | | | | | | | | | | | | | | | | | | | | | | | | | | | | | |
|---|---|---|---|---|---|---|---|---|---|---|---|---|---|---|---|---|---|---|---|---|---|---|---|---|---|---|---|---|---|---|---|---|---|---|---|---|---|---|---|---|---|---|---|---|
| | | | | 直接材料 | | | | | | | | | | 直接人工费用 | | | | | | | | | | 制造费用 | | | | | | | | | | 合计 | | | | | | | | | | |
| | | | | 金额 | | | | | | | | | | 金额 | | | | | | | | | | 金额 | | | | | | | | | | 金额 | | | | | | | | | | |
| 月 | 日 | | | 十 | 万 | 千 | 百 | 十 | 元 | 角 | 分 | | | 十 | 万 | 千 | 百 | 十 | 元 | 角 | 分 | | | 十 | 万 | 千 | 百 | 十 | 元 | 角 | 分 | | | 十 | 万 | 千 | 百 | 十 | 元 | 角 | 分 | | | |
| 8 | 1 | 1 | 耗用材料 | | 2 | 7 | 3 | 0 | 0 | 0 | 0 | 0 | | | | | | | | | | | | | | | | | | | | | | | 2 | 7 | 3 | 0 | 0 | 0 | 0 | 0 | | |
| 8 | 4 | 4 | 生产工人工资 | | | | | | | | | | | | 2 | 0 | 0 | 0 | 0 | 0 | 0 | 0 | | | | | | | | | | | | | | 2 | 0 | 0 | 0 | 0 | 0 | 0 | 0 | | |
| 8 | 8 | 5 | 计提福利费 | | | | | | | | | | | | | 2 | 8 | 0 | 0 | 0 | 0 | 0 | | | | | | | | | | | | | | 2 | 8 | 0 | 0 | 0 | 0 | 0 | | |
| 8 | 21 | 11 | 分配制造费用 | | | | | | | | | | | | | | | | | | | | | | | | 3 | 8 | 8 | 2 | 2 | 0 | | | | | | 3 | 8 | 8 | 2 | 2 | 0 | | |
| | | | 本月合计 | | 2 | 7 | 3 | 0 | 0 | 0 | 0 | 0 | | | 2 | 2 | 8 | 0 | 0 | 0 | 0 | 0 | | | | | 3 | 8 | 8 | 2 | 2 | 0 | | 2 | 9 | 9 | 6 | 8 | 2 | 2 | 0 | | |

此为红线

**3. 季结**(见表 3-9)

季末将计算出的本季度三个月的发生额合计数,写在月结数的下一行内,在摘要栏注明"本季合计"字样,并在下面通栏划单红线。

表 3-9
**总 分 类 账**

账户名称:库存现金

| 20××年 | | 记账凭证 | | 摘要 | 借 方 | | | | | | | | | | 贷 方 | | | | | | | | | | 借或贷 | 余 额 | | | | | | | | | |
|---|---|---|---|---|---|---|---|---|---|---|---|---|---|---|---|---|---|---|---|---|---|---|---|---|---|---|---|---|---|---|---|---|---|---|---|
| 月 | 日 | 种类 | 号数 | | 十 | 亿 | 千 | 百 | 十 | 万 | 千 | 百 | 十 | 元 | 角 | 分 | 十 | 亿 | 千 | 百 | 十 | 万 | 千 | 百 | 十 | 元 | 角 | 分 | | 十 | 亿 | 千 | 百 | 十 | 万 | 千 | 百 | 十 | 元 | 角 | 分 |
| 1 | 1 | | | 上年结转 | | | | | | | | | | | | | | | | | | | | | | | | | 借 | | | | | 1 | 2 | 5 | 0 | 0 | 0 | 0 |
| 1 | 10 | 记 | 8 | 购入 | | | | | 1 | 0 | 0 | 0 | 0 | 0 | 0 | | | | | | | | | | | | | 借 | | | | | 2 | 2 | 5 | 0 | 0 | 0 | 0 |
| … | … | | … | … | | | | | | | | | | | | | | | | | | | | | | | | | | | | | | | | | | |
| 3 | 31 | | | 本月合计 | | | | | 2 | 0 | 0 | 0 | 0 | 0 | 0 | | | | | 1 | 0 | 0 | 0 | 0 | 0 | 0 | | 借 | | | | | 3 | 1 | 5 | 0 | 0 | 0 | 0 |
| 3 | 31 | | | 本季合计 | | | | | 4 | 5 | 0 | 0 | 0 | 0 | 0 | | | | | 2 | 6 | 0 | 0 | 0 | 0 | 0 | | 借 | | | | | 3 | 1 | 5 | 0 | 0 | 0 | 0 |

此为红线

## 4. 年结（见表 3-10）

年终结账时，在 12 月末"本月合计"行下面结出全年发生额合计及年末余额，在摘要栏内注明"本年累计"字样，并在合计数下通栏划双红线表示封账。

年结后，有余额的账户，要将其余额结转下年，并在摘要栏注明"结转下年"字样，在下一会计年度新建有关会计账簿的第一行余额栏内填写上年结转的余额，并在摘要栏注明"上年结转"字样。结转的方法是将余额直接记入新账余额栏内，不需要编制记账凭证。

表 3-10

**总 分 类 账**

账户名称：库存现金

| 20××年 月 | 日 | 记账凭证 种类 | 号数 | 摘要 | 借方 | 贷方 | 借或贷 | 余额 |
|---|---|---|---|---|---|---|---|---|
| 1 | 1 | | | 上年结转 | | | 借 | 1250000 |
| 1 | 10 | 记 | 8 | 购入 | 1000000 | | 借 | 2250000 |
| ... | ... | ... | ... | ... | | | | |
| 12 | 31 | | | 本月合计 | 3000000 | 2500000 | 借 | 1000000 |
| 12 | 31 | | | 本年累计 | 15000000 | 15250000 | 借 | 1000000 |
| | | | | | 此为红线 | | | |
| | | | | 结转下年 | | | 借 | 1000000 |

请按照上述方法完成表 3-11 至表 3-14 所示账页的月结和年结。

表 3-11

**总 分 类 账**

账户名称：库存现金

| 20××年 月 | 日 | 记账凭证 种类 | 号数 | 摘要 | 借方 | 贷方 | 借或贷 | 余额 |
|---|---|---|---|---|---|---|---|---|
| 12 | 1 | 记 | | 上期结转 | | | 借 | 150000 |
| 12 | 31 | 记 | 1 | 本期发生额 | 7100000 | 7100000 | 借 | 150000 |
| 12 | 31 | | | 本月合计 | 7100000 | 7100000 | 借 | 150000 |
| 12 | 31 | | | 本年累计 | 7100000 | 7100000 | 借 | 150000 |
| | | | | | | | | |
| | | | | 结转下年 | | | 借 | 150000 |

表 3-12

**应收账款明细分类账(三栏式)**

明细科目：红光公司

| 20××年 | | 记账凭证 | | 摘要 | 借方 | 贷方 | 借或贷 | 余额 |
|---|---|---|---|---|---|---|---|---|
| 月 | 日 | 种类 | 号数 | | | | | |
| 12 | 1 | 记 | | 上期结转 | | | 借 | 1500000 |
| 12 | 31 | 记 | 2 | 本期发生额 | 1000000 | 2500000 | 平 | 0 |
| 12 | 31 | | | 本月合计 | 1000000 | 2500000 | 平 | 0 |
| 12 | 31 | | | 本年累计 | 1000000 | 2500000 | 平 | 0 |

表 3-13

**原材料明细分类账(数量金额式)**

明细科目：甲材料

| 20××年 | | 凭证号数 | 摘要 | 收入 | | | 发出 | | | 结存 | | |
|---|---|---|---|---|---|---|---|---|---|---|---|---|
| 月 | 日 | | | 数量(千克) | 单位成本 | 金额 | 数量(千克) | 单位成本 | 金额 | 数量(千克) | 单位成本 | 金额 |
| 12 | 1 | | 上期结转 | | | | | | | 40 | 8000 | 320000 |
| 12 | 5 | 18 | 购入 | 7 | 7200 | 50400 | | | | 47 | | 370400 |
| 12 | 31 | | 本月合计 | 7 | 7200 | 50400 | | | | 47 | | 370400 |
| 12 | 31 | | 本年累计 | 7 | 7200 | 50400 | | | | 47 | | 370400 |
| | | | 结转下年 | | | | | | | 47 | | 370400 |

表 3-14

**生产成本明细账(多栏式)**

产品名称：A产品

| 20××年 | | 凭证号数 | 摘要 | 直接材料 | 直接人工 | 制造费用 | 合计 | |
|---|---|---|---|---|---|---|---|---|
| 月 | 日 | | | | | | | |
| 12 | 1 | 1 | 耗用材料 | 273000 | | | 273000 | |
| 12 | 4 | 4 | 结算工资 | | 200000 | | 200000 | |
| 12 | 8 | 5 | 计提福利费 | | 28000 | | 28000 | |
| 12 | 21 | 11 | 分配制造费用 | | | 38822 | 38822 | |
| 12 | 31 | 20 | 完工入库 | 273000 | 228000 | 38822 | 299682 | ←此行所有数字为红字 |
| 12 | 31 | | 本月合计 | 0 | 0 | 0 | 0 | |
| 12 | 31 | | 本年累计 | 0 | 0 | 0 | 0 | |

## 3.3 会计资料的整理与装订

### 3.3.1 会计凭证的装订

**1. 凭证的整理**

会计凭证登记完毕后,应将记账凭证连同所附的原始凭证或者原始凭证汇总表,按照编号顺序折叠整齐,准备装订。会计凭证在装订之前,必须进行适当的整理,以便于装订。

会计凭证的整理主要是对记账凭证所附的原始凭证进行整理。会计凭证的整理工作主要是对凭证进行排序、粘贴和折叠。会计实务中收到的原始凭证纸张往往大小不一,因此,需要按照记账凭证的大小进行折叠或粘贴。

具体方法如下:

(1) 纸张面积大于记账凭证的原始凭证采用折叠的方法,按照记账凭证的面积尺寸,将原始凭证先自右向左,再自下向上两次折叠。折叠时应注意将凭证的左上角或左侧面空出,以便于装订后的展开查阅。

(2) 纸张面积过小的原始凭证采用粘贴的方法,即按一定次序和类别将原始凭证粘贴在一张与记账凭证大小相同的白纸上。粘贴时要注意,应尽量将同类、同金额的单据粘在一起;如果是板状票证(如火车票),可以将票面票底轻轻撕开,厚纸板弃之不用。粘贴完成后,应在白纸一旁注明原始凭证的张数和合计金额。

(3) 纸张面积略小于记账凭证的原始凭证,可以用回形针或大头针别在记账凭证后面,待装订凭证时,抽去回形针或大头针。

(4) 数量过多的原始凭证,如工资结算表、领料单等,可以单独装订保管,但应在封面上注明原始凭证的张数、金额、所属记账凭证的日期、编号、种类。封面应一式两份,一份作为原始凭证装订成册的封面,封面上注明"附件"字样,另一份附在记账凭证的后面,同时在记账凭证上注明"附件另订",以备查考。

(5) 各种经济合同、存出保证金收据以及文件等重要原始凭证,应当另编目录,单独登记保管,并在有关的记账凭证和原始凭证上相互注明日期和编号。

(6) 原始凭证应按照末级会计科目(如办公费、招待费等)进行分类整理,同类末级会计科目的原始凭证应粘贴在一起。

(7) 同类原始凭证如果数量较多,大小不一,应按凭证规格的大小进行分类,按先小后大的顺序粘贴。同一张单据粘贴单上所粘贴的凭证尽量保持大小一致。每张单据粘贴单所粘贴的凭证不得过多,规格较大的凭证(如购物发票等)可粘贴 2~6 张;规格较小的凭证(如停车费、过路过桥费、定额餐饮发票等)可粘贴 8~10 张。

(8) 在"单据粘贴单"上粘贴原始凭证时,应由上而下、自左至右、均匀排列粘贴,一般粘贴 2 列,每列 4~5 张,在粘贴线内均匀粘贴,上、下及右方不得超出粘贴线,两列之间不得重叠、留空或大量累压粘贴。原始凭证应保持原样粘贴,有奖发票应去掉对奖联,个别规格参差不齐的凭证,可先裁边整理后再行粘贴,但必须保证原始凭证内容的完整性。

(9)原始凭证粘贴完毕,需将凭证张数、合计金额填列完整。在当年预算列支的经费支出凭证需填制支出报销汇总单,在往来款科目列支的支出凭证需填制往来款支出汇总单,并将单位名称、日期、科目、金额、张数和报账员签字等内容填列完整,做到书写正规、清楚,计算正确。每张汇总单所附原始凭证不得过厚,以不超过 5 mm 为宜。

(10)原始凭证应使用优质胶水进行粘贴,以保证凭证的粘贴效果,粘贴凭证如果数量较多、厚度较高,应在粘贴线外加粘贴条,粘贴好后及时用重物压平,以防褶皱、膨松,确保凭证整体平整。

**2. 凭证的装订**

凭证装订是指将整理完毕的会计凭证加上封面和封底,装订成册,并在装订线上加贴封签的一系列工作。

会计凭证不得跨月装订。记账凭证少的,可以一个月装订一本;一个月内凭证数量较多的,可装订成若干册。并在凭证封面上注明本月总计册数和本册数。采用科目汇总表会计核算形式的企业,原则上以一张科目汇总表及所附的记账凭证、原始凭证装订成一册,凭证少的,也可将若干张科目汇总表及相关记账凭证、原始凭证合并装订成一册。序号每月一编。装订好的会计凭证厚度通常为 1.5 cm。

装订成册的会计凭证必须加盖封面,封面上应注明单位名称、年度、月份和起讫日期、凭证种类、起讫号码,由装订人在装订线封签外签名或者盖章。会计凭证封面由分公司统一格式印制。

会计凭证的装订程序如下:

(1)整理记账凭证,摘掉凭证上的大头针等,并将记账凭证按编号顺序码放。

(2)将记账凭证汇总表、银行存款余额调节表放在最前面,并放上封面、封底。

(3)在码放整齐的记账凭证左上角放一张 8 cm×8 cm 的包角纸。包角纸要厚一点,其左边和上边与记账凭证取齐。

(4)过包角纸上沿距左边 5 cm 处和左沿距上边 4 cm 处包角纸上划一条直线,并用两点将此直线等分,再分别在等分直线的两点处将包角纸和记账凭证打上两个装订孔。

(5)用绳沿虚线方向穿绕扎紧(结扎在背面)。如下图:

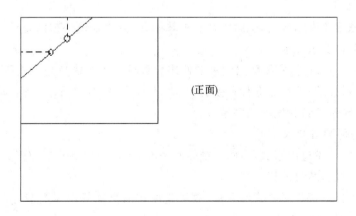

(6) 从正面折叠包角纸,并将划斜线部分剪掉。如下图:

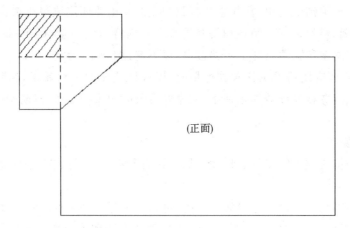

(7) 将包角纸向后折叠粘贴成下图形状。

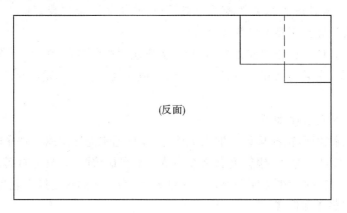

(8) 将装订线印章盖于骑缝处,并注明年、月、日和册数的编号。

### 3.3.2 会计账簿的装订

各种会计账簿年度结账后,除跨年使用的账簿外,其他账簿应按时整理立卷。

会计账簿装订要求如下。

(1) 账簿装订前,首先按账簿启用表的使用页数核对各个账户是否相符,账页数是否齐全,序号排列是否连续;然后按会计账簿封面、账簿启用表、账户目录、该账簿按页数顺序排列的账页、会计账簿装订封底的顺序装订。

(2) 活页账簿装订要求:

第一,保留已使用过的账页,将账页数填写齐全,去除空白页和撤掉账夹,用质地较好的牛皮纸做封面、封底,装订成册。

第二,多栏式活页账、三栏式活页账、数量金额式活页账等不得混装,应按同类业务、同类账页装订在一起。

第三,在账本的封面上填写好账目的种类,编好卷号,会计主管人员和装订人(经办人)

签章。

第四,采用会计电算化的单位,应在年度终了用 A4 纸打印账簿,并按上述规定装订。

(3) 账簿装订后的其他要求:

第一,会计账簿应牢固、平整,不得有折角、缺角、错页、掉页、加空白纸的现象。

第二,会计账簿的封口要严密,封口处要加盖有关印章。

第三,封面应采用分公司统一格式,封面应齐全、平整,并注明所属年度及账簿名称、编号,编号一年一编,编号顺序为总账、现金日记账、银行存(借)款日记账、分户明细账。

第四,会计账簿按保管期限分别编制卷号,如现金日记账全年按顺序编制卷号;总账、各类明细账、辅助账全年按顺序编制卷号。

### 3.3.3 会计报表的装订

(1) 会计报表编制完成及时报送后,留存的报表按月装订成册,谨防丢失。小企业可按季装订成册。

(2) 会计报表装订前要按编报目录核对是否齐全,整理报表页数,上边和左边对齐压平,防止折角,如有损坏部位,修补后,完整无缺地装订。

(3) 会计报表装订顺序为:会计报表封面、会计报表编制说明、各种会计报表按会计报表的编号顺序排列、会计报表的封底。

(4) 按保管期限编制卷号。

## 3.4 账证处理流程同步实训

一、单项选择题

1.《会计法》规定,县级以上财政部门对于伪造、变造会计凭证、会计账簿或者编制虚假财务会计报告,尚不构成犯罪的单位,在通报的同时,可以处以(　　)罚款。

A. 5000 元以上 5 万元以下　　　B. 5000 元以上 10 万元以下
C. 1000 元以上 5 万元以下　　　D. 1000 元以上 10 万元以下

2. 以下既属于行政处罚形式又属于行政处分形式的是(　　)。

A. 警告　　　B. 罚款　　　C. 记过　　　D. 行政拘留

3. 以下对刑事责任和行政责任区别描述不正确的是(　　)。

A. 追究刑事责任的是犯罪行为,追究行政责任的是一般违法行为
B. 职能由司法机关追究刑事责任,行政责任由国家特定行政机关追究
C. 追究刑事责任比追究行政责任严厉
D. 对同一违法行为,追究了刑事责任就不能再追究行政责任

4. 根据《会计基础工作规范》,以下不符合回避制度规定的是(　　)。

A. 私营企业,丈夫当老板,妻子当会计
B. 国有企业,会计机构负责人招聘自己的妻子任出纳
C. 国有企业,单位负责人的侄子担任总账会计

D. 个体户没有聘请外人记账

5. 会计档案的定期保管期限不包括（　　）。
   A. 3年　　　　　B. 5年　　　　　C. 10年　　　　　D. 20年

6. 单位内部会计监督的对象是（　　）
   A. 单位的会计机构、会计人员　　　B. 单位的经济活动
   C. 单位经济活动的具体实施者　　　D. 单位领导

7. 不符合账账相符核对内容的是（　　）。
   A. 总账各账户之间的核对　　　　　B. 总账与明细账之间的核对
   C. 总账与日记账之间的核对　　　　D. 账簿记录与实物的核对

8. 对企业实际发生的经济业务事项按其性质进行归类、确定会计分录，并据以登记会计账簿的凭证是（　　）。
   A. 原始凭证　　　B. 记账凭证　　　C. 销货凭证　　　D. 购货凭证

9. 按照税法法律级次划分，《消费税暂行条例》属于（　　）。
   A. 税收法律　　　B. 税收行政法规　　C. 税收规章　　　D. 税收规范性文件

10. 下列关于刑罚说法错误的是（　　）。
    A. 附加刑既可以附加适用，又可以独立适用
    B. 主刑既可以独立适用，又可以附加适用
    C. 对犯罪分子只能判一种主刑
    D. 对犯罪的外国人可以独立或附加适用驱逐出境

11. 各单位内部会计监督制度要求，（　　）与经济业务或会计事项的审批人员、经办人员、财物保管人员的职责权限应当明确，并相互分离、相互制约。
    A. 会计人员　　　B. 记账人员　　　C. 审计人员　　　D. 审核人员

12. 下列各项中，不属于注册会计师行业地方组织的是（　　）。
    A. 省注册会计师协会　　　　　　　B. 自治区注册会计师协会
    C. 中国注册会计师协会　　　　　　D. 直辖市注册会计师协会

13. 单位独立进行的会计核算属于单位内部的（　　）。
    A. 投资活动　　　B. 筹资活动　　　C. 管理活动　　　D. 经营活动

14. （　　）的记账凭证可以不附原始凭证。
    A. 结账和更正错账　　　　　　　　B. 采购业务
    C. 销售业务　　　　　　　　　　　D. 收款业务

15. 根据《立法法》规定，会计部门规章应当（　　）。
    A. 由国家主席签署颁布
    B. 以财政部部长签署命令形式予以公布
    C. 以国务院总理令形式公布
    D. 以财政部会计司文件形式印发

16. 根据《会计法》的规定，制定会计档案的销毁办法的国家行政机关是（　　）。
    A. 审计部门会同有关部门　　　　　B. 各级财政部门会同有关部门
    C. 国务院财政部门会同有关部门　　D. 国务院

17. 会计资料移交后，如果发现是移交人员以前会计工作期间所发生的问题，由（　　）

负责。
　　A. 原移交人员　　　　　　　　B. 当时的监交人员
　　C. 单位负责人　　　　　　　　D. 会计机构负责人
18. 根据《会计法》的规定，关于会计核算中记账本位币的说法正确的是(　　)。
　　A. 不论什么企业，都必须以人民币为记账本位币
　　B. 企业可以随意选用会计核算中的记账本位币
　　C. 业务收支以人民币以外的货币为主的企业，可以该货币作为记账本位币
　　D. 记账本位币可以随意变动
19. 下列各项中，不属于对会计违法行为的行政处分的是(　　)。
　　A. 警告　　　　B. 记过　　　　C. 责令限期改正　　D. 开除
20. 某外商投资企业，业务收支以美元为主，也有极少量的人民币收支，根据《会计法》的规定，下列各项中正确的是(　　)。
　　A. 必须采用人民币作为记账本位币
　　B. 必须采用美元作为记账本位币
　　C. 可以采用任意一种外币作为记账本位币
　　D. 可以采用人民币或美元作为记账本位币
21. 某国有企业因内部管理混乱等原因造成会计报表资料不合法、不真实，对此问题首先应当承担法律责任的责任人是(　　)。
　　A. 单位的会计人员　　　　　　B. 单位的会计机构负责人
　　C. 单位的会计主管人员　　　　D. 单位负责人
22. 会计工作交接时，接替人员在交接时因疏忽没有发现所接会计资料的真实性、完整性方面的问题，如事后发现，则该问题应由(　　)负责。
　　A. 会计机构负责人　　　　　　B. 接替人员
　　C. 原移交人员　　　　　　　　D. 接替人员和原移交人员共同
23. 会计人员进行会计工作交接时，移交清册一般应填制一式(　　)份。
　　A. 一　　　　　B. 二　　　　　C. 三　　　　　D. 四
24. (　　)不必在会计报表附注中披露。
　　A. 不符合会计基本假设的说明　　B. 重要会计政策和会计估计变更
　　C. 或有事项和资产负债表日后事项　D. 企业生产经营的基本情况
25. 《会计法》关于会计机构负责人、会计主管人员任免应当经过主管单位同意的规定，适用于(　　)。
　　A. 国有企事业单位　　　　　　B. 国有大、中型企业和业务主管单位
　　C. 国有大、中型企业　　　　　D. 所有企事业单位
26. 会计档案由单位会计机构负责整理归档并保管(　　)后，移交单位的档案管理机构继续保管。
　　A. 一年　　　　B. 六个月　　　C. 三个月　　　D. 三年
27. 在我国，单位内部会计监督的主体一般是指(　　)。
　　A. 财政、税务、审计机关　　　B. 注册会计师及其事务所
　　C. 本单位的会计机构和会计人员　D. 本单位的内部审计机构及其人员

28. 某单位由出纳人员兼管稽核工作。该做法违反了(　　)。
    A. 会计机构内部稽核制度的规定　　B. 会计机构内部牵制制度的规定
    C. 会计岗位责任制的规定　　　　　D. 会计监督制度的规定
29.《会计法》明确规定,各单位会计机构内部应当建立(　　)。
    A. 会计人员岗位责任制　　　　　　B. 稽核制度
    C. 会计档案管理制度　　　　　　　D. 财产清查制度
30.《会计法》规定的会计主管人员是指(　　)。
    A. 会计机构负责人
    B. 会计机构中的主管会计
    C. 未设总会计师的单位分管会计工作的行政副职
    D. 总会计师
31. 下列关于单位内部会计监督制度说法正确的是(　　)。
    A. 会计事项的经办人员和审批人员可以由一人兼任
    B. 记账人员和经济业务的审批人员可以由一人兼任
    C. 记账人员和财物保管人员的职责权限应明确,并相互分离
    D. 记账人员和经济业务的经办人员可以由一人兼任
32. 账证相符是指会计账簿记录与会计凭证有关内容核对相符。下列各项中,属于账证相符的是(　　)。
    A. 银行存款日记账与银行对账单相符
    B. 固定资产总分类账与固定资产卡片相符
    C. 总分类账与科目汇总表核对相符
    D. 汇总记账凭证与记账凭证核对相符
33. 对于保管期满但未结清的债权债务原始凭证,应(　　)。
    A. 立即销毁　　　　　　　　　　　B. 一个月后销毁
    C. 一年后销毁　　　　　　　　　　D. 保管至未了事项完结时为止
34. 伪造会计凭证和会计账簿是指(　　)
    A. 在正规账簿之外,设置另外一套账
    B. 用涂改的方法改变会计凭证或账簿的真实内容
    C. 采用销毁原始凭证的方法隐瞒真实业务内容
    D. 以虚假的经济业务为前提编制会计凭证或账簿
35. 无须在财务会计报告上签章的是(　　)。
    A. 普通记账人员　　　　　　　　　B. 单位负责人
    C. 会计机构负责人　　　　　　　　D. 总会计师
36. 会计凭证按(　　)不同,可分为原始凭证和记账凭证。
    A. 取得途径　　　　　　　　　　　B. 填制程序和用途
    C. 有无固定格式　　　　　　　　　D. 审核机构
37. 能反映企业在某一特定日期财务状况的会计报表是(　　)。
    A. 资产负债表　　B. 现金流量表　　C. 利润表　　D. 利润分配表
38. 下列关于总账的说法,正确的是(　　)。

A. 总账是根据总账科目开设的账簿　　B. 总账一般使用活页账
C. 总账一般逐日逐笔序时登记　　D. 应收、应付款项的备查簿也属于总账

39. 依法建账是会计核算中的最基本要求之一。这里所说的"依法建账"的"法"是指（　　）。
   A.《会计法》
   B.《会计基础工作规范》
   C.《公司法》
   D.《会计法》、《会计基础工作规范》和其他一些法律、行政法规

40. 关于原始凭证错误更正说法正确的是（　　）。
   A. 原始凭证金额错误，由开具单位更正
   B. 原始凭证内容有错误，应由取得单位重开
   C. 原始凭证金额错误，只能由原开具单位重新开具或更正
   D. 原始凭证所记载的除金额外的其他各项内容发生错误，可以涂改

41. 根据《会计法》及国家统一的会计制度规定，下列有关记账凭证的表述中，不正确的有（　　）。
   A. 所有记账凭证都必须附有原始凭证
   B. 填制记账凭证时出现错误的，应当重新填制
   C. 企业可以选择不同的记账凭证编号方法进行编号
   D. 不得根据金额更正过的原始凭证编制记账凭证

42. 某企业会计人员在审核一张购买材料的原始凭证时，发现凭证上的单价和金额数字有涂改痕迹，且材料单价也明显高于市场价格。该凭证应当属于（　　）。
   A. 不真实的原始凭证　　B. 不合法的原始凭证
   C. 不准确的原始凭证　　D. 不完整的原始凭证

43. 原始凭证应由（　　）审核。
   A. 销售人员　　B. 会计机构、会计人员
   C. 采购人员　　D. 经办人员

44. 按填制方法的不同，记账凭证可分为（　　）。
   A. 收款凭证、付款凭证和转账凭证　　B. 专用记账凭证和通用记账凭证
   C. 复式记账凭证和单式记账凭证　　D. 原始凭证和记账凭证

45. 法律是由（　　）制定的规范性文件。
   A. 全国人民代表大会及其常设机构　　B. 国务院
   C. 省、自治区、直辖市人民代表大会　　D. 民族自治地方人民代表大会

46. 单位对外提供财务会计报告的责任主体是（　　）。
   A. 会计人员　　B. 会计机构负责人
   C. 主管会计　　D. 单位负责人

47. 从外单位取得的原始凭证，必须（　　）才能证明其法律有效性。
   A. 注明用途　　B. 加盖填制单位公章
   C. 注明填制的年度　　D. 有填制人的签名

48. 会计进行经济核算的经济业务是（　　）的经济业务事项。

A. 已发生且引起资金运动　　　　B. 将要发生、且引起资金运动
C. 所有已发生　　　　　　　　　D. 已发生,且不引起资金运动

49. 伪造、变造会计资料和提供虚假财务报告的主体为(　　)。
A. 只能是单位　　　　　　　　　B. 只能是个人
C. 任何单位和个人　　　　　　　D. 只能是单位和其内部工作人员

50. 用电子计算机进行会计核算的单位,其使用的会计软件及其生成的会计资料应当符合政府有关部门的规定。该政府部门是指(　　)。
A. 财政部门　　　　　　　　　　B. 国务院税务主管部门
C. 省级以上工商行政管理部门　　D. 单位上级业务主管部门

51. 《总会计师条例》是由(　　)发布的。
A. 国务院　　　　　　　　　　　B. 全国人民代表大会常务委员会
C. 省、自治区、直辖市人民代表大会　D. 财政部

52. 下列各项中,属于会计规章的是(　　)。
A.《企业会计准则》　　　　　　　B.《会计档案管理办法》
C.《总会计师条例》　　　　　　　D.《会计法》

53. 下列各项中,属于会计法律的是(　　)。
A.《会计法》　　　　　　　　　　B.《总会计师条例》
C.《企业会计制度》　　　　　　　D.《会计基础工作规范》

54. 下列法律规范中,效力最低的是(　　)。
A. 宪法　　　　B. 法律　　　　C. 行政法规　　　　D. 规章

55. 会计法律制度中层次最高的是(　　)。
A.《会计法》　　　　　　　　　　B.《总会计师条例》
C.《企业会计准则》　　　　　　　D.《企业会计制度》

56. 行政法规是由(　　)制定和发布的规范性文件。
A. 国务院　　　　　　　　　　　B. 全国人民代表大会
C. 省人民代表大会　　　　　　　D. 全国人民代表大会常务委员会

57. 会计机构、会计人员对违法的收支(　　)。
A. 应当退回予以更正
B. 应当向单位领导人提出书面意见,请求处理
C. 应当向主管单位或者财政、审计、税务机关报告
D. 不予受理,并向单位负责人报告

58. 按来源不同,原始凭证可分为(　　)。
A. 外来原始凭证和自制原始凭证
B. 一次性原始凭证、累计原始凭证和汇总原始凭证
C. 收付业务凭证和转账业务凭证
D. 专用凭证和通用凭证

59. 按《会计法》的规定,单位有关负责人在财务会计报告上签章的下列做法中,正确的是(　　)。
A. 签名　　　　B. 盖章　　　　C. 签名或盖章　　　　D. 签名并盖章

60. 下列属于内部监督的是( )。
 A. 财政机关的监督　　　　　　B. 税务机关的监督
 C. 会计人员对于违法收支不予受理　D. 审计机关的监督
61. 下列各项中,不属于财政部门对有关单位实施会计监督检查的内容的有( )。
 A. 是否存在私设账簿、账外设账的情况
 B. 是否按照《会计法》和国家统一会计制度的要求进行会计核算
 C. 国有企业年度财务会计报告是否经财政部门审查批复
 D. 是否建立健全内部会计控制制度并有效实施
62. 《企业会计制度》是由( )发布的。
 A. 财政部　　　　　　　　　　B. 国务院
 C. 全国人民代表大会常务委员会　　D. 全国人民代表大会
63. 《企业财务会计报告条例》规定的会计期间不包括( )。
 A. 年度　　B. 半年度　　C. 月度　　D. 半个月
64. 对企业会计工作进行国家监督的主体是( )。
 A. 注册会计师　　　　　　　　B. 国家审计署
 C. 各级人民代表大会　　　　　D. 政府财政部门
65. 依据《会计法》,有关部门有权代表国家行使会计监督权。下列说法正确的有( )。
 A. 审计部门有权对各单位的会计资料进行监督检查
 B. 税务部门有权对纳税人的会计资料进行监督检查
 C. 保险监管部门有权对各保险公司和投保人的会计资料进行监督检查
 D. 证券监管部门有权对所有股份有限公司的会计资料进行监督检查
66. 会计档案分为永久和定期。定期保管的会计档案,其最短期限为( )。
 A. 5年　　B. 3年　　C. 2年　　D. 10年
67. 财务会计报告不包括( )。
 A. 会计报表　　B. 会计报表附注　　C. 财务报告分析　　D. 财务状况说明书
68. ( )有资格担任会计师。
 A. 取得博士学位并具备履行会计师职责的能力
 B. 取得硕士学位并担任助理会计师职务一年左右
 C. 取得第二学位
 D. 大学本科毕业并担任助理会计师两年以上
69. 不依法设置账簿或私设会计账簿的,情节严重的,被吊销会计证后,( )内不得重新取得会计证。
 A. 3年　　B. 5年　　C. 2年　　D. 4年
70. 对于保管期满的会计档案,是否应销毁,应由( )鉴定。
 A. 单位档案管理机构会同会计机构　　B. 单位档案管理机构
 C. 会计机构　　　　　　　　　　　　D. 单位负责人
71. 关于会计文字记录说法错误的是( )。
 A. 我国境内所有的公司、企业的会计记录文字都必须使用中文

B. 民族自治地区可以只以本民族的文字作为会计记录文字

C. 我国境内的外国经济组织的会计记录,在使用中文的前提下,可以同时使用一种外国文字

D. 使用中文是强制性的,使用其他通用文字是备选性的

二、多项选择题

1. 某单位会计张某与接替者王某在财务科长李某的监交下办妥了会计工作交接手续。次日,财政部门对该单位进行检查时,发现张某所记账目中有严重会计作假行为,而接替者王某并未发现这一问题。财政部门依据有关法规对该单位进行了处罚,并追究有关人员的责任。对该单位的上述违法行为应承担责任的有(　　)。

　　A. 单位负责人　　B. 张某　　C. 李某　　D. 王某

2. 下列各项中,属于对会计违法行为的行政处分的有(　　)。

　　A. 警告　　B. 降级　　C. 责令整改　　D. 撤职

3. 刑罚的附加刑包括(　　)。

　　A. 罚金　　B. 剥夺政治权利　　C. 没收财产　　D. 驱逐出境

4. 设置会计工作岗位的基本原则包括(　　)。

　　A. 根据本单位会计业务的需要设置会计工作岗位

　　B. 要建立岗位责任制

　　C. 对会计人员的工作岗位要有计划地进行轮岗,以促进会计人员全面熟悉业务和不断提高业务素质

　　D. 符合内部牵制制度的要求

5. 注册会计师及其所在的会计师事务所会计咨询、服务业务具体包括(　　)。

　　A. 提供税务咨询　　B. 代理、申请工商登记

　　C. 拟订合同　　D. 设计财务会计制度

6. 根据《财政部门实施会计监督办法》的规定,财政部门依法对各单位会计凭证、会计账簿、财务会计报告和其他会计资料的真实性、完整性实施监督检查,其内容包括(　　)。

　　A. 应当办理会计手续、进行会计核算的经济业务事项是否如实在会计凭证、会计账簿、财务会计报告和其他会计资料上反映

　　B. 填制的会计凭证、登记的会计账簿、编制的财务会计报告与实际发生的经济业务事项是否相符

　　C. 财务会计报告的内容是否符合有关法律、行政法规和国家统一的会计制度的规定

　　D. 其他会计资料是否真实、完整

7. 符合健全现金的内部控制工作要求的有(　　)。

　　A. 建立单位货币资金内部控制制度　　B. 加强货币资金业务岗位管理

　　C. 严格货币资金的授权管理　　D. 按照规定程序办理货币资金支付业务

8. 下列关于会计档案销毁程序的描述中正确的是(　　)。

　　A. 保管期满的会计档案,经单位负责人批准后即可销毁

　　B. 保管期满但未结清的债权债务原始凭证及其他未了事项的原始凭证,不得销毁

　　C. 保管期满但未结清的债权债务原始凭证及其他未了事项的原始凭证,应当单独抽出立卷,保管到未了事项完结时为止

D. 正在项目建设期间的建设单位,其保管期满的会计档案不得销毁

9. 会计报表附注通常包括( )。
   A. 财务报表的编制基础　　　　　B. 遵循企业会计准则的声明
   C. 重要会计政策的说明　　　　　D. 重要会计估计的说明

10. 下列关于会计凭证的说法中,正确的有( )。
    A. 记账凭证是编制原始凭证的依据　　B. 原始凭证是编制记账凭证的依据
    C. 会计凭证是登记账簿的依据　　　　D. 记账凭证是登记账簿的直接依据

11. 会计工作交接时,应在移交清册上注明( )。
    A. 单位名称　　　　　　　　　　B. 交接日期
    C. 交接双方和监交人的职务　　　D. 移交清册页数

12. 我国现行的适用支付结算的法律、行政法规以及部门规章和政策性文件包括( )。
    A.《票据法》　　　　　　　　　B.《票据管理实施办法》
    C.《支付结算办法》　　　　　　D.《人民币银行结算账户管理办法》

13. 下列关于财务会计报告的签章的说法中,正确的有( )。
    A. 应当由单位负责人和主管会计工作的负责人、会计机构负责人(会计主管人员)签名并盖章
    B. 出纳人员签名盖章
    C. 会计人员签名并盖章
    D. 设置总会计师的单位,还须由总会计师签名并盖章

14. 会计机构、会计人员必须按照国家统一的会计制度的规定对原始凭证进行审核,在( )情况下,有权不接受原始凭证,并向单位负责人报告。
    A. 原始凭证不真实　　　　　　　B. 原始凭证不准确
    C. 原始凭证不完整　　　　　　　D. 原始凭证不合法

15. 下列各项中,( )是中国注册会计师协会的主要职责。
    A. 制定行业自律管理规范,对违法行业自律管理规范的行为予以惩戒
    B. 对注册会计师任职资格和执业情况进行年度检查
    C. 依法拟订注册会计师职业准则、规则
    D. 协调行业内、外部关系,支持会员依法执业,维护会员合法权益

16. 财政部门实施的会计监督检查主要包括( )。
    A. 会计信息质量检查　　　　　　B. 项目管理监督检查
    C. 财务管理监督检查　　　　　　D. 会计师事务所执业质量检查

17. 下列各项中,高于会计部门规章的效力的有( )。
    A. 会计规范性文件　　　　　　　B. 会计行政法规
    C. 会计法律　　　　　　　　　　D. 宪法

18. 记账凭证应当连同所附的原始凭证或者原始凭证汇总表,按照编号顺序,折叠整齐,按期装订成册,并加具封面,注明( )。
    A. 单位名称　　B. 年度、月份　　C. 凭证种类　　D. 起讫号码

19. 下列属于记账凭证审核的主要内容有( )。

A. 依据是否真实 B. 填写项目是否齐全
C. 金额计算是否正确 D. 书写是否清楚

20. 财政部门依法对各单位是否依法设置会计账簿的监督包括（　　）。

A. 按照国家的相关法律、行政法规和国家统一的会计制度的规定,各单位是否依法设置会计账簿

B. 已经设置会计账簿的单位,所设置的会计账簿是否符合相关法律、行政法规的要求

C. 所设置的会计账簿是否符合国家统一会计制度的要求

D. 各单位是否存在账外账的违法行为

21. 会计岗位可以包括（　　）。

A. 会计机构负责人 B. 财产物资核算
C. 工资核算 D. 总账报表

22. 单位设置会计机构应根据（　　）来确定。

A. 单位规模的大小 B. 经济业务和财务收支的繁简
C. 经营管理的要求 D. 领导意图

23. 根据《会计法》规定,各单位会计工作必须依照法律和国家有关规定接受政府监督。实施上述监督的政府机构包括（　　）。

A. 财政机关　　B. 审计机关　　C. 税务机关　　D. 工商行政管理机关

24. 下列关于移交人员和接管人员的责任说法正确的有（　　）。

A. 移交人员应对所移交的会计资料的真实性、完整性负责

B. 接管人员对所接管的会计资料的真实性、完整性负责

C. 接管人员在交接时未发现所接资料的真实性、完整性方面的问题,如事后发现,则该问题由接管人员负责;交接时发现的问题由移交人员负责

D. 接管人员在交接时未发现所接资料的真实性、完整性方面的问题,如事后发现,该问题仍应由移交人员负责

25. 下列说法正确的是（　　）。

A. 一般来说,会计核算应以人民币为记账本位币

B. 某单位业务收支以美元为主,可以选用美元为记账本位币,编报的会计报告无须折算为人民币

C. 货币计量是会计核算的基本假设之一

D. 记账本位币一经确定,不得随意变动

26. 出纳人员不得兼任（　　）。

A. 会计档案保管　B. 收入账的登记　C. 稽核　　　　D. 所有的记账工作

27. （　　）,其保管期满的会计档案不得销毁。

A. 未结清的债权原始凭证 B. 未结清的债务原始凭证
C. 正在项目建设期间的建设单位 D. 其他未了事项的原始凭证

28. 会计档案保管期满,应由（　　）监督销毁。

A. 单位负责人 B. 总会计师
C. 档案管理机构派员 D. 会计机构派员

29. 下列有关说法正确的是（　　）。

A. 单位负责人应对单位的会计工作和会计资料的真实性、完整性负责

B. 单位负责人应直接从事会计工作

C. 单位负责人有责任保证内部会计监督制度的建立

D. 单位负责人应以身作则,带头执法

30. 会计机构负责人任职资格和条件包括( )。

A. 遵纪守法,坚持原则 B. 具备专业技术资格条件

C. 具备从事会计工作四年以上经历 D. 具备一定的专业技术水平

31. 会计人员继续教育的内容包括( )。

A. 会计理论与实务 B. 财务、会计法规制度

C. 会计职业道德规范 D. 其他相关的知识与法规

32. 所谓变造会计凭证、会计账簿是指( )。

A. 以虚假的经济业务事项为前提编造不真实的会计凭证、会计账簿和其他会计资料

B. 用涂改的手段改变会计凭证、会计账簿的真实内容

C. 用挖补的手段改变会计凭证、会计账簿的真实内容

D. 歪曲事实真相、篡改事实的行为

33. 会计档案是指记录和反映经济业务事项的重要历史资料和证据,一般包括( )。

A. 会计凭证 B. 会计账簿 C. 会计制度 D. 财务计划

34. 会计人员的主要职责有( )。

A. 进行会计核算

B. 实行会计监督

C. 拟定本单位办理会计事务的具体办法

D. 独立进行经济决策

35. 会计机构负责人办理交接手续,由单位负责人监交,下列( )情况下,主管单位派人会同监交。

A. 因单位撤并而办理交接手续

B. 主管单位责成所属单位撤换不合格的会计机构负责人,所属单位负责人却以种种理由拖延不办理

C. 所属单位负责人与办理交接手续的会计机构负责人有矛盾时

D. 主管单位认为交接中存在某种问题需要派人监交时

36. 下列各项中,不属于会计法律的是( )。

A.《会计法》 B.《总会计师条例》

C.《企业会计制度》 D.《会计基础工作规范》

37. 会计资料包括( )。

A. 会计凭证 B. 会计账簿 C. 财务会计报告 D. 其他会计资料

38. 下列各项中,关于会计核算的说法正确的是( )。

A. 各单位必须根据实际发生的经济业务事项进行会计核算

B. 企业应以交易或事项的法律形式作为核算的依据

C. 以实际发生的经济业务事项为依据进行会计核算,是会计核算的重要前提

D. 进行会计核算的经济业务必须是那些已经发生,且引起资金运动的经济业务事项

39. 我国会计法律的基本构成包括（　　）。
    A. 会计法律　　　B. 会计行政法规　　C. 会计规章　　　D. 会计制度
40. 会计凭证按（　　）不同,可分为原始凭证和记账凭证。
    A. 取得途径　　　B. 填制程序　　　C. 用途　　　　D. 审核机构
41. 下列各项中,属于会计规章的是（　　）。
    A.《企业会计制度》　　　　　　　B.《会计档案管理办法》
    C.《总会计师条例》　　　　　　　D.《会计法》
42. 会计人员对于（　　）的原始凭证,有权不予受理,并向单位负责人报告,请求查明原因,追究有关当事人的责任。
    A. 不真实的原始凭证　　　　　　B. 不合法的原始凭证
    C. 不准确的原始凭证　　　　　　D. 不完整的原始凭证
43. 下列有关原始凭证的表述中,符合《会计法》和《会计基础工作规范》规定的有（　　）。
    A. 填制原始凭证必须以实际发生的经济业务事项为依据
    B. 自制原始凭证必须经单位负责人签名和盖章
    C. 购买实物的原始凭证,必须有验收证明
    D. 原始凭证记载的金额不能更改
44. 移交人员离职前,必须将本人经管的会计工作交接清楚,具体要求是（　　）。
    A. 现金要根据会计账簿记录余额当面点交,不得短缺
    B. 有价证券面额与发行价不一致时,按会计账簿余额交接
    C. 因为可能存在未达款项,所以无须核对银行存款账户余额与银行对账单余额
    D. 公章、收据、空白支票、发票以及其他物品必须交接清楚
45. 下列各项中,属于会计行政法规的是（　　）。
    A.《总会计师条例》　　　　　　　B.《企业会计制度》
    C.《企业基础会计工作规范》　　　D.《企业会计准则》
46.《企业财务会计报告条例》规定的会计期间包括（　　）。
    A. 年度　　　　B. 半年度　　　C. 月度　　　　D. 半个月
47. 财务会计报告应当由（　　）签名并盖章。
    A. 单位负责人　　　　　　　　　B. 主管会计工作的负责人
    C. 会计机构负责人　　　　　　　D. 总会计师
48. 向不同的会计资料使用者提供的财务会计报告,其（　　）应当一致。
    A. 编制基础　　B. 编制依据　　C. 编制原则　　D. 编制方法
49. 财务情况说明书应包括（　　）。
    A. 企业生产经营的基本情况
    B. 利润实现和分配情况
    C. 资金增减和周转情况
    D. 对企业财务状况、经营成果和现金流量有重大影响的其他事项
50. 会计档案的定期保管期限包括（　　）。
    A. 3 年　　　　B. 5 年　　　　C. 10 年　　　　D. 15 年

51. 会计报表附注应包括( )。
    A. 或有事项和资产负债表日后事项的说明
    B. 企业合并、分立
    C. 重大投资、融资活动
    D. 利润实现和分配情况
52. 账账相符是( )之间对应记录核对相符的简称。
    A. 总账各账户
    B. 总账与明细账
    C. 总账与日记账
    D. 会计机构的财产物资明细账与保管部门、使用部门的有关财产物资明细账
53. 通过会计账簿记录与实物、款项的实有数相核对,( )。
    A. 检查、验证会计账簿记录的正确性
    B. 发现财产物资和现金管理中存在的问题
    C. 有利于改善管理、提高效益
    D. 有利于保证会计资料真实、完整
54. 下列各项中,属于原始凭证的有( )。
    A. 发票　　　　B. 领料单　　　C. 入库单　　　D. 转账凭证
55. 下列账簿中,属于备查账簿的有( )
    A. 应收账款明细账　　　　　　B. 租借设备的辅助登记簿
    C. 应收款项的备查簿　　　　　D. 应付款项的抵押备查簿
56. 原始凭证应包括如下( )项内容。
    A. 原始凭证名称　　　　　　　B. 经济业务事项名称
    C. 经济业务事项的数量　　　　D. 单价和金额
57. 银行存款日记账( )。
    A. 是一种特殊的序时明细账　　B. 一般使用活页账
    C. 也称银行存款备查簿　　　　D. 逐日逐笔序时登记
58. 依《会计法》设置的会计账簿是( )。
    A. 具备一定格式　　　　　　　B. 用以记载各项经济业务
    C. 编制会计报表的唯一依据　　D. 审计工作的重要依据
59. 记账凭证应具备( )内容。
    A. 填制记账凭证的日期　　　　B. 记账凭证的名称和编号
    C. 经济业务事项摘要　　　　　D. 记账符号
60. 依法建账是会计核算中最基本要求之一。这里所说的"依法建账"的"法"包括( )。
    A.《会计法》　　　　　　　　B.《会计基础工作规范》
    C.《公司法》　　　　　　　　D.《税收征收管理法》
61. 关于原始凭证错误更正说法正确的是( )。
    A. 原始凭证的各项内容均不得涂改
    B. 原始凭证内容有错误的,应由开具单位重开或更正

C. 原始凭证金额有错误的,应由开具单位更正
D. 原始凭证开具单位对于填制有误的凭证,负有更正和重新开具的法律义务,不得拒绝

62. 原始凭证按来源不同,可分为(　　)。
A. 领料单　　　B. 自制原始凭证　　C. 外来原始凭证　　D. 汇总原始凭证

63. 各单位应当定期将会计账簿记录与其相应的会计凭证、记录逐项核对,检查是否一致,检查的内容包括(　　)。
A. 时间　　　　B. 编号　　　　C. 内容　　　　D. 金额、记账方向等

64. 根据《会计法》规定,账目核对要做到(　　)。
A. 账实相符　　B. 账证相符　　C. 账账相符　　D. 账表相符

三、判断题

1. 单位负责人对依法履行职责、抵制违反《会计法》规定行为的会计人员实行打击报复,尚不构成犯罪的,由其所在单位或者有关单位依法给予行政处分。(　　)

2. 根据《会计法》规定,隐匿或者故意销毁依法应当保存的会计凭证、会计账簿、财务会计报告,不构成犯罪的,对其直接负责的主管人员,可以处 5000 元以上 10 万元以下的罚款。(　　)

3. 货币计量是会计核算的基本假设之一。(　　)

4. 税务、人民银行、证券监管等部门有权依照有关规定,对有关单位的会计资料实施监督检查。(　　)

5. 注册会计师接受委托进行财务会计报告审计,其实质是对有关单位财务会计报告和会计工作进行的监督。(　　)

6. 本着实质重于形式的原则,财政部门对被检查单位的会计软件无需进行检查。(　　)

7. 所有者权益变动表反映一定会计期间构成所有者权益各个组成部分当期的增减变动情况。(　　)

8. 伪造、变造会计凭证、编制虚假财务报告是一种严重的会计违法行为,要承担相应的法律责任。(　　)

9. 会计机构和会计人员可以对不真实和不合法的原始凭证拒绝接受。(　　)

10. 各单位制定的内部会计制度,也是国家统一的会计制度的重要组成部分。(　　)

11. 以虚假的经济业务为前提,编制虚假的会计凭证,属于变造会计凭证的行为。(　　)

12. 高级会计专业资格的取得实行考试和评审相结合的制度。(　　)

13. 单位和个人检举违法会计行为属于会计工作社会监督的范畴。(　　)

14. 在我国,业务收支以人民币以外的货币为主的单位,编报的财务会计报告可以用外币反映。(　　)

15. 我国对会计工作实行的是"统一领导、分级管理"原则下的政府主导型管理体制。(　　)

16. 所有记账凭证必须附有原始凭证并注明所附原始凭证的张数。(　　)

17. 会计人员暂时不能工作时,可以不办理会计工作交接。(　　)

18. 政府监督和社会监督是对单位内部会计监督的一种再监督。（　）
19. 财政部门对会计工作的监督检查是综合性的监督检查,而审计、税务、人民银行等其他部门则不是。（　）
20. 会计工作交接,交接双方在移交清册上签名或盖章,监交人不必签章。（　）
21. 在进行会计工作交接时,若移交人因病不能亲自办理移交手续,可委托他人移交,受托人应对会计资料的真实性、完整性承担责任。（　）
22. 一般会计人员办理交接手续时,应由单位负责人监交。（　）
23. 会计机构负责人办理交接手续,由单位负责人监交。（　）
24. 会计工作交接后,接管人员应另立账簿进行登记以明确交接双方的责任。（　）
25. 出纳人员兼管收入的记账工作,这有违内部稽核制度。（　）
26. 外商投资企业的会计记录可以只使用外国文字。（　）
27. 目前,我国已形成了三位一体的会计监督体系,包括单位内部监督、以注册会计师为主体的社会监督和以政府税务部门为主体的国家监督。（　）
28. 会计档案的定期保管期限从经济业务发生之日算起。（　）
29. 会计凭证、会计账簿、财务会计报告都是会计档案。（　）
30. 单位负责人和主管会计工作的负责人只需在财务会计报告上签名即可。（　）
31. 会计人员有权对记载不准确、不完整的原始凭证予以退回,并要求经办人员按照国家会计制度的统一规定进行更正、补充。（　）
32. 会计机构、会计人员对不真实、不合法的原始凭证,有权不予受理,并向单位负责人报告,请求查明原因,追究有关当事人的责任。（　）
33. 原始凭证是对经济业务事项按其性质加以分类,确定会计分录,并据以登记会计账簿的凭证。（　）
34. 银行存款日记账一般使用订本账。（　）
35. 在我国,单位内部会计监督的主体一般是指本单位的会计机构和会计人员。（　）
36. 伪造、变造会计资料是指以虚假的经济业务事项为前提编造不真实的会计资料。（　）
37. 会计处理方法可以随意变更。（　）
38. 办理经济业务事项的单位和人员,都必须填制或取得原始凭证并及时送交会计机构。（　）
39. 原始凭证内容出现错误的,一律不得更正,只能由原开具单位重新开具。（　）
40. 会计核算应当以实际发生的交易或事项为依据,如实反映企业的财务状况、经营成果和现金流量（　）。
41. 会计资料包括会计凭证、会计账簿、财务会计报告和其他会计资料。（　）
42. 若单位规模较小,即使其经济业务复杂多样,财务收支频繁,也无须设置会计机构和会计人员。（　）
43. 会计凭证按取得途径不同,可分为原始凭证和记账凭证。（　）
44. 正在项目建设期间的建设单位,其保管期满的会计档案必须销毁。（　）
45. 会计的基本职能是会计核算和会计监督。（　）

46. 《企业会计准则》是会计法律制度中层次最高的法律规范,是制定其他会计法规的依据。( )

47. 通过会计账簿记录与实物、款项的实有数相核对,可以检查、验证会计账簿记录的准确性。( )

48. 会计年度就是会计期间。( )

49. 我国的会计年度采用公历制,这是为了与我国的财政、计划、统计等年度保持一致,以利于国家宏观管理。( )

50. 单位对外提供财务会计报告的责任主体是会计机构负责人。( )

51. 凡经过注册会计师审计的会计报表,必须将审计报告和财务会计报告一并报送有关方面。( )

52. 以不同的依据编制的财务会计报告,是一种严重的违法行为。( )

53. 财务会计报告由资产负债表、现金流量表、利润表组成。( )

54. 单位可以任意选定一种货币作为记账本位币,但选定后,不得随意变动。( )

55. 租借设备的辅助登记簿属于总账。( )

56. 会计报表只包括资产负债表、利润表和现金流量表。( )

57. 实行会计电算化的单位,其会计账簿的登记、更正,也应当符合国家统一的会计制度的规定。( )

58. 账账核对指的只是总账和明细账之间的核对。( )

59. 会计账簿记录的主要是实物运动。( )

60. 会计账簿一般包括总账、明细账、日记账和备查账簿。( )

61. 单位负责人应该对单位的会计工作负责,就意味着单位负责人必须直接参与会计工作。( )

62. 单位内部控制的基本结构主要包括控制环境、会计系统和控制程序。( )

63. 企业向有关各方提供的财务会计报告,其编制方法可以不一致。( )

64. 单位负责人有责任和义务保证内部会计监督制度的建立和健全并发挥有效作用。( )

65. 会计机构、会计人员有权拒绝办理或纠正违法会计事项。( )

66. 会计报表附注是对单位一定会计期间内财务、成本等情况进行分析总结的书面报告。( )

67. 记账人员与财物保管人员的职责权限应当明确,并相互分离、相互制约。( )

68. 以人民币以外的货币作为记账本位币的单位,其编报的财务会计报告以该币种反映即可,无须折算为人民币。( )

69. 各单位应当建立、健全本单位内部会计监督制度。( )

70. 对于保管期满的所有会计档案,应立即销毁。( )

71. 会计档案的定期保管期限包括3年、5年、10年、15年、25年、30年。( )

72. 会计档案由单位会计机构负责整理归档并保管。( )

四、案例分析题(不定项选择)

1. 11月,某市财政局派出检查组对咸阳市某国有大型企业甲(以下简称"甲企业")的会计工作进行检查。检查中了解到以下情况:

(1) 3月10日,甲企业收到一张由甲企业和乙企业共同负担费用支出的原始凭证,甲企业会计人员A根据该原始凭证及应承担的费用进行财务处理,并保存该原始凭证;同时应乙企业的要求将该原始凭证的复印件提供给乙企业用于账务处理。

(2) 6月10日,经会计机构负责人B批准,本厂档案管理部门的工作人员C将部分会计档案复制给丙企业。

根据材料,选择下列符合题意的选项:

(1) 以上会计人员A的做法,下列说法正确的是(　　)。

A. 会计人员A就此原始凭证的处理程序符合法律规定

B.《会计法》不允许一张原始凭证的支出由两个不同的单位共同负担

C. 会计人员A应当依照法律规定向乙企业开具原始凭证分割单

D. 会计人员A应当要求乙企业开具原始凭证分割单

(2) 下列选项中,不属于原始凭证分割单包括的基本内容的有(　　)。

A. 凭证的名称　　　　　　　　B. 填制凭证的日期

C. 接受凭证单位的签章　　　　D. 填制凭证的单位名称

(3) 下列关于档案室工作人员C将会计档案复制给丙企业的做法,观点正确的是(　　)。

A. 会计档案不仅能提供查阅和复制,原件也可以直接借出

B. 不仅需要经过会计机构负责人批准,还要经过档案管理部门的负责人批准后才能查阅和复制

C. 首先要经本单位负责人批准,在不拆散原卷册的前提下,可以提供查阅或者复制,但必须办理登记手续

D. 工作人员C的做法及其处理程序符合法律规定

(4) 下列有关会计档案保管期限的说法中,错误的是(　　)。

A. 会计档案保管期限分为永久、定期两类

B. 会计档案的定期保管期限最短为5年

C. 会计档案的定期保管期限最长为25年

D. 会计档案的定期保管期限分为3年、5年、10年、15年和25年五类

(5) 会计档案的保管期限,从(　　)算起。

A. 会计年度终了后的第一天　　B. 会计年度最后一天

C. 档案形成之日　　　　　　　D. 档案移交档案部门之日

2. 3月,某财政部门在对某国有企业进行检查时,发现下列情况:

(1) 会计人员李某在审核某文员事项的原始凭证时,发现有一张发票记载的事项不完整,另有一张发票不属于该交易事项,但未提出异议;

(2) 该企业采用会计电算化,生成的会计凭证与国家统一的会计制度的规定有部分不一致;

(3) 该企业的会计年度自公历4月1日至次年3月31日止;

(4) 由于会计人员李某疏忽大意,造成部分会计资料毁损。

要求:根据上述情况,请回答下列问题:

(1) 针对事项(1),下列说法正确的有(　　)。

A. 根据会计法规定,会计人员对记载不准确、不完整的原始凭证应予以退回,并且要求按照国家统一的会计制度的规定更正、补充

B. 根据《会计法》规定,会计人员对不真实、不合法的原始凭证有权不予接受

C. 根据《会计法》的规定,会计人员对不真实、不合法的原始凭证无权不予接受

D. 李某的做法不符合会计法的规定

(2) 针对事项(2),下列说法正确的有(　　)。

A. 该企业的做法不符合规定

B. 该企业的做法符合规定

C. 使用计算机进行会计核算的,其软件及其生成的会计凭证、会计账簿及其他会计资料,也应当符合国家统一会计制度的规定

D. 使用计算机进行会计核算的,其软件及其生成的会计凭证、会计账簿及其他会计资料,一般应当符合国家统一会计制度的规定,但特殊情况除外

(3) 针对事项(3),下列说法正确的有(　　)。

A. 该企业的做法符合规定

B. 该企业的做法不符合规定

C. 《会计法》规定企业可以自行确定会计年度

D. 《会计法》规定会计年度自公历1月1日至12月31日止

(4) 针对事项(4),下列说法正确的有(　　)。

A. 违反了《会计法》的规定

B. 属于未按规定保管会计资料,致使会计资料毁损、灭失的行为

C. 可以对直接责任人员处以2 000元以上2万元以下的罚款

D. 可以对直接负责的会计主管处以2 000元以上2万元以下的罚款

五、思考题

1. 如何才能完美地装订会计凭证和保管好各种会计档案?
2. 对账的内容包括哪些? 为什么能够实现对账?
3. 错账更正方法包括哪些? 每种方法适用于哪些错账情形的更正?
4. 为什么会有不同格式的账页? 明细账的账页格式可以选择哪些格式类型?
5. 不同种类的会计账簿各有什么用途?
6. 什么是社会监督?
7. 单位内部会计监督制度有哪些基本内容?
8. 内部控制有哪些基本方式?
9. 什么是单位内部的会计监督制度和内部控制制度?
10. 我国会计法规对会计记录文字是如何规定的?
11. 我国会计法规对记账本位币是如何规定的?
12. 我国的法律层次有哪些?
13. 登记会计账簿的规定有哪些?
14. 什么是经济业务事项?
15. 试述我国会计法律制度的基本构成。
16. 违反会计制度规定行为应承担的法律责任有哪些?

17. 什么是会计法律制度?
18. 我国会计法规对会计年度和会计期间是如何规定的?
19. 违反会计制度规定应承担法律责任的行为有哪些?
20. 会计工作交接时,一般由哪些人负责监交?
21. 授意、指使、强令他人伪造、变造或者隐匿、故意销毁会计资料行为应承担的行政责任有哪些?
22. 伪造、变造会计凭证、会计账簿,编制虚假财务会计报告的行为特征有哪些?
23. 会计工作交接时,对于会计工作移交点收的具体要求有哪些?
24. 哪些情况下需办理会计工作交接?
25. 会计师的基本职责有哪些?
26. 会计人员未按照规定完成后续教育的,应如何处理?
27. 试述会计人员职业道德的内容。
28. 我国会计法规对会计机构负责人的任职资格是如何规定的?
29. 单位是否设置会计机构,需要考虑哪些条件?
30. 某公司会计部经理小刘提出要调走,董事长说:"让销售部经理小张到会计部当经理吧。会计部经理这个位置很关键。小张虽是学工程的,也没接触过会计工作,但组织能力挺强的。可以边干边学嘛!"接着,他又对总会计师陈某说:"让小张明天就到位,陈总你组织办一下他们的工作交接,并负责监交。"

试问,以上说法有何不妥?

31. 某市财政局组织本局全体干部学习《会计法》。财政局长刘某在学习班上讲述了以下观点:

(1)"按照《会计法》规定,我局管理全市会计工作,这既是权力,更是责任,因此,我们要带头学好、执行好《会计法》"。

(2)"我作为财政局长,既是财政局会计行为的责任主体,也是本地区会计管理工作的重要责任者之一"。

(3)"我虽是财政局会计行为的责任主体,但做好本局会计工作,需要会计人员和全体干部职工的共同努力"。

(4)"以前我总是让会计人员替我在会计报表上盖章,对照《会计法》,这样做是不对的,以后对外报送的财务会计报告,我都要签字盖章并认真审核把关"。

(5)"财政部门要加强对各单位会计工作情况的监督检查,对违法违规的,要依法追究法律责任"。

试问,以上说法是否正确?为什么?

# 项目 4 点钞与识别技能

## 4.1 点钞的基本程序

点钞是从拆把开始到扎把为止这样一个连续、完整的过程(见图 4-1)。

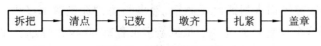

图 4-1 点钞的基本程序

### (一) 拆把

清点钞券时,首先将腰条纸拆下。拆把时可将腰条纸脱去,保持其原状,也可将腰条纸用手指勾断。通常初点时采用脱去腰条纸的方法,以便复点发现差错时进行查找,复点时一般将腰条纸勾断。

### (二) 清点

在清点过程中,还需将损伤券按规定标准剔出,以保持流通中票面的整洁。如该把钞券中夹杂着其他版面的钞券,应将其挑出。在点钞过程中如发现差错,应将差错情况记录在原腰条纸上,并把原腰条纸放在钞券上面一起扎把,不得将其扔掉,以便事后查明原因,另作处理。

### (三) 记数

记数也是点钞的基本环节,与清点相辅相成。在清点准确的基础上,必须做到记数准确。

### (四) 墩齐

钞券清点完毕扎把前,先要将钞券墩齐,以便扎把保持钞券外观整齐美观。钞券墩齐要求四条边水平,不露头或不呈梯形错开,卷角应拉平。墩齐时,双手松拢,先将钞券竖起来,双手将钞券捏成瓦形在桌面上墩齐,然后将钞券横立并将其捏成瓦形在桌面上墩齐。

### (五) 扎紧

每把钞券清点完毕后,要扎好腰条纸。腰条纸要求扎在钞券的 1/2 处,左右偏差不得超过 2 cm。同时要求扎紧,以提起第一张钞券不被抽出为准。

### (六) 盖章

盖章是点钞过程的最后一环,在腰条纸上加盖点钞员名章,表示对此把钞券的质量、数量负责,图章要盖得清晰,以看得清行号、姓名为准。

## 4.2 点钞的基本要领

### (一) 肌肉要放松

点钞时,两手各部位的肌肉要放松。正确的姿势是,肌肉放松,双肘自然放在桌面上,持票的左手手腕接触桌面,右手手腕稍抬起。

### (二) 钞券要墩齐

需清点的钞券必须清理整齐、平直。对折角、弯折、揉搓过的钞券要将其弄直、抹平,明显破裂、质软的钞券要先挑出来。清理好后,将钞券在桌面上墩齐。

### (三) 开扇要均匀

钞券清点前,都要将票面打开成缴扇形和小扇开,使钞券有一个坡度,便于捻动。开扇均匀是指每张钞券的间隔距离必须一致,使之在捻钞过程中不易夹张。

### (四) 手指触面要小

手工点钞时,捻钞的手指与钞券的接触面要小。如果手指接触面大,手指往返动作的幅度随之增大,从而使手指频率减慢,影响点钞速度。

### (五) 动作要连贯

点钞时各个动作之间相互连贯可以加快点钞速度。动作要连贯包括两方面的要求:

一是指点钞过程的各个环节必须紧张协调,环环扣紧。如点完100张墩齐钞券后,左手持票,右手取腰条纸,同时左手的钞券跟上去,迅速扎好小把;在右手放票的同时,左手取另一把钞券准备清点,而右手顺手沾水清点等。这样可使扎把和持票及清点各环节紧密地衔接起来。

二是指清点时的各个动作要连贯,即第一组动作和第二组动作之间,要尽量缩短和不留空隙时间,当第一组的最后一个动作即将完毕时,第二组动作的连续性,比如用手持式四指拨动点钞法清点时,当第一组的食指捻下第四张钞券时,第二组动作的小指要迅速跟上,不留空隙。这就要求在清点时双手动作要协调,清点动作要均匀,切忌忽快忽慢、忽多忽少。另外,在清点中尽量减少不必要的小动作、假动作,以免影响动作的连贯性和点钞速度。

### (六) 点数要协调

点和数是点钞过程的两个重要方面,这两个方面要相互配合,协调一致。点的速度快,记数跟不上,或点的速度慢,记数过快,都会造成点钞不准确,甚至造成差错,给国家财产带来损失。所以点和数二者必须一致,这是点准的前提条件之一。为了使两者紧密结合,记数通常采用分组法。单指单张以十为一组记数,多指多张以清点的张数为一组记数,使点和数的速度能基本吻合。同时记数通常要用脑子记,尽量避免用口数。

## 4.3 点钞的方法

从点钞手段来看,点钞方法主要有手工点钞(见图 4-2)和机器点钞(见图 4-3)两种。

图 4-2 手工点钞

图 4-3 机器点钞

### 4.3.1 手工点钞方法

从技术手段来分,票据手工点钞清点可分为手持式点钞法和手按式点钞法。

#### (一) 手持式点钞法

手持式点钞法是将钞券拿在手上进行清点的点钞方法。按指法分类,手持式点钞法一般可分为以下五种。

**1. 手持式单指单张点钞法**

手持式单指单张点钞法是最常用的点钞方法之一。用一个手指一次点一张的方法叫单指单张点钞法。这种方法是点钞中最基本也是最常用的一种方法,使用范围较广,频率较高,适用于收款、付款和整点各种新旧大小钞票。这种点钞方法由于持票面小,能看到票面的 3/4,容易发现假钞票及残破票;缺点是点一张记一个数,比较费力。

具体操作方法如下。

(1) 持钞。

左手横执钞券,下面朝向身体,左手拇指在钞券正面左端约 1/4 处,食指与中指在钞券背面与拇指同时捏住钞券,无名指与小指自然弯曲并伸向票前左下方,与中指夹紧钞券,食指伸直,拇指向上移动,按住钞券侧面,将钞券压成瓦形,左手将钞券从桌面上擦过,拇指顺势将钞券向上翻成微开的扇形,同时,右手拇指、食指作点钞准备。

(2) 清点。

清点时左手持钞并形成瓦形后,右手食指托住钞票背面右上角,用拇指尖逐张向下捻动钞券右上角,捻动幅度要小,不要抬得过高。要轻捻,食指在钞券背面的右端配合拇指捻动,左手拇指按捏钞券不要过紧,要配合右手起自然助推的作用。右手的无名指将捻起的钞券向怀里弹,要注意轻点快弹。

(3) 记数。

清点同时进行记数。在点数速度快的情况下,往往由于记数迟缓而影响点钞的效率,因此记数应该采用分组记数法。把 10 作 1 记,即 1、2、3、4、5、6、7、8、9、1(即 10),1、2、3、4、5、6、7、8、9、2(即 20),以此类推,数到 1、2、3、4、5、6、7、8、9、10(即 100)。采用这种记数法记数既简单又快捷,省力又好记。但记数时默记,不要念出声,做到脑、眼、手密切配合,既准又快。

手持式单指单张点钞法操作动作图如图 4-4 所示。

第一步:持钞准备

第二步:持钞(正反面视图)

 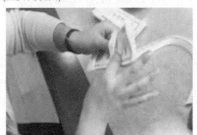

第三步:清点、记数　　　　　第四步:扎钞、盖章

图 4-4　手持式单指单张点钞法操作动作图

**2. 手持式单指多张点钞法**

手持式单指多张点钞法的操作除了清点和记数不同于手持式单指单张点钞法外,其余操作相同。只是持票时钞票的倾斜度稍大些。这种点钞法适用于收款、付款和整点工作,其优点是点钞效率高,记数简单省力。但是由于一指一次捻几张钞票,除第一张外,后面几张看到的票面较少,不易发现残破券和假币。

具体操作方法如下。

(1) 清点。

清点时右手拇指肚放在钞券的右上角,拇指尖略超过票面。如点双张,先用拇指肚捻下第 1 张,拇指尖捻下第 2 张;如点 3 张及 3 张以上时,同样先用拇指肚捻下第 1 张,然后依次捻下后面一张,用拇指尖捻下最后一张,要注意拇指均衡用力,捻的幅度也不要太大,食指、中指在钞券后面配合拇指捻动,无名指向怀里弹。为增大审视面,并保证左手切数准确,点数时眼睛要从左侧向右看,这样容易看清张数和残破券、假币。

(2) 记数。

由于一次捻下多张,应采用分组记数法,以每次点的张数为组记数。如点3张,即以3张为组记数,每捻3张记一个数,33组余1张就是100张;又如点5张,即以5张为组记数,每捻5张记一个数,20组就是100张。以此类推。

**3. 手持式四指拨动点钞法**

手持式四指拨动点钞法也称四指四张点钞法或手持式四指扒点法。它适用于收款、付款和整点工作,是一种适用广泛,比较适合柜面收付款业务的点钞方法。它的优点是速度快、效率高。由于每指点一张,票面可视幅度较大,看得较为清楚,有利于识别假币和挑剔损伤券。

具体操作方法如下。

(1) 持钞。

钞券横立,左手持钞。持钞时,手心朝胸前,手指向下,中指在票前,食指、无名指、小指在后,将钞券夹紧;以中指为轴心五指自然弯曲,中指第二关节顶住钞券,向外用力,小指、无名指、食指、拇指同时向手心方向用力,将钞券压成"U"形,"U"口朝里;这里要注意食指和拇指要从右上侧将钞券往里下方轻压,打开微扇;手腕向里转动90°,使钞券的凹面向左但略朝里,凸面朝外向右;中指和无名指夹住钞券,食指移到钞券外侧面,用指尖管住钞券,以防下滑,大拇指轻轻按住钞券外上侧,既防钞券下滑又要配合右手清点。最后,左手将钞券移至胸前约20 cm的位置,右手五指同时蘸水,作好清点准备。

(2) 清点。

两只手摆放要自然。一般左手持钞略低,右手手腕抬起高于左手。清点时,右手拇指轻轻托住内上角里侧的少量钞券;其余四指自然并拢,弯曲成弓形;食指在上,中指、无名指、小指依次略低,四个指尖呈一条斜线。然后从小指开始,四个指尖依次顺序各捻下一张,四指共捻四张。接着以同样的方法清点,循环往复,点完25次即点完100张。用这种方法清点要注意以下几个方面:一是捻钞券时动作要连续,下张时一次一次连续不断,当食指捻下本次最后一张时,小指要紧紧跟上,每次之间不要间歇。二是捻钞的幅度要小,手指离票面不要过远,四个指头要一起动作,加快往返速度。三是四个指头与票面接触面要小,应用指尖接触票面进行捻动。四是右手拇指随着钞券的不断下捻向前移动,托住钞券,但不能离开钞券。五是在右手捻钞的同时左手要配合动作,每当右手捻下一次钞券,左手拇指就要推动一次,二指同时松开,使捻出的钞券自然下落,再按住未点的钞,往复动作,使下钞顺畅自如。

(3) 记数。

采用分组记数法。以四个指头顺序捻下四张为一次,每次为一组,25组即为100张。

手持式四指拨动点钞法操作动作图如图4-5所示。

**4. 手持式五指拨动点钞法**

手持式五指拨动点钞法适用于收款、付款和整点工作,其优点是点钞速度快,记数省力。操作时主要用手指关节活动,动作范围小,可减轻劳动强度。但这种方法要求五个手指依次动作,难点较大。

第一步:持钞准备

第二步:持钞

第三步:清点、记数

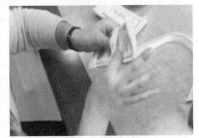

第四步:扎钞、盖章

图 4-5 手持式四指拨动点钞法操作动作图

除点数外,其他均与手持式四指拨动点钞法相同。点数时先从拇指开始触及票面及票面弧形面上,然后以二指、三指、四指、五指顺序逐一点数,向怀内下方拨票,手腕旋转连续拨动钞票,每5张为一组,记1个数,记满20即为100张。

**5. 手持式扇面点钞法**

手持式扇面点钞法是把钞券捻成扇面状进行清点。这种点钞方法速度快,是手工点钞中效率最高的一种。但它只适合清点新票币,不适于清点新、旧、破混合钞票。

具体操作方法如下。

(1) 持钞。

钞券竖拿,左手拇指在票前下部中间票面约四分之一处。食指、中指在票后同拇指一起捏住钞券,无名指和小指拳向手心。右手拇指在左手拇指的上端,用虎口从右侧卡住钞券成瓦形,食指、中指、无名指、小指均横在钞券背面,做开扇准备。

(2) 开扇。

开扇是扇面点钞的一个重要环节,扇面要开的均匀,为点数打好基础,做好准备。

以左手为轴,右手食指将钞券向胸前左下方压弯,然后再猛向右方闪动,同时右手拇指在票前向左上方推动钞券,食指、中指在票后面用力向右捻动,左手指在钞券原位置向逆时针方向画弧捻动,食指、中指在票后面用力向左上方捻动,右手手指逐步向下移动,至右下角时即可将钞券推成扇面形。如有不均匀地方,可双手持钞抖动,使其均匀。

打扇面时,左右两手一定要配合协调,不要将钞券捏得过紧,如果点钞时采取一按十张的方法,扇面要开小些,便于点清。

（3）点数。

左手持扇面,右手中指、无名指、小指托住钞券背面,拇指在钞券右上角 1 cm 处,一次按下五张或十张;按下后用食指压住,拇指继续向前按第二次,以此类推,同时左手应随右手点数速度向内转动扇面,以迎合右手按动,直到点完 100 张为止。

手持式扇面点钞法操作动作图如图 4-6 所示。

第一步：持钞准备

第二步：持钞

第三步：清点、记数

第四步：扎钞、盖章

图 4-6　手持式扇面点钞法操作动作图

### （二）手按式点钞法

手按式点钞法是将钞券安放在桌面上进行清点的点钞方法。一般可分为以下几种。

#### 1. 手按式单指单张点钞法

手按式单指单张点钞法是一种传统的点钞方法,在我国流传很广。它适用于收付款和整点各种新旧大小钞券。由于这种点钞方法逐张清点,看到的票面较大,便于挑剔损伤券,特别适于清点散把钞券、辅币及残破券多的钞券。

具体操作方法如下。

(1) 拆把。

将钞券横放在桌面上,一般放在点钞员正胸前。左手小指、无名指微弯按住钞券左上角,约占票面1/3处,食指伸向腰条纸并将其勾断,拇指、食指和中指微屈做好点钞准备。

(2) 清点。

右手拇指托起右下角的部分钞券,用右手食指捻动钞券,其余手指自然弯曲。右手食指每捻起一张,左手拇指便将钞券推送到左手食指与中指间夹住,这样就完成了一次点钞动作。以后依次连续操作。

清点时,注意右手拇指托起的钞券不要太多,一般一次以20张左右为宜,否则会使食指捻动困难;也不宜太少,太少会增加拇指活动次数,从而影响清点速度。

(3) 记数。

记数可采用双数记数法,数至50即100张,也可采用分组记数法,以十为一组记数。记数方法与手持式单指单张点钞法基本相同。

手按式单指单张点钞法操作动作图如图4-7所示。

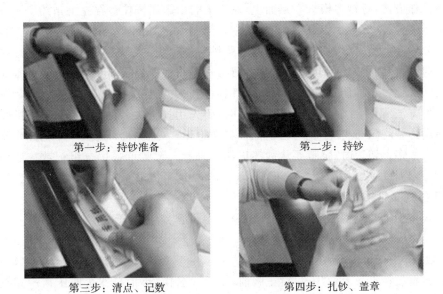

第一步:持钞准备　　　　　　　第二步:持钞
第三步:清点、记数　　　　　　第四步:扎钞、盖章

图 4-7　手按式单指单张点钞法操作动作图

**2. 手按式多指多张点钞法(双张、三张、四张)**

手按式双张、三张、四张点钞法除清点和记数与手按式单指单张点钞法不同外,其他操作基本相同。

(1) 双张点钞时,左手的小指、无名指压在钞券的左上方约占票面的1/4处;右手拇指、食指、中指蘸水后,用拇指托起部分钞券,用中指向上捻起第一张,随即用食指捻起第二张,捻起的这两张钞券由左手拇指送到左手食指和中指之间夹住。

记数采用分组记数法,两张为1组,记满50组即为100张。点双张时,应注意右手臂要稍抬起,右手臂高于右手腕,手指朝右边,这样便于捻动。

(2) 三张、四张点钞法适用于收付款和整点各种新旧主币、辅币。它的速度明显快于单指单张和双指双张。但由于除第一张外,其余各张所能看到的票面较小,不宜整点残破币多的钞券。三张、四张点钞的基本方法与双张点钞法相同,只是清点、记数方法略有不同。

三张、四张点钞时,左手压钞的方法与双张点钞相同。右手拇指托起右下角的部分钞券。三张点钞时,先用无名指捻动第一张,随后用中指、食指顺序捻起第二张和第三张;四张点钞时,先用小指捻起第一张,随后无名指、中指和食指分别捻起第二张、第三张、第四张;捻起的三张或四张钞券用左手拇指向上推送到左手的食指和中指间夹住。用三张、四张点钞法点钞时,与双张点钞一样,注意手臂要抬起,右手手指朝左边,手心向下,点数时手指也不宜抬得过高。

三张、四张点钞可采用分组记数。三张点钞可以3张为一组记一个数,33组余1张即为100张;四张点钞可以4张为一组记一个数,25组即100张。

**3. 手按式单指推动点钞法**

手按式单指推动点钞法也是使用较广的一种点钞方法。它适宜于收款、付款和整点各种钞券,尤其适宜于整点成把的百元和五十元以下的主币。这种点钞方法效率较高。但除第一张外,其余各张票面可视面很小,不易发现假币和剔除损伤券。

具体操作方法:把钞券横放在桌面上,左手无名指微屈按住钞券左上角约1/3处。右手肘靠在桌子上,右手五个手指自然弯曲;用中指第一关节托起部分钞券后,中指、无名指、小指垫入部分钞券下面;拇指从右下角推起数张钞券;食指按在钞券右上角配合拇指推动,同时也防止拇指推动时钞券向上移动。左手拇指根据右手推起的钞券数并将钞券推送到中指与食指之间夹住。这样便完成了一组动作,以后按此方法连续操作。

用这种方法清点,要注意右手拇指推动时,要先用拇指尖开始推动,直到拇指肚收尾为止。拇指用力要均匀,这样才能均匀地把钞券推捻开。一般一次推捻3~10张,中指托起的钞券也不宜太多。切数时,眼睛要从钞券里侧往外看。记数可采用分组记数。如一次推捻4张,那么以4张为一组,记1个数,记满25组即为100张,以此类推。

**4. 手按式多指推动点钞法**

手按式多指推动点钞法适用于各种面额钞券的清点,更宜于整点成把主币。

具体操作方法如下。

(1)放票。

将钞券斜放在桌面上,右下角对正胸前,左手无名指、小指自然弯曲压在钞券左端约占票面的1/4处。同时用右手的食指、中指、无名指、小指蘸水做点钞准备。

(2)清点。

清点前,用右手在钞券右下角侧面将钞券向左上方推动一下,使钞券松散。推捻时可用三指推动,也可用四指推动。用四指推动时,先用小指从右下角向上推捻起第一张,然后用无名指、中指、食指顺序分别各推起一张钞券;用三指推动时,先用无名指推捻起第一张,然后用中指、食指各推起一张。推起的钞券由左手拇指推送到左手食指和中指之间夹住。这样便完成一组动作,以后按此连续操作。

(3)记数。

记数采用分组记数法。每次推动3张的以3张为一组记数;每次推动4张的,以4张为一组记数。记满33组余1张或记满25组即为100张。

**5. 手按式多指拨动点钞法**

手按式多指拨动点钞法的具体操作方法如下。

(1) 放票。

钞券横放在桌面上,左手小指、无名指、中指自然弯曲压在钞券的左上角,同时右手食指、中指、无名指和小指蘸水待清点。

(2) 清点。

多指拨动一般可分为三指拨动和四指拨动。三指拨动清点时,用食指从钞券右上角向胸前拇指推送到左手的食指和中指之间夹住。四指拨动清点时,用食指从券右上角向胸前拨动第一张,然后中指、无名指、小指顺序各拨动一张,每拨起四张就用左手拇指送到左手的中指和食指之间夹住。用这种方法清点时,要注意右手用力的方向,右手各手指拨起钞券时要往怀里方向用力,但也要略向左,一味向左边或向怀里方向用力,都很难拨动钞券,影响点钞速度。

(3) 记数。

记数可采用分组记数法,与手按式多指多张点钞法相同。

**6. 手扳式点钞法**

手扳式点钞法也叫手按式翻点法。这种点钞方法适用于整点各种主币和复点工作,尤其宜于清点成把主币。它的优点是速度快、效率高,清点比较省力,劳动强度较小。但由于扳动时看到的票面小,残破券、假钞及夹版不易被发现和剔除,因此新旧大小版面混在一起或残破币太多的钞券,不宜用这种方法清点。

具体操作方法如下。

(1) 放票。

先双手持票。持票时,钞券竖立,两手拇指在前,其余四指在后,捏住钞券约占票面的1/4处。然后右手把钞券顺时针方向转动,左手拇指配合右手将钞券向右推,使钞券成微扇形。打开扇面后,将钞券竖放在桌面上,下端伸出桌面约 2 cm 以便右手将钞券扳起。放票时也可不打开扇面。安放好钞券后,左手小指、无名指、中指按住钞券的左上角,拇指和食指自然弯曲,作好点钞准备。

(2) 清点。

右手除拇指外,其余四指自然弯曲。用右手中指抬起部分钞券的右下角,拇指捏住钞券右下角,食指放在拇指与中指之间,无名指和小指协助中指动作。然后用右手腕带动各指往怀里方向转动即逆时针方向转,使钞券打开成小扇面。用左手拇指对右手扳起的钞券进行切数,左手拇指每切一次便将钞券送到食指和中指夹住,同时右手拇指和食指放开已切数的钞券,并配合中指进行下一次循环。要注意的是,右手中指抬起的钞券不宜过多或太少,一般在 35 张左右;打开扇面时拇指捏得不要过紧,食指在其他手指转动时要擦过中指抬起的钞券的侧面,向拇指靠拢,以利于打开扇面。左手切数时眼睛应该从右向左看;每次切数要一致。

(3) 记数。

采用分组记数法。如一次扳 5 张的以 5 张为一组,记满 20 组即为 100 张;如一次扳 6 张的以 6 张为一组,记满 16 组余 4 张即为 100 张。以此类推。

手扳式点钞法操作动作图如图 4-8 所示。

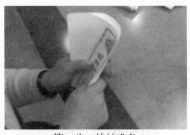
第一步：持钞准备

第二步：持钞

第三步：清点、记数

第四步：扎钞、盖章

图 4-8　手扳式点钞法操作动作图

### 4.3.2　机器点钞方法

机器点钞就是使用点钞机点钞以代替手工点钞。机器点钞代替手工点钞对提高工作效率，减轻出纳人员劳动强度，改善临柜服务态度，加速资金周转都有着积极的作用。随着金融事业的不断发展，出纳的收付业务量也日益增加，机器点钞已成为银行出纳点钞的主要方法。

#### （一）点钞机的一般常识

点钞机由三大部分组成。第一部分是捻钞；第二部分是计数；第三部分是传送整钞。点钞机外部组成如图 4-9 所示。

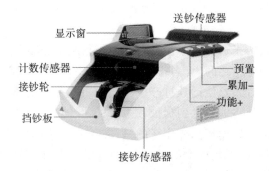

图 4-9　点钞机外部组成图

捻钞部分由下钞斗和捻钞轮组成。其功能是将钞券均匀地捻下送入传送带。捻钞是否均匀，计数是否准确，其关键在于下钞斗下端一组螺丝的松紧程度。使用机器点钞时，必须调节好螺丝，掌握好下钞斗的松紧程度。

计数部分（以电子计数器为例）由光电管、灯泡、计数器和数码管组成。捻钞轮捻出的每张钞券通过光电管和灯泡后,由计数器记忆并将光电信号轮换到数码管上显示出来。数码管显示的数字,即为捻钞张数。

传送整钞部分由传送带、接钞台组成。传送带的功能是传送钞券并拉开钞券之间的距离,加大票币审视面,以便及时发现损伤券和假币。接钞台是将落下的钞券堆放整齐,为扎把做好准备。

### (二) 点钞前的准备工作

**1. 放置好点钞机**

点钞机一般放在桌上,点钞员的正前方,离胸前 30 cm 左右。临柜收付款时也可将点钞机放在点钞桌肚内,桌子台面上用玻璃板,以便看清数字和机器的运转情况。

**2. 放置好钞券和工具**

机器点钞是连续作业,且速度相当快,因此清点的钞券和操作的用具摆放位置必须固定,这样才能做到忙而不乱。一般未点的钞券放在机器右侧,按大小票面顺序排列,或从大到小,或从小到大,切不可大小夹杂排列;经复点的钞券放在机器左侧;腰条纸应横放在点钞机前面即靠点钞员胸前的那一侧,其他各种用具放置要适当、顺手。

**3. 试机**

首先检查各机件是否完好,再打开电源,检查捻钞轮、传送带、接钞台运行是否正常;灯泡、数码管显示是否正常,如荧光数码显示不是"00",那么按"0"键钮,使其复位"0"。然后开始调试下钞斗,松紧螺母,通常以壹元券为准,调到不松、不紧、不夹、不阻塞为宜。调试时,右手持一张壹元券放入下钞斗,捻钞轮将壹元券一捻住,马上用手抽出,以捻得动抽得出为宜。

调整好点钞机后,还应拿一把钞券调试,看看机器转速是否均匀,下钞是否流畅、均匀,点钞是否准确,落钞是否整齐。若传送带上钞券排列不均匀,说明下钞速度不均,要检查原因或调节下钞斗底冲口而出螺丝;若出现不整齐、票面歪斜现象,说明下钞斗与两边的捻钞轮相距不均匀,往往造成距离近的一边下钞慢,钞券一端向送钞台倾斜,传送带上钞券呈斜面排列,反之下钞快。这样应将下钞斗两边的螺丝进行微调,直到调好为止。

### (三) 点钞机操作程序

点钞机的操作程序与手工点钞操作程序基本相同。

**1. 持票拆把**

用右手从机器右侧拿起钞券,右手钞券横执,拇指与中指、无名指、小指分别捏住钞券两侧,拇指在里侧,其余三指在外侧,将钞券横捏成瓦形,中指在中间自然弯曲。然后用左手将腰条纸抽出,右手将钞券速移到下钞斗上面,同时用右手拇指和食指捏住钞券上侧,中指、无名指、小指松开,使钞券弹回原处并自然形成微扇面,这样即可将钞券放入下钞斗。

**2. 点数**

将钞券放入下钞斗,不要用力。钞券经下钞斗通过捻钞轮自然下滑到传送带,落到接钞台。下钞时,点钞员眼睛要注意传送带上的钞券面额,看钞券是否夹有其他票券、损伤券、假钞等,同时要观察数码显示情况。拆下的腰条纸先放在桌子一边不要丢掉,以便查错用。

**3. 计数**

当下钞斗和传送带上的钞券下张完毕时,要查看数码显示是否为"100"。如反映的数字不为"100",必须重新复点。在复点前应先将数码显示置"00"状态并保管好原把腰条纸。如经复点仍是原数,又无其他不正常因素时,说明该把钞券张数有误,应将钞券连同原腰条纸一起用新的腰条纸扎好,并在新的腰条纸上写上差错张数,另作处理。

一把点完,计数为百张,即可扎把。扎把时,左手拇指在钞券上面,手掌向上,将钞券从按钞台里拿出,把钞券墩齐后进行扎把。

**4. 盖章**

复点完全部钞券后,点钞员要逐把盖好名章。盖章时要做到先轻后重,整齐、清晰。

## 4.4 扎把的方法

点钞完毕后需要对所点钞票进行扎把,通常是100张捆扎成一把,扎把分为缠绕式和扭结式两种方法。

**(一) 缠绕式**

需使用牛皮纸腰条,其具体操作方法如下。

(1) 将点过的钞票100张墩齐。

(2) 左手从长的方向拦腰握着钞票,使之成为瓦状(瓦状的幅度影响扎钞的松紧,在捆扎中幅度不能变)。

(3) 右手握着腰条头将其从钞票的长的方向夹入钞票的中间(离一端1/4～1/3处)从凹面开始绕钞票两圈。

(4) 在翻到钞票原度转角处将腰条向右折叠90°,将腰条头绕捆在钞票的腰条转两圈打结。

(5) 整理钞票。

**(二) 扭结式**

需使用绵纸腰条,其具体操作方法如下。

(1) 将点过的钞票100张墩齐。

(2) 左手握钞,使之成为瓦状。

(3) 右手将腰条从钞票凸面放置,将两腰条头绕到凹面,左手食指、拇指分别按住腰条与钞票厚度交界处。

(4) 右手拇指、食指夹其中一端腰条头,中指、无名指夹住另一端腰条头并合在一起,右手顺时针转180°,左手逆时针转180°,将拇指和食指夹住的那一头从腰条与钞票之间绕过,打结。

## 4.5 真伪钞票识别技能

识别人民币纸币真伪,通常采用"一看、二摸、三听、四测"的方法。

## (一)"看"

(1) 看水印。

各券别纸币的固定水印位于票面正面左侧的空白处,迎光透视,可以看到立体感很强的水印。100元、50元纸币的固定水印为毛泽东头像图案。20元、10元、5元纸币的固定水印分别为荷花、月季花和水仙花图案。

(2) 看安全线。

在各券别纸币票面正面中间偏左,均有一条安全线。100元、50元纸币的安全线,迎光透视,分别可以看到缩微文字"RMB 100"、"RMB 50"微小文字,仪器检测均有磁性;20元纸币的安全线,迎光透视,是一条明暗相间的安全线;10元、5元纸币的安全线为全息磁性开窗式安全线,即安全线局部埋入纸张中,局部裸露在纸面上,开窗部分分别可以看到由缩微字符"￥10"、"￥5"组成的全息图案,仪器检测有磁性。

(3) 看光变油墨。

100元券和50元券正面左下方的面额数字采用光变油墨印刷。将垂直观察的票面倾斜到一定角度时,100元券的面额数字会由绿色变为蓝色;50元券的面额数字则会由金色变为绿色。

(4) 看票面图案是否清晰,色彩是否鲜艳,对接图案是否可以对接上。

纸币的阴阳互补对印图案应用于100元、50元和10元券中。这三种券别的正面左下方和背面右下方都印有一个圆形局部图案。迎光透视,两幅图案准确对接,组合成一个完整的古钱币图案。

(5) 用5倍以上放大镜观察票面,看图案线条、缩微文字是否清晰干净。

纸币各券别票面图案中,印有缩微文字。100元券缩微文字为"RMB"和"RMB 100";50元券为"50"和"RMB 50";20元券为"RMB 20";10元券为"RMB 10";5元券为"RMB 5"字样。

## (二)"摸"

(1) 摸人像、盲文点、中国人民银行行名等处是否有凹凸感。

第五套人民币纸币各券别正面主景均为毛泽东头像,采用手工雕刻凹版印刷工艺,形象逼真、传神,凹凸感强,易于识别。

(2) 摸纸币是否薄厚适中,挺括度好。

## (三)"听"

通过抖动钞票使其发出声响,根据声音来分辨人民币真伪。人民币的纸张,具有挺括、耐折、不易撕裂等特点。手持钞票用力抖动、手指轻弹或两手一张一弛轻轻对称拉动,能听到清脆响亮的声音。

## (四)"测"

借助一些简单工具和专用仪器来分辨人民币真伪。如借助放大镜可以观察票面线条清晰度,胶、凹印缩微文字等;用紫外灯光照射钞票,可以观察钞票纸张和油墨有无荧光反应;用磁性检测仪可以检测黑色横号码的磁性。

以第五套人民币100元券识别为例(见图4-10):

特点一:钞票特征主色调为红色,票幅长155 mm、宽77 mm。正面主景为毛泽东头像,

图 4-10　RMB 100 真钞特征

左侧为椭圆形花卉图案,票面左上方为中华人民共和国"国徽"图案,右下方为盲文面额标记。背面主景为"人民大会堂"图案,左侧为人民大会堂内圆柱图案,票面右上方为"中国人民银行"汉语拼音字母和蒙、藏、维、壮四种民族文字的"中国人民银行"字样和面额。

特点二:防伪特征。

(1) 固定人像水印:位于正面左侧空白处,迎光透视,可见与主景人像相同、立体感很强的毛泽东头像水印。

(2) 红、蓝彩色纤维:在票面的空白处,可看到纸张中有红色和蓝色纤维。

(3) 磁性微文字安全线:钞票纸中的安全线,迎光观察,可见"RMB 100"微小文字,仪器检测有磁性。

(4) 手工雕刻头像:正面主景毛泽东头像,采用手工雕刻凹版印刷工艺,形象逼真、传神,凹凸感强,易于识别。

## 4.6　点钞技能考核标准

点钞技能量化标准参考

| 点钞方法 | 等　级 | 3 min 张数 | 百张所用时间 |
| --- | --- | --- | --- |
| 单指单张 | 一 | 700 张以上 | 22 s 以内 |
|  | 二 | 600～699 张 | 24 s 以内 |
|  | 三 | 500～599 张 | 26 s 以内 |

续表

| 点钞方法 | 等 级 | 3 min 张数 | 百张所用时间 |
| --- | --- | --- | --- |
| 扇面 | 一 | 1 000 张以上 | 16 s 以内 |
| | 二 | 800~999 张 | 20 s 以内 |
| | 三 | 700~799 张 | 22 s 以内 |
| 多指多张 | 一 | 1 000 张以上 | 17 s 以内 |
| | 二 | 800~999 张 | 20 s 以内 |
| | 三 | 700~799 张 | 22 s 以内 |

## 4.7　点钞技能同步实训

一、基本技能训练

工具:点钞券、腰条、点钞机

组织形式:个人

1. 手工点钞指法练习

(1) 练习手持式单指单张点钞法点钞技巧。

(2) 练习手持式单指多张点钞法点钞技巧。

(3) 练习手持式四指拨动点钞法点钞技巧。

(4) 练习手持式五指拨动点钞法点钞技巧。

(5) 练习手持式扇面点钞法点钞技巧。

(6) 练习手按式单指单张点钞法点钞技巧。

(7) 练习手按式多指多张点钞法点钞技巧。

(8) 练习手按式单指推动点钞法点钞技巧。

(9) 练习手按式多指推动点钞法点钞技巧。

(10) 练习手按式多指拨动点钞法点钞技巧。

(11) 练习手扳式点钞法点钞技巧。

要求:点钞姿势和动作要领要正确,点钞结果必须准确,捆扎结实符合要求,准确计时,了解自身点钞水平进展情况。

2. 机器点钞练习

要求:点钞姿势和动作要领要正确,科学地利用点钞机器的点钞速度,拆把及时,合理放置,准确验数,捆扎结实,符合要求,做到人机合一,有效地提高工作效率。

二、点钞技能个人考评

工具:点钞券、腰条

组织形式:个人

采用手持式点钞法和手按式点钞法清点 800 张点钞券,时间限制 5 min。按照项目 4.6 点钞考评标准进行评价。

_____（学生姓名）点钞情况记录表

| 点 钞 方 法 | 点钞时间 | 点钞数量 | 扎把情况 | 考评结果（参照点钞考评标准） |
| --- | --- | --- | --- | --- |
| 手持式点单指单张点钞法 | 5 min | | | |
| 手持式单指多张点钞法 | 5 min | | | |
| 手持式四指拨动点钞法 | 5 min | | | |
| 手持式五指拨动点钞法 | 5 min | | | |
| 手持式扇面点钞法 | 5 min | | | |
| 手按式单指单张点钞法 | 5 min | | | |
| 手按式多指多张点钞法 | 5 min | | | |
| 手按式单指推动点钞法 | 5 min | | | |
| 手按式多指推动点钞法 | 5 min | | | |
| 手按式多指拨动点钞法 | 5 min | | | |
| 手扳式点钞法 | 5 min | | | |

自我评价及总结：

### 三、点钞技能比赛

工具：点钞券、腰条

组织形式：自由比赛

准备相等金额及数量的钞票，组织学生进行点钞比赛。要求 10 min 内进行点钞（方法不限），并填写现金清点表。通过评定点钞正确性确定比赛结果。

**现金清点表**

清点时间： 年 月 日

| 清点面值（人民币） | 清点数量 | 清点金额 | 备注 |
| --- | --- | --- | --- |
| 100 元 | | | |
| 50 元 | | | |
| 20 元 | | | |
| 10 元 | | | |
| 5 元 | | | |
| 2 元 | | | |

续表

| 清点面值(人民币) | 清点数量 | 清点金额 | 备注 |
|---|---|---|---|
| 1 元 | | | |
| 0.5 元 | | | |
| 0.1 元 | | | |
| 清点金额合计 | | | |

审核人：_____（学生 B）　　　　　清点人：_____（学生 A）

学生 A 心得体会：

现金清点表

清点时间：　年　月　日

| 清点面值(人民币) | 清点数量 | 清点金额 | 备注 |
|---|---|---|---|
| 100 元 | | | |
| 50 元 | | | |
| 20 元 | | | |
| 10 元 | | | |
| 5 元 | | | |
| 2 元 | | | |
| 1 元 | | | |
| 0.5 元 | | | |
| 0.1 元 | | | |
| 清点金额合计 | | | |

审核人：_____（学生 A）　　　　　清点人：_____（学生 B）

学生 B 心得体会：

四、识钞实训

工具:2005版100元真钞、部分100元假钞

要求:学生判断钞票真假,并指出理由。

五、思考题

1. 点钞的方法有哪些?
2. 手工点钞的基本环节有哪些?
3. 机器点钞的基本程序是什么?
4. 比较分析各种点钞法的优缺点有哪些。
5. 简述假币的鉴别方法和技巧。

# 项目 5　计算技术与其他资金结算工具的使用

## 5.1　计算技术的沿革与发展

在漫长的历史长河中,随着社会的发展和科技的进步,人类进行运算时所运用的工具,也经历了由简单到复杂,由低级向高级的发展变化。这一演变过程,反映了人类认识世界、改造世界的艰辛历程和广阔前景。

**1. 石块、贝壳计数**

原始社会,人类智力低下,当时把石块放进皮袋,或用贝壳串成珠子,用"一一对应"的方法,计算需要计数的物品。

**2. 结绳计数**

结绳计数即在长绳上打结记事或计数,这比用石块、贝壳方便了许多。

**3. 手指计数**

人类的十个手指是个天生的"计数器"。原始人不穿鞋袜,再加上十个足趾,计数的范围就更大了。至今,有些民族还用"手"表示"五",用"人"表示"二十",据推测,"十进制"被广泛运用,很可能与手指计数有关。

**4. 小棒计数**

利用木、竹、骨制成小棒记数,在我国称为"算筹"。它可以随意移动、摆放,较之上述各种计算工具就更加优越了。因而,沿用的时间较长。刘徽用它把圆周率计算到 3.1410,祖冲之更计算到小数点后第七位。在欧洲,后来发展到在木片上刻上条纹,表示债务或税款。劈开后债务双方各存一半,结账时拼合验证无误,则被认可。

**5. 珠算**

珠算是以圆珠代替"算筹",并将其连成整体,简化了操作过程,运用时更加得心应手。它起源于中国,元代末年(1366 年)陶宗仪著《南村辍耕录》中,最初提到"算盘"一词,并说"拨之则动"。十五世纪《鲁班木经》中,详细记载了算盘的制作方法。

到了现代,一种新型的电子算盘已经问世,它把算盘与电子计算器的长处集为一体,是一种中外结合的新型计算工具。

**6. 计算尺**

公元 1520 年,英国人甘特发明了计算尺,运用到一些特殊的运算中,快速、省时。

## 7. 手摇计算机

最早的手摇计算机是法国数学家巴斯嘉在 1642 年制造的。它用一个个齿轮表示数字，以齿轮间的咬合装置实现进位，低位齿轮转十圈，高位齿轮转一圈。后来，经过逐步改进，使它既能做加、减法，又能做乘、除法了，运算的操作更加简捷、快速。

## 8. 电子计算机

随着近代高科技的发展，电子计算机在二十世纪应运而生。它的出现是"人类文明最光辉的成就之一"，标志着"第二次工业革命的开始"。其运算效率和精确度之高，是史无前例的。

# 5.2 电子计算器的应用

## 5.2.1 电子计算器基本知识

电子计算器是能进行数学运算的手持电子机器，拥有集成电路芯片，但结构比电脑简单得多，可以说是第一代的电子计算机（电脑），且功能也较弱，但较为方便与廉价，可广泛运用于商业交易中，是必备的办公用品之一。电子计算器种类繁多，但使用方法基本相同，其主要按键及功能介绍如图 5-1、表 5-1 所示。

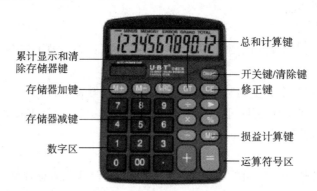

图 5-1　电子计算器基本按键

表 5-1　电子计算器基本按键功能介绍及举例

| 按键代码 | 按键名称 | 按键功能 | 举　　例 |
| --- | --- | --- | --- |
| ON/AC | 开关键/清除键 | 按此键表示上电，或清除所有寄存器中的数值 | 如计算器显示"123455678"，按下 AC 键即可全部清除 |
| CE | 修正键 | 在数字输入期间按下此键将清除输入寄存器中的值并显示"0" | 如 13＋2 误输为 12＋2，在输入等号前发现错误。更改方法：12CE13＋2＝15 |

续表

| 按键代码 | 按键名称 | 按键功能 | 举 例 |
|---|---|---|---|
| MU | 损益计算键 | 按此键可计算损益数值 | 如 500÷(1−20%)就可以输入 500÷20 MU＝625 |
| M＋ | 存储器加键 | 按此键可将当前输入的数值加上储入记忆中的数值 | 将 35＋68、18×7 的计算结果累计起来。操作方法:35＋68M＋,结果显示 103;18×7M＋结果显示 126,再按下 MR,结果显示 229 |
| M− | 存储器减键 | 按此键可将当前输入的数值减去储入记忆中的数值 | 将 35＋68、(−18)÷6 的计算结果累计起来。操作方法:35＋68M＋,结果显示 103;18÷6M−结果显示 3,再按下 MR,结果显示 100 |
| MRC | 累计显示和清除存储器键 | 第一次按下此键将调用 M＋和 M−键存入的数据,第二次按下时清除存储器内容。部分计算器分别用 MR 和 MC 键来实现这两项功能 | — |
| ％ | 百分率键 | 按此键可计算百分率 | — |
| → | 退位键 | 按此键可修改上一步骤输入的数值 | — |
| GT | 总和计算键 | 按下＝或％键,结果会累计在总和中,按一次显示总和,按两次可清除总和 | — |

## 5.2.2 电子计算器的操作方法

电子计算器习惯性以右手操作为主,一般以核心键 5 位基准点,右手中指放于上面;右手食指、无名指放在 4、6 键上。右手以基本键 4、5、6 为中心区,操作时自上而下延伸,7、4、1 键由食指负责;8、5、2 由中指负责;9、6、3 和＋、−等由无名指负责;大拇指负责 AC、CE 等按键。

特别注意:操作时,无论手指击打完哪个键位,都应及时将食指、中指、无名指归位到 4、5、6 三个键上。

## 5.3 计算机小键盘的操作

### 5.3.1 计算机小键盘基本知识

计算机小键盘又称数字键盘,位于键盘的右边,共有 17 个键位。最上面一行有四个键位从左到右分别是 Num Lock 键、斜线键、星号键和减号键;就在减号键的正下方键盘的右边有两个较大的键是加号键和回车键;在 Num Lock 键、斜线键和星号键的下方是九个数字键 1 到 9,这些键组成了一个 3 乘 3 的方阵,方阵的最上面一组是 7 键、8 键和 9 键;其下是 4 键、5 键和 6 键;最下面的一组是 1 键、2 键和 3 键;在 1 键和 2 键的下方有一个较大的键是数字 0 键,0 键的右边 3 键的下方是点号键。

其中,Num Lock 键是数字和鼠标状态的功能切换键,当数字键盘处于数字状态的时候,斜线键是运算符号的除号键,星号键是运算符号的乘号键。

### 5.3.2 正确的录入姿势

(1)上身挺直,肩膀放平,骨肉放松,两脚平放地上,切勿交叉单脚立地。
(2)手腕及肘部成一直线,手指弯曲自然适度,轻放于基本键上,手臂不要张开。
(3)将屏幕调整到适当的位置,视线集中在屏幕上,尽量不要查看键盘以免视线的一往一返,增加眼睛的疲劳。

### 5.3.3 计算机小键盘的指法

利用计算机小键盘录入数据时,首先要保证数字锁定键指示灯亮,如果没有亮,需要按一次 Num Lock 键,使小键盘区为数字输入状态。其次右手大拇指负责 0 键,食指负责 1、4、7 键,中指负责 2、5、8 键,无名指负责 3、6、9 键。计算机键盘指法如图 5-2 所示。

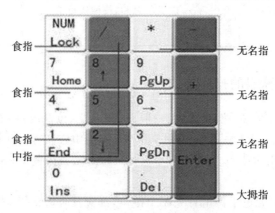

图 5-2 计算机小键盘指法

## 5.4 电子收银机(POS 收银机)的应用

### 5.4.1 POS 收银机基本知识

POS(Point Of Sale/Service)是销售(服务)点管理系统。POS 系统分为金融 POS 和商业 POS 两大类(见图 5-3)。

金融 POS 用于银行卡支付,即顾客确认转账消费的金额和商户,然后银联定期把钱转给商户。

商业 POS 则用于商铺的收银,功能是完成销售开单,收款方式可以是现金、银行、礼券等,这里的银行只是说明金额的来源。如果客户购物用银行卡支付,实际上是客户先用金融 POS 完成了银联支付交易(拿到银联小票),然后商家确认用银联支付完成在商业 POS 的收银(拿到购物小票)。

图 5-3 金融 POS 收银机(左)和商业 POS 收银机(右)

### 5.4.2 POS 收银机使用方法

**1. 金融 POS 收银机使用方法**

金融 POS 机分很多种,本节介绍固定 POS 机的使用方法,固定 POS 机的开关一般是在主机右侧。

(1) 签到:检查电源是否插好,电话线是否连接在 POS 机上,开机后首先是签到(一般按确认键进入系统明细)——签到一般按"1"键——输入柜员编号如 01——输入密码如 0000——等待连接——显示签到成功,可以使用。

(2) 刷卡:任何状态可以按确认键进入系统——机子上显示刷卡(或者按"1"键消费)——刷卡——核对卡号按确定——输入金额("0"键进位,"清除"键退位)——正确后按确认——客户在小键盘上输密码再按确定(如果无密码直接按确定)——自动打印消费凭条(此时刷卡成功)——客户在凭条上签字——核对签名是否与卡后面签字一致——完成。

**2. 商业 POS 收银机使用方法**

商业 POS 收银机主要由主机、显示器、键盘、钱箱、打印机、磁卡读写器等部件构成。

商业POS收银机的基本操作包括开机、登录、输入、开票、退货、关机等。

（1）开机：打开收银机的电源开关，等待机器的启动，直到出现"员工登录"窗口。

（2）登录：在"员工登录"窗口，输入员工号，按下"Enter"键，然后再输入口令，按下"Enter"键。

（3）输入："销售"窗口中，在明细"货号"栏输入商品代码，可采用条形码扫描或键盘输入等方式。

（4）退货："销售"窗口中，按下键盘上的"退货"键进入退货窗口。

（5）关机：若在"销售"窗口，按下"Enter"键退回到"员工登录"窗口，按下"退出"键后，按下"Enter"键，等待片刻出现"现在您可以安全关闭计算机了"的字样就可关闭电源。

## 5.5 网上银行的应用

网上银行又称网络银行或在线银行，英文为Internet bank或Network bank。指一种以信息技术和互联网技术为依托，通过互联网平台向用户开展和提供开户、销户、查询、对账、行内转账、跨行转账、信贷、网上证券、投资理财等各种金融服务的新型银行机构与服务形式，为用户提供全方位、全天候、便捷、实时的快捷金融服务系统。

按目前各家银行开通的网上银行服务系统，一般分为个人网上银行和企业网上银行。无论是个人网上银行或企业网上银行，都是以互联网为媒介，为客户提供金融服务的电子银行产品。各家银行为了把个人客户和企业客户区别开来，故按个人结算账户和企业资金结算账户的清分法，把网上银行服务系统细分为个人客户和企业客户，但实际操作流程及其产生的效果大致相同。

网上银行是信息时代的产物。它的诞生，使原来必须到银行柜台办理业务的客户，通过互联网便可直接进入银行，随意进行账务查询、转账、外汇买卖、银行转账、网上购物、账户挂失等业务，客户真正做到足不出户办妥一切银行业务。网上银行服务系统的开通，对银行和客户来说，都将大大提高工作效率，让资金创造最高效益，从而降低生产经营成本。

## 5.6 金融机构数字录入技能考核要求

**金融机构数字录入参考标准**

| 项目 | 优秀 | 良好 | 合格 | 工具 |
| --- | --- | --- | --- | --- |
| 数字录入 | 260个数/分钟 | 200个数/分钟 | 160个数/分钟 | 计算器 |
| | 300个数/分钟 | 240个数/分钟 | 200个数/分钟 | 小键盘 |

## 5.7 计算技能训练同步实训

下列实训项目均可分别使用计算器和计算机的数字小键盘完成。

要求：
1. 坐姿端正；
2. 盲打指法分配准确；
3. 键盘盲打定位准确；
4. 掌握好节奏，不要时快时慢甚至停顿，要动作连贯，一气呵成；
5. 精力集中，操作过程中眼睛不看键盘，强调手、眼、脑的协调配合，做到眼到手就到。

方法：
1. 从基本键位 4、5、6 练习起。
2. 再延展到其他键位，每一次打完数字后，食指、中指、无名指都要回到 4、5、6 基本键位上。手掌上下浮动带动手指敲击键位，手指微贴键盘有节奏地敲击，指尖抬起幅度1厘米以内，幅度不要过大。养成良好的指法对以后各阶段大幅度提速极为重要。
3. 渐渐掌握不同键的位置，直到可以不用眼看就能准确无误地找准键位。
4. 建议学生训练先准后快，不要急于求成。

时间：

本项目训练时间不少于4周，每天不少于1小时。

一、基本指法练习

工具：计算器或计算机数字小键盘

组织形式：个人

练习一：加百子，借助计算器功能进行打百子练习。

依次输入 1+2+3+…+99+100＝5 050

练习二：减百子

先输入数字 5 050，然后依次 −1−2−3−…−99−100＝0

练习三：连加连减练习

把 123 456 789 连加 9 次，和为 1 111 111 101，随后再逐笔减去 123 456 789 直至减完为 0。

练习四：连加连减练习

把 1 234 567 890 连加 9 次，和为 11 111 111 010，随后再逐笔减去 1 234 567 890，直到减完为 0。

练习五：连加连减练习

把 9 876 543 210 连加 9 次，和为 88 888 888 890，随后再逐笔减去 9 876 543 210，直到减完为 0。

练习六：竖式练习——依次敲打 147、258、369

1. 食指练习 1、4、7 键。

依次输入 147＋147＋…＋147 连加 10 次再连减 10 次最后归 0。

2. 中指练习 2、5、8 键。

依次输入 258＋258＋…＋258 连加 10 次再连减 10 次最后归 0。

3. 无名指练习 3、6、9 键。

依次输入 369＋369＋…＋369 连加 10 次再连减 10 次最后归 0。

4. 依次输入 147 258 369＋147 258 369＋…＋147 258 369 连加 10 次再连减 10 次最后归 0。

练习七：横排练习——依次敲打 123、456、789

1. 食指练习 1 键、中指练习 2 键、无名指练习 3 键。
2. 食指练习 4 键、中指练习 5 键、无名指练习 6 键。
3. 食指练习 7 键、中指练习 8 键、无名指练习 9 键。
4. 依次输入 123 456 789＋123 456 789＋…＋123 456 789 连加 10 次再连减 10 次，最后显示为 0。

练习八：混合练习——依次敲打 159、357、13579、24680

1. 159 指法分工：食指练习 1 键、中指练习 5 键、无名指练习 9 键。

依次输入 159＋159＋…＋159 连加 10 次再连减 10 次。

2. 357 指法分工：无名指练习 3 键、中指练习 5 键、食指练习 7 键。

依次输入 357＋357＋…＋357 连加 10 次再连减 10 次。

3. 13579 指法分工：食指练习 1 键、无名指练习 3 键、中指练习 5 键、食指练习 7 键、无名指练习 9 键。

依次输入 13579＋13579＋…＋13579 连加 10 次再连减 10 次。

4. 24680 指法分工：中指练习 2 键、食指练习 4 键、无名指练习 6 键、中指练习 8 键、大拇指练习 0 键。

依次输入 24680＋24680＋…＋24680 连加 10 次再连减 10 次。

练习九：盲打练习

相邻座位同学相互报数，要求学生不看键盘找准键位，速度由慢加快。

练习十：盲打练习

学生看数击键，渐渐做到盲打键盘。

练习十一：基准键的输入练习

445445　656566　664554　544466　554446　446456　645645　445566　645564
564564　456456　665544　445566　556644　554466　654654　546546　566445

练习十二：按指法规则进行拇指、食指键的输入练习

077444　071710　741700　147147　0714147　4401007　001044　144141　141441
444770　107170　007147　001044　041000　144141　774411　000170　007744

练习十三：按指法规则进行大拇指、无名指的输入练习

06960　333603　006039　606099　603366　933939　069690　306333　930600
990606　663306　939339　336699　693693　963963　0936309　063906　639639

练习十四：按指法规则进行大拇指和中指的输入练习

050082　285505　080820　008582　025085　025085　225550　280050　505582

028080    285800    580028    225588    085828    085280    085202    885522    225588

**练习十五:按指法规则进行综合练习**

4.33    173.18    1.948    222356    3.1415    8848.8    2004.8    765.98    786543    675098

## 二、数字盲打练习(计算器或计算机数字小键盘)

工具:计算器或计算机数字小键盘

组织形式:个人

1. 请计算下列结果。

将"123456789"连加 10 次或以上    答案:_____

将"123456789"连减 10 次或以上    答案:_____

将"123456789"连乘 10 次或以上    答案:_____

2. 30 秒内完成下列数据加法计算。

124    159    964    753    58.4    621    64.8
624    951    −852    412    624    489    347

答案:_____

124    159    964    753    58.4    621    64.8
624    951    −852    412    624    489    347

答案:_____

3. 30 秒内完成下列数据减法计算。

924    439    −347    197    159    964    353    584
47.1    211    410    −123    59    6    47    91

答案:_____

924    439    −347    197    159    964    353    584
47.1    211    410    −123    59    6    47    91

答案:_____

## 三、计算工具使用实操训练

工具:计算器和计算机数字小键盘

组织形式:自由比赛

1. 请使用计算器或计算机数字小键盘快速并准确地输入下列数据。

(一)

| 序号 | 一 | 二 | 三 | 四 | 五 | 六 |
|---|---|---|---|---|---|---|
| 1 | 1415926535 | 2643383279 | 8979323846 | 5028841971 | 6939937510 | 5820974944 |
| 2 | 5923078164 | 0628620899 | 8628034825 | 2931767523 | 0539217176 | 1885752724 |
| 3 | 6446229489 | 6659334461 | 3460348610 | 0113305305 | 6094370277 | 6274956735 |
| 4 | 8521105559 | 4428810975 | 4564856692 | 7245870066 | 1907021798 | 3105118548 |
| 5 | 8410270193 | 5493038196 | 2712019091 | 0249141273 | 0744623799 | 0921861173 |
| 6 | 5058223172 | 5359408128 | 3786783165 | 1339360726 | 8193261179 | 5759591953 |

续表

| 序号 | 一 | 二 | 三 | 四 | 五 | 六 |
|---|---|---|---|---|---|---|
| 7 | 0938446095 | 4811174502 | 2847564823 | 4543266482 | 9415116094 | 3305727036 |
| 8 | 3282306647 | 8214808651 | 3421170679 | 0631558817 | 4882046652 | 1384146951 |
| 9 | 9628292540 | 9171536436 | 7892590360 | 8602139494 | 6395224737 | 8467481846 |
| 10 | 4881520920 | 8912279381 | 8301194912 | 0005681271 | 4526356082 | 7785771342 |
| 11 | 9833673362 | 4406566430 | 7669405132 | 7577896091 | 6892589235 | 4201995611 |
| 12 | 1468440901 | 2249534301 | 4654958537 | 1050792279 | 2129021960 | 8640344181 |
| 13 | 7363717872 | 5981362977 | 4771309960 | 4999999837 | 0597317328 | 1609631859 |
| 14 | 5187072113 | 2978049951 | 5024459455 | 7101000313 | 5875332083 | 8142061717 |
| 15 | 3469083026 | 4252230825 | 3344685035 | 2619311881 | 7838752886 | 7669147303 |
| 16 | 5982534904 | 2875546873 | 1159562863 | 8823537875 | 9375195778 | 1857780532 |
| 17 | 1712268066 | 1300192787 | 6611195909 | 2164201989 | 2989016054 | 5918399060 |

(二)

| 序号 | 一 | 二 | 三 | 四 | 五 |
|---|---|---|---|---|---|
| 1 | 25843.67 | 329.18 | 9356.42 | 12.98 | 2430810.56 |
| 2 | 412596.38 | 4763.15 | 593218.46 | 32817.59 | 496.72 |
| 3 | 3758.62 | 241.59 | 89657.43 | 634879.15 | 74.03 |
| 4 | 5420107.39 | 26843.75 | 567.14 | 825937.46 | 4368.27 |
| 5 | 628.53 | 875639.12 | 3024518.06 | 3145.92 | 328615.47 |
| 6 | 628531.49 | 2503610.78 | 7219.36 | 312.48 | 2158.34 |
| 7 | 295.16 | 36.26 | 38642.59 | 9860107.45 | 625149.83 |
| 8 | 73.25 | 4918.63 | 258473.96 | 19342.58 | 964.32 |
| 9 | 2437.68 | 34972.56 | 325.14 | 5276.34 | 52369.48 |
| 10 | 56398.12 | 391276.45 | 56.18 | 531.42 | 26593.71 |
| 11 | 57624.38 | 368.12 | 8456.39 | 97.85 | 9045741.02 |
| 12 | 852169.47 | 6239.78 | 968374.12 | 67159.23 | 598.47 |
| 13 | 2456.93 | 698.37 | 97654.81 | 357149.86 | 63.25 |
| 14 | 6105907.32 | 69741.35 | 369.25 | 789654.23 | 5168.27 |
| 15 | 687.25 | 456987.32 | 2036509.78 | 6753.14 | 398562.47 |
| 16 | 798653.12 | 1036089.57 | 2369.58 | 951.26 | 3147.59 |
| 17 | 368.25 | 47.39 | 36582.47 | 3459087.04 | 582147.69 |
| 18 | 19.58 | 5269.41 | 687325.94 | 87364.59 | 687.25 |

续表

| 序号 | 一 | 二 | 三 | 四 | 五 |
| --- | --- | --- | --- | --- | --- |
| 19 | 3125.79 | 25369.14 | 257.96 | 3459.78 | 35689.47 |
| 20 | 65982.73 | 698257.14 | 35.27 | 315.29 | 36158.92 |
| 21 | 98257.36 | 876543.12 | 77.19 | 657.48 | 93781.25 |
| 22 | 265974.13 | 6154.32 | 324021.68 | 43598.21 | 213.76 |
| 23 | 639.85 | 327491.56 | 7156204.93 | 3256.49 | 794326.17 |
| 24 | 587.14 | 871259.36 | 1205309.68 | 5489.27 | 258147.36 |
| 25 | 56249.37 | 314205.86 | 38.14 | 598.73 | 13687.95 |
| 26 | 937152.64 | 9513129.87 | 8746.25 | 271.36 | 5392.87 |
| 27 | 152.98 | 63.07 | 37698.25 | 4730159.56 | 751362.48 |
| 28 | 79.15 | 2859.76 | 281492.57 | 57109.43 | 234.19 |
| 29 | 2169.89 | 258.16 | 96158.37 | 985167.43 | 52.48 |
| 30 | 2893.15 | 43917.65 | 275.36 | 5329.86 | 16937.28 |
| 31 | 8372.49 | 126.97 | 37514.28 | 291408.35 | 73.54 |
| 32 | 31289.45 | 374.52 | 6793.27 | 89.16 | 8713064.09 |
| 33 | 65289.47 | 628197.34 | 93.27 | 987.15 | 58267.39 |
| 34 | 8316.95 | 427.86 | 56291.37 | 327594.16 | 38.27 |
| 35 | 3481002.56 | 76529.38 | 154.82 | 245893.17 | 8429.75 |
| 36 | 536.98 | 497153.62 | 1506207.43 | 2964.35 | 326719.74 |
| 37 | 47.69 | 8267.45 | 325987.16 | 85579.42 | 689.27 |
| 38 | 8201653.43 | 94153.26 | 718.96 | 359012.64 | 7692.38 |
| 39 | 632.57 | 294356.18 | 7209564.34 | 3217.85 | 843795.62 |
| 40 | 54301.26 | 174.59 | 8152.34 | 59.38 | 4801640.37 |
| 41 | 149823.56 | 2803.45 | 496175.23 | 63259.81 | 492.17 |

(三)

| 序号 | 一 | 二 | 三 | 四 | 五 |
| --- | --- | --- | --- | --- | --- |
| 1 | 258.14 | 47.59 | 47268.19 | 5068309.71 | 354698.27 |
| 2 | 58147.36 | 983.25 | 9158.27 | 65.29 | 3058609.47 |
| 3 | 963852.47 | 5786.14 | 396469.12 | 65381.97 | 315.46 |
| 4 | 3749.28 | 912.67 | 28341.75 | 385146.29 | 34.07 |
| 5 | 267.35 | 349502.16 | 9872316.48 | 5187.32 | 528496.73 |
| 6 | 528796.13 | 5146882.39 | 8924.57 | 273.96 | 7295.34 |
| 7 | 6257.19 | 987.54 | 47593.21 | 357981.26 | 30.59 |
| 8 | 625.38 | 90.54 | 46825.17 | 6230841.05 | 415302.89 |

续表

| 序号 | 一 | 二 | 三 | 四 | 五 |
|---|---|---|---|---|---|
| 9 | 23.98 | 1093.72 | 291346.58 | 23417.65 | 536.27 |
| 10 | 8364.51 | 26485.39 | 803.65 | 3428.19 | 81235.48 |
| 11 | 741.25 | 951247.36 | 6025049.73 | 8479.35 | 698741.25 |
| 12 | 9203708.25 | 35168.29 | 369.18 | 987456.13 | 5698.72 |
| 13 | 79684.12 | 612539.47 | 17.26 | 451.39 | 56715.82 |
| 14 | 579281.63 | 3567218.19 | 4952.78 | 263.97 | 9273.54 |
| 15 | 306.58 | 59.94 | 42587.16 | 8461235.96 | 189362.45 |
| 16 | 28.03 | 3971.42 | 415836.29 | 42361.75 | 625.37 |
| 17 | 6315.48 | 82605.94 | 536.18 | 4219.83 | 81235.48 |
| 18 | 61482.79 | 537912.46 | 75.18 | 439.15 | 85461.27 |
| 19 | 657263.14 | 2048205.59 | 3128.49 | 658.91 | 3257.18 |
| 20 | 9325.84 | 59243.78 | 987.25 | 8167.59 | 58198.62 |
| 21 | 39125.46 | 704.19 | 5231.84 | 89.03 | 8140607.35 |
| 22 | 638174.92 | 6257.19 | 357169.84 | 35687.21 | 976.58 |
| 23 | 3012089.45 | 9614.28 | 692.47 | 695478.21 | 9461.28 |
| 24 | 654.17 | 629753.81 | 6059807.42 | 6597.13 | 987613.24 |
| 25 | 495167.32 | 1035086.49 | 9587.26 | 642.18 | 8259.43 |
| 26 | 412.98 | 53.69 | 59431.28 | 7036508.91 | 587591.42 |
| 27 | 2534619.38 | 23695.41 | 968.17 | 189362.54 | 9872.36 |
| 28 | 3185.69 | 762.48 | 61759.23 | 965314.72 | 87.09 |
| 29 | 97.58 | 9457.16 | 158347.69 | 25687.14 | 658.39 |
| 30 | 695148.27 | 1039025.78 | 7268.19 | 357.48 | 7259.14 |
| 31 | 124.59 | 10.93 | 69487.25 | 1064508.79 | 123598.47 |
| 32 | 56097.13 | 218.59 | 6325.97 | 59.26 | 3025098.47 |
| 33 | 33.67 | 6123.84 | 369258.14 | 31592.37 | 589.21 |
| 34 | 2863.49 | 34259.78 | 436.15 | 9253.14 | 36819.25 |
| 35 | 2359.64 | 97564.28 | 978.46 | 9257.81 | 65489.23 |
| 36 | 658147.32 | 7123.45 | 963845.27 | 32498.76 | 689.24 |
| 37 | 321674.59 | 3245.16 | 876531.24 | 18452.39 | 261.37 |
| 38 | 715249.36 | 5130208.49 | 6425.87 | 327.61 | 2853.97 |
| 39 | 951.82 | 36.24 | 82537.69 | 5193473.16 | 304157.26 |
| 40 | 2893.15 | 39017.46 | 736.52 | 5329.86 | 27816.39 |
| 41 | 19832.54 | 725.43 | 9327.61 | 19.35 | 3768192.64 |

2. 请使用计算器或计算机数字小键盘计算下列票币金额。

| 序号 | 各种面额钞券张（枚）数量 | | | | | | | | | | | | 金额（元） | 核　　对 |
|---|---|---|---|---|---|---|---|---|---|---|---|---|---|---|
| | 100元 | 50元 | 20元 | 10元 | 5元 | 2元 | 1元 | 5角 | 2角 | 1角 | 5分 | 2分 | 1分 | |
| 1 | 98 | 53 | 92 | 97 | 12 | 28 | 24 | 68 | 23 | 58 | 24 | 17 | 64 | | 15,446.58 |
| 2 | 14 | 24 | 59 | 52 | 98 | 85 | 68 | 47 | 65 | 34 | 68 | 64 | 25 | | 5,072.83 |
| 3 | 36 | 97 | 46 | 67 | 14 | 65 | 54 | 62 | 14 | 58 | 94 | 67 | 94 | | 10,340.58 |
| 4 | 52 | 54 | 49 | 26 | 17 | 71 | 92 | 74 | 87 | 96 | 14 | 52 | 26 | | 9,525.00 |
| 5 | 47 | 19 | 84 | 74 | 76 | 69 | 37 | 67 | 56 | 41 | 62 | 64 | 34 | | 8,678.52 |
| 6 | 93 | 64 | 38 | 26 | 34 | 38 | 65 | 92 | 32 | 26 | 87 | 82 | 18 | | 13,892.17 |
| 7 | 48 | 98 | 51 | 97 | 94 | 74 | 42 | 25 | 64 | 65 | 16 | 94 | 71 | | 12,385.19 |
| 8 | 24 | 41 | 54 | 25 | 58 | 82 | 74 | 63 | 24 | 91 | 64 | 16 | 85 | | 6,357.77 |
| 9 | 69 | 27 | 36 | 74 | 26 | 78 | 62 | 74 | 34 | 85 | 26 | 92 | 84 | | 10,114.28 |
| 10 | 74 | 36 | 67 | 35 | 69 | 42 | 67 | 68 | 98 | 24 | 29 | 95 | 63 | | 11,445.98 |
| 11 | 42 | 54 | 73 | 29 | 41 | 53 | 85 | 93 | 67 | 63 | 84 | 87 | 59 | | 9,118.73 |
| 12 | 62 | 85 | 26 | 32 | 97 | 42 | 94 | 24 | 58 | 25 | 62 | 65 | 72 | | 11,984.22 |
| 13 | 48 | 46 | 54 | 67 | 82 | 96 | 52 | 15 | 74 | 84 | 74 | 26 | 54 | | 9,539.46 |
| 14 | 74 | 19 | 87 | 68 | 54 | 61 | 16 | 68 | 63 | 71 | 12 | 58 | 97 | | 11,234.43 |
| 15 | 62 | 85 | 69 | 97 | 68 | 85 | 42 | 47 | 26 | 35 | 36 | 13 | 27 | | 13,386.53 |
| 16 | 48 | 81 | 45 | 25 | 14 | 64 | 37 | 62 | 41 | 29 | 65 | 87 | 49 | | 10,282.58 |
| 17 | 52 | 56 | 52 | 14 | 42 | 42 | 15 | 35 | 85 | 47 | 74 | 65 | 97 | | 9,534.17 |
| 18 | 51 | 48 | 78 | 97 | 61 | 75 | 74 | 39 | 97 | 26 | 89 | 74 | 52 | | 10,606.95 |
| 19 | 36 | 64 | 98 | 58 | 74 | 97 | 98 | 84 | 68 | 71 | 42 | 68 | 51 | | 10,068.67 |
| 20 | 94 | 47 | 57 | 19 | 25 | 54 | 18 | 27 | 45 | 12 | 98 | 25 | 63 | | 13,360.73 |
| 21 | 19 | 10 | 29 | 23 | 54 | 85 | 96 | 84 | 48 | 20 | 19 | 20 | 19 | | 3,801.14 |
| 22 | 72 | 39 | 64 | 89 | 25 | 83 | 39 | 46 | 45 | 51 | 34 | 35 | 56 | | 11,690.06 |
| 23 | 25 | 96 | 37 | 59 | 60 | 37 | 34 | 11 | 49 | 75 | 97 | 82 | 92 | | 9,068.21 |
| 24 | 98 | 27 | 14 | 56 | 11 | 29 | 68 | 72 | 58 | 64 | 31 | 69 | 41 | | 12,228.34 |
| 25 | 39 | 54 | 86 | 57 | 91 | 26 | 7 | 53 | 51 | 69 | 12 | 15 | 89 | | 9,449.39 |
| 26 | 12 | 93 | 63 | 24 | 2 | 23 | 53 | 37 | 39 | 39 | 28 | 46 | 31 | | 7,491.83 |
| 27 | 68 | 29 | 62 | 21 | 62 | 39 | 97 | 32 | 33 | 99 | 84 | 68 | 76 | | 10,223.82 |
| 28 | 29 | 48 | 84 | 58 | 53 | 26 | 29 | 13 | 29 | 52 | 23 | 63 | 52 | | 7,926.43 |
| 29 | 41 | 26 | 99 | 59 | 37 | 28 | 29 | 67 | 51 | 29 | 60 | 33 | 26 | | 8,290.52 |
| 30 | 25 | 96 | 24 | 48 | 33 | 21 | 25 | 35 | 41 | 47 | 29 | 63 | 69 | | 8,525.80 |
| 31 | 54 | 39 | 69 | 83 | 55 | 83 | 39 | 46 | 45 | 51 | 91 | 35 | 56 | | 10,082.91 |
| 32 | 67 | 69 | 88 | 42 | 45 | 97 | 78 | 77 | 51 | 74 | 19 | 91 | 25 | | 12,886.12 |

续表

| 序号 | 各种面额钞券张（枚）数量 | | | | | | | | | | | | | 金额（元） | 核　对 |
|---|---|---|---|---|---|---|---|---|---|---|---|---|---|---|---|
| | 100元 | 50元 | 20元 | 10元 | 5元 | 2元 | 1元 | 5角 | 2角 | 1角 | 5分 | 2分 | 1分 | | |
| 33 | 36 | 23 | 53 | 36 | 98 | 80 | 59 | 34 | 83 | 69 | 16 | 65 | 29 | | 6,921.89 |
| 34 | 65 | 88 | 58 | 18 | 59 | 26 | 13 | 27 | 28 | 94 | 79 | 63 | 71 | | 12,634.42 |
| 35 | 63 | 24 | 57 | 17 | 58 | 35 | 12 | 26 | 27 | 93 | 78 | 62 | 70 | | 9,215.54 |
| 36 | 37 | 52 | 37 | 52 | 49 | 58 | 91 | 79 | 51 | 61 | 57 | 23 | 62 | | 8,071.73 |
| 37 | 26 | 80 | 74 | 52 | 45 | 6 | 49 | 89 | 27 | 91 | 83 | 28 | 78 | | 8,950.49 |
| 38 | 95 | 51 | 68 | 13 | 65 | 28 | 85 | 85 | 69 | 63 | 91 | 54 | 25 | | 14,074.48 |
| 39 | 39 | 48 | 53 | 34 | 57 | 62 | 54 | 75 | 87 | 45 | 53 | 36 | 98 | | 8,226.75 |
| 40 | 26 | 23 | 53 | 36 | 98 | 81 | 84 | 67 | 51 | 29 | 91 | 80 | 72 | | 5,959.47 |
| 41 | 23 | 97 | 68 | 48 | 12 | 76 | 35 | 13 | 84 | 29 | 79 | 67 | 72 | | 9,269.21 |
| 42 | 83 | 76 | 9 | 27 | 53 | 69 | 74 | 75 | 69 | 47 | 33 | 39 | 9 | | 13,085.52 |
| 43 | 62 | 51 | 39 | 63 | 28 | 46 | 83 | 98 | 56 | 96 | 19 | 54 | 29 | | 10,547.12 |
| 44 | 69 | 55 | 13 | 29 | 34 | 7 | 59 | 19 | 81 | 15 | 89 | 95 | 84 | | 10,477.39 |
| 45 | 37 | 14 | 29 | 95 | 76 | 27 | 48 | 51 | 49 | 52 | 35 | 63 | 88 | | 6,456.39 |
| 46 | 95 | 25 | 51 | 41 | 30 | 98 | 38 | 47 | 29 | 95 | 64 | 33 | 64 | | 12,607.30 |
| 47 | 59 | 39 | 74 | 48 | 41 | 76 | 17 | 29 | 49 | 35 | 39 | 81 | 37 | | 10,215.74 |
| 48 | 64 | 87 | 45 | 29 | 16 | 43 | 39 | 87 | 64 | 75 | 82 | 48 | 21 | | 12,214.07 |
| 49 | 19 | 90 | 75 | 86 | 37 | 58 | 66 | 83 | 96 | 39 | 57 | 81 | 42 | | 9,196.49 |
| 50 | 25 | 51 | 79 | 45 | 75 | 49 | 59 | 67 | 95 | 40 | 95 | 57 | 34 | | 7,674.73 |

3.请使用计算器或计算机数字小键盘计算下列数据之和。

（一）

| 序号 | 一 | 二 | 三 | 四 | 五 | 合计 | 核　对 |
|---|---|---|---|---|---|---|---|
| 1 | 3,049,827 | 9,240 | 270,658 | 18,462,537 | 91,563 | | 21,883,825 |
| 2 | 8,523,409 | 40,713,598 | 9,143 | −604,921 | 59,281 | | 48,700,510 |
| 3 | 7,830 | 69,825 | 3,581,609 | 3,609 | 645,319 | | 4,308,192 |
| 4 | 316,578 | 7,136,042 | 42,813 | 79,205,416 | 68,129,075 | | 154,829,924 |
| 5 | 91,678,325 | 804,795 | 9,064,378 | 41,267 | 2,406 | | 101,591,171 |
| 6 | 60,174 | 1,263,409 | 159,826 | 5,823 | 53,607,928 | | 55,097,160 |
| 7 | 20,941,563 | 7,863 | 32,570 | 981,537 | −4,910,267 | | 17,053,266 |
| 8 | 6,245 | 591,280 | 72,561,409 | 4,097,823 | 36,781 | | 77,293,538 |
| 9 | 80,791 | 63,127,458 | 3,127 | 820,395 | 8,945,306 | | 72,977,077 |
| 10 | 6,015,429 | 80,591 | 64,082,951 | 7,608 | 281,437 | | 70,468,016 |
| 11 | 67,891 | 6,437 | 7,136,098 | 253,041 | 95,723,014 | | 103,186,481 |

续表

| 序号 | 一 | 二 | 三 | 四 | 五 | 合计 | 核 对 |
|---|---|---|---|---|---|---|---|
| 12 | 390,467 | 73,490,521 | 5,283 | −84,356 | 8,479,532 | | 82,281,447 |
| 13 | 15,243,078 | 16,294 | 694,320 | 7,058,169 | 5,603 | | 23,017,464 |
| 14 | 4,235 | 6,285,317 | 41,578 | 93,206,548 | 280,179 | | 99,817,857 |
| 15 | 8,140 | 147,593 | 6,278,019 | 29,368,175 | 73,240 | | 35,875,167 |
| 16 | 2,039,168 | 38,401,679 | 607,593 | 45,201 | 2,785 | | 41,096,426 |
| 17 | 517,293 | 2,096 | 37,148,625 | 50,943 | 6,734,981 | | 44,453,938 |
| 18 | 53,698,271 | 5,034,821 | 18,943 | 6,170 | −405,269 | | 58,352,936 |
| 19 | 451,769 | 67,592 | 4,025 | 3,094,817 | 49,183,076 | | 52,801,279 |
| 20 | 70,415 | 836,715 | 78,690,452 | 7,936,281 | 9,804 | | 87,543,667 |
| 合计 | | | | | | | |
| 核对 | 203,170,898 | 238,093,166 | 280,433,420 | 243,956,083 | 286,975,774 | | |

(二)

| 序号 | 一 | 二 | 三 | 四 | 五 | 合计 | 核 对 |
|---|---|---|---|---|---|---|---|
| 1 | 57,280 | 7,096,213 | 953,481 | 3,609 | 10,437,286 | | 18,547,869 |
| 2 | 903,517 | 10,746 | 6,248 | 54,681,930 | 3,562,978 | | 59,165,419 |
| 3 | 5,093 | 81,476,539 | 4,601,587 | −60,824 | 495,137 | | 86,517,532 |
| 4 | 94,710,835 | 580,321 | 82,694 | 7,845,162 | 7,209 | | 103,226,221 |
| 5 | 8,641,029 | 5,973 | 78,490,321 | 267,485 | 40,361 | | 87,445,169 |
| 6 | 24,163 | 4,096,835 | 285,046 | 1,074 | 72,089,153 | | 76,496,271 |
| 7 | 310,756 | 84,729 | 3,285 | 40,679,531 | −4,802,679 | | 36,275,622 |
| 8 | 5,897 | 18,693,540 | 1,730,462 | 53,240 | 197,685 | | 20,680,824 |
| 9 | 64,293,108 | 267,034 | 81,947 | 8,195,627 | 5,938 | | 72,843,654 |
| 10 | 1,506,287 | 8,496 | 53,017,492 | 279,503 | 84,561 | | 54,896,339 |
| 11 | 25,493 | 7,124,659 | 580,671 | 7,056 | 39,521,048 | | 47,258,927 |
| 12 | 786,415 | 89,146 | 9,023 | 35,206,198 | 6,274,530 | | 42,365,312 |
| 13 | 4,236 | 95,271,830 | 1,047,539 | 82,971 | −190,845 | | 96,215,731 |
| 14 | 70,169,483 | 485,271 | 30,691 | 5,147,238 | 5,269 | | 75,837,952 |
| 15 | 2,546,391 | 4,058 | 48,293,756 | 301,692 | 16,708 | | 51,162,605 |
| 16 | 62,789 | 1,932,605 | 765,294 | 4,831 | 73,805,124 | | 76,570,643 |
| 17 | 170,268 | 53,491 | 1,567 | 40,598,723 | 4,267,039 | | 45,091,088 |
| 18 | 4,017 | 80,729,563 | 8,923,506 | 64,197 | 126,483 | | 89,847,766 |
| 19 | 59,680,234 | 640,725 | 10,783 | −7,981,523 | 3,176 | | 52,353,395 |
| 20 | 4,759,681 | 1,827 | 60,271,935 | 409,365 | 94,528 | | 65,537,336 |

续表

| 序号 | 一 | 二 | 三 | 四 | 五 | 合计 | 核　对 |
|---|---|---|---|---|---|---|---|
| 合计 | | | | | | | |
| 核对 | 308,666,972 | 298,653,601 | 259,187,328 | 185,787,085 | 206,040,689 | | |

(三)

| 序号 | 一 | 二 | 三 | 四 | 五 | 合计 | 核　对 |
|---|---|---|---|---|---|---|---|
| 1 | 71,820,439 | 4,307 | 10,729 | 524,680 | 3,091,475 | | 75,451,630 |
| 2 | 83,741 | 5,103,698 | 371,986 | 5,048 | 94,506,137 | | 100,070,610 |
| 3 | 67,205,398 | 671,245 | 4,637,015 | 79,483 | −5,283 | | 72,587,858 |
| 4 | 420,835 | 4,260,873 | 94,850 | 8,206 | 68,234,057 | | 73,018,821 |
| 5 | 5,074 | 97,528 | 5,081,627 | 92,145,768 | 190,284 | | 97,520,281 |
| 6 | 9,730,452 | 18,603,452 | 8,013 | 237,591 | 38,296 | | 28,617,804 |
| 7 | 6,209,847 | 5,196 | 794,251 | 83,642,710 | 79,061 | | 90,731,065 |
| 8 | 21,478 | 208,345 | 39,406,527 | −7,038,294 | 1,642 | | 32,599,698 |
| 9 | 136,894 | 63,294 | 3,762 | 1,506,478 | 59,628,471 | | 61,338,899 |
| 10 | 85,209,146 | 5,912,078 | 98,105 | 7,134 | 250,713 | | 91,477,176 |
| 11 | 592,680 | 9,503 | 64,109,258 | 68,703 | 5,037,468 | | 69,817,612 |
| 12 | 1,608,395 | 91,607,438 | 420,763 | 39,278 | 5,246 | | 93,681,120 |
| 13 | 5,173 | 178,246 | 6,592,378 | 95,062,483 | 70,314 | | 101,908,594 |
| 14 | 2,601 | 5,910,823 | 84,605 | 39,608,271 | −895,467 | | 44,710,833 |
| 15 | 62,908,453 | 41,938 | 295,843 | 1,532,407 | 1,703 | | 64,780,344 |
| 16 | 379,041 | 39,407,186 | 4,902 | 89,520 | 9,548,137 | | 49,428,786 |
| 17 | 65,873 | 5,021 | 5,903,674 | 215,789 | 47,109,256 | | 53,299,613 |
| 18 | 2,813,769 | 67,285 | 27,194,386 | 3,954 | 268,390 | | 30,347,784 |
| 19 | 51,476 | 90,471,536 | 8,134 | −698,135 | 6,320,819 | | 96,153,830 |
| 20 | 9,213 | 984,267 | 85,926,713 | 7,054,968 | 68,095 | | 94,043,256 |
| 合计 | | | | | | | |
| 核对 | 309,279,978 | 263,613,259 | 241,047,521 | 314,096,042 | 293,548,814 | | |

(四)

| 序号 | 一 | 二 | 三 | 四 | 五 | 合计 | 核　对 |
|---|---|---|---|---|---|---|---|
| 1 | 90,145 | 2,841,367 | 804,326 | 5,895 | 61,530,798 | | 65,272,531 |
| 2 | 31,072 | 7,023,945 | 659,483 | 8,649 | 78,296,031 | | 86,019,180 |
| 3 | 7,296,804 | 5,173 | 95,021,876 | 406,532 | 41,289 | | 102,771,674 |
| 4 | 83,715,296 | 190,836 | 46,721 | 9,530,246 | 5,078 | | 93,488,177 |

续表

| 序号 | 一 | 二 | 三 | 四 | 五 | 合计 | 核对 |
|---|---|---|---|---|---|---|---|
| 5 | 8,137 | 94,026,175 | 2,658,493 | 42,068 | −251,793 | | 96,483,080 |
| 6 | 913,578 | 45,298 | 30,491,578 | 29,764,831 | 3,016,475 | | 64,231,760 |
| 7 | 36,085 | 7,094,851 | 137,269 | 1,347 | 80,253,691 | | 87,523,243 |
| 8 | 8,294,673 | 6,095 | 4,602 | 246,589 | 30,267 | | 8,582,226 |
| 9 | 16,032,748 | 350,284 | 91,568 | −7,031,895 | 4,591 | | 9,447,296 |
| 10 | 8,259 | 54,083,167 | 7,014,386 | 19,247 | 601,294 | | 61,726,353 |
| 11 | 605,942 | 12,769 | 9,543 | 68,037,251 | 7,120,845 | | 75,786,350 |
| 12 | 70,465 | 1,803,974 | 750,324 | 1,762 | 29,013,658 | | 31,640,183 |
| 13 | 1,097,234 | 6,283 | 17,034,652 | 704,819 | 56,849 | | 18,899,837 |
| 14 | 82,741,596 | 390,254 | 89,741 | 1,590,236 | 4,073 | | 84,815,900 |
| 15 | 4,021 | 40,139,568 | 1,958,327 | −57,064 | 982,367 | | 43,027,219 |
| 16 | 392,645 | 73,296 | 7,082 | 67,035,981 | 4,208,135 | | 71,717,139 |
| 17 | 6,059,834 | 1,627 | 25,381,907 | 310,578 | −63,294 | | 31,690,652 |
| 18 | 20,816,479 | 580,412 | 90,567 | 2,945,037 | 4,176 | | 24,436,671 |
| 19 | 7,563 | 89,347,621 | 5,402,891 | 12,803 | 379,564 | | 95,150,442 |
| 20 | 184,395 | 20,756 | 1,603 | 85,294,137 | 5,204,678 | | 90,705,569 |
| 合计 | | | | | | | |
| 核对 | 228,406,971 | 298,043,751 | 187,656,939 | 258,869,049 | 270,438,772 | | |

(五)

| 序号 | 一 | 二 | 三 | 四 | 五 | 合计 | 核对 |
|---|---|---|---|---|---|---|---|
| 1 | 3,718 | 78,420,563 | 2,948,536 | 80,126 | 531,294 | | 81,984,237 |
| 2 | 98,176,253 | 179,608 | 70,692 | 3,298,014 | 8,075 | | 101,732,642 |
| 3 | 1,704,982 | 7,135 | 95,781,026 | −510,362 | 62,591 | | 97,045,372 |
| 4 | 50,291 | 6,473,281 | 468,203 | 2,956 | 90,173,684 | | 97,168,415 |
| 5 | 638,459 | 50,123 | 3,018 | 91,823,547 | 8,205,467 | | 100,720,614 |
| 6 | 7,236 | 97,341,682 | 4,092,581 | 42,083 | 493,675 | | 101,977,257 |
| 7 | 29,401,768 | 564,109 | 54,726 | 7,506,439 | 7,834 | | 37,534,876 |
| 8 | 5,910,473 | 6,784 | 80,275,938 | 380,157 | −82,493 | | 86,490,859 |
| 9 | 61,052 | 3,094,257 | 694,083 | 4,835 | 71,903,628 | | 75,757,855 |
| 10 | 698,203 | 29,478 | 1,736 | 70,831,964 | 8,130,256 | | 79,691,637 |
| 11 | 4,236 | 59,013,286 | 4,375,291 | 65,097 | 721,938 | | 64,179,848 |
| 12 | 37,145,692 | 693,504 | 61,749 | −6,908,531 | 4,309 | | 30,996,723 |
| 13 | 1,704,528 | 8,267 | 83,075,124 | 280,479 | 26,598 | | 85,094,996 |

续表

| 序号 | 一 | 二 | 三 | 四 | 五 | 合计 | 核对 |
|---|---|---|---|---|---|---|---|
| 14 | 35,706 | 1,096,382 | 407,235 | 9,214 | 18,503,629 | | 20,052,166 |
| 15 | 490,854 | 34,178 | 2,934 | 41,075,836 | 7,420,187 | | 49,023,989 |
| 16 | 68,709,412 | 750,243 | 85,196 | 3,290,765 | 1,475 | | 72,837,091 |
| 17 | 3,627,945 | 2,095 | 40,379,815 | 843,172 | −40,637 | | 44,812,390 |
| 18 | 30,685 | 6,109,542 | 162,973 | 7,421 | 86,021,945 | | 92,332,566 |
| 19 | 817,963 | 94,275 | 5,061 | 58,491,637 | 3,910,567 | | 63,319,503 |
| 20 | 4,859 | 68,107,935 | 1,704,836 | 62,759 | 405,217 | | 70,285,606 |
| 合计 | | | | | | | |
| 核对 | 249,224,315 | 322,076,727 | 314,650,753 | 270,677,608 | 296,409,239 | | |

(六)

| 序号 | 一 | 二 | 三 | 四 | 五 | 合计 | 核对 |
|---|---|---|---|---|---|---|---|
| 1 | 780,126 | 45,931 | 6,175 | 83,295,047 | 4,609,723 | | 88,737,002 |
| 2 | 1,047 | 90,283,675 | 8,360,952 | 47,961 | −126,834 | | 98,566,801 |
| 3 | 53,026,894 | 402,756 | 81,073 | 2,135,789 | 5,163 | | 55,651,675 |
| 4 | 7,819,546 | 7,182 | 63,210,597 | 603,594 | 49,825 | | 71,690,744 |
| 5 | 25,084 | 6,309,217 | 395,148 | 2,906 | 81,730,642 | | 88,462,997 |
| 6 | 179,305 | 70,641 | 4,286 | 30,468,591 | 5,368,297 | | 36,091,120 |
| 7 | 5,093 | 19,863,274 | 7,081,564 | 40,826 | 495,173 | | 27,485,930 |
| 8 | 74,208,391 | 280,531 | 46,398 | −1,584,267 | 2,097 | | 72,953,150 |
| 9 | 9,012,648 | 7,953 | 8,153 | 276,845 | 43,106 | | 9,348,705 |
| 10 | 28,736 | 4,908,635 | 284,056 | 1,704 | 29,035,871 | | 34,259,002 |
| 11 | 607,153 | 92,784 | 17,490,328 | 69,204,351 | 7,420,698 | | 94,815,314 |
| 12 | 1,879 | 43,156,809 | 3,107,642 | 51,043 | 798,561 | | 47,115,934 |
| 13 | 80,324,196 | 720,643 | 81,974 | 2,105,769 | 9,835 | | 83,242,417 |
| 14 | 5,608,471 | 4,698 | 40,293,157 | −750,923 | 61,854 | | 45,217,257 |
| 15 | 24,593 | 5,327,146 | 680,715 | 8,567 | 94,018,325 | | 100,059,346 |
| 16 | 658,147 | 61,498 | 1,092 | 70,139,258 | 6,274,053 | | 77,134,048 |
| 17 | 4,236 | 13,705,289 | 4,057,319 | 82,769 | −190,485 | | 17,659,128 |
| 18 | 19,780,643 | 781,425 | 63,091 | 3,715,284 | 5,926 | | 24,346,369 |
| 19 | 3,956,124 | 5,804 | 79,426,583 | 930,124 | 81,067 | | 84,399,702 |
| 20 | 78,269 | 6,130,529 | 675,294 | 6,831 | 17,042,538 | | 23,933,461 |
| 合计 | | | | | | | |
| 核对 | 256,130,581 | 192,166,420 | 225,355,597 | 260,782,069 | 246,735,435 | | |

(七)

| 序号 | 一 | 二 | 三 | 四 | 五 | 合计 | 核 对 |
|---|---|---|---|---|---|---|---|
| 1 | 4,645,898.14 | 84,960,548.71 | 7,608.58 | 86,761,081.99 | 288,828.40 | | 176,663,965.82 |
| 2 | 6,859,414.54 | 897,456.94 | 28,671,865.07 | 2,918.16 | −1,288.14 | | 36,430,366.57 |
| 3 | 8,061,448.48 | 889,576.64 | 706,157.68 | 906,268.78 | 42,187,108.88 | | 52,750,560.46 |
| 4 | 4,845.41 | 4,465,415.75 | 15,872.28 | −9,926.05 | −8,810,878.14 | | −4,334,670.75 |
| 5 | 88,684,594.14 | 40,681.95 | 6,587,607.87 | 70,692,679.18 | 78,190.88 | | 166,083,754.02 |
| 6 | 85,189.68 | 69,908,158.47 | 71,286,780.16 | −986,760.91 | 92,088,487.81 | | 232,381,855.21 |
| 7 | 46,418,890.54 | 81,901.89 | 6,526,761.25 | 66,098.92 | −90,789.88 | | 53,002,862.72 |
| 8 | 15,846,984.75 | 9,569,817.98 | 72,087,186.57 | −2,898,676.10 | 4,898,174.18 | | 99,503,487.38 |
| 9 | 1,054,868.49 | 154,749.48 | 66,588.77 | 67,829.69 | 8,401.79 | | 1,352,438.22 |
| 10 | 88,048.47 | 9,085,418.97 | 8,671,852.06 | −872,018.89 | −8,280,847.98 | | 8,692,452.63 |
| 11 | 405,446.94 | 874,160.89 | 766,721.08 | 89,962.05 | 427,888.09 | | 2,564,179.05 |
| 12 | 1,588.04 | 1,547.96 | 1,025.68 | −9,927,688.61 | −7,288,049.82 | | −17,211,576.75 |
| 13 | 648,859.44 | 96,850,879.40 | 268,568.71 | 86,086.97 | 8,802.87 | | 97,863,197.39 |
| 14 | 984,681.44 | 69,057.81 | 2,058.67 | 16,698,201.78 | 908,878.28 | | 18,662,877.98 |
| 15 | 8,965,104.48 | 8,675,199.88 | 7,082,605.71 | 261,988.09 | 849,828.81 | | 25,834,726.97 |
| 16 | 4,645,898.14 | 84,960,548.71 | 7,608.58 | 86,761,081.99 | 288,828.40 | | 176,663,965.82 |
| 17 | 6,859,414.54 | 897,456.94 | 28,671,865.07 | 2,918.16 | 1,288.14 | | 36,432,942.85 |
| 18 | 8,061,448.48 | 889,576.64 | 706,157.68 | 906,268.78 | 42,187,108.88 | | 52,750,560.46 |
| 19 | 4,845.41 | 4,465,415.75 | 15,872.28 | 9,926.05 | 8,810,878.14 | | 13,306,937.63 |
| 20 | 88,684,594.14 | 40,681.95 | 6,587,607.87 | 70,692,679.18 | 78,190.88 | | 166,083,754.02 |
| 合计 | | | | | | | |
| 核对 | 291,012,063.69 | 377,778,252.71 | 238,738,371.62 | 319,310,919.21 | 168,639,030.47 | | |

(八)

| 序号 | 一 | 二 | 三 | 四 | 五 | 合计 | 核 对 |
|---|---|---|---|---|---|---|---|
| 1 | 99,453,740.78 | 8,045.93 | 60,791.59 | 11,753,178.06 | 6,117.99 | | 111,281,874.35 |
| 2 | 466.59 | 4,884,693.09 | 6,935,090.78 | 1,016.58 | 15,311,769.87 | | 27,133,036.91 |
| 3 | 905,484.37 | 689,850.44 | 169,357.10 | −7,018,531.93 | −91,186.73 | | −5,345,026.75 |
| 4 | 45,345,097.84 | 3,468.58 | 13,579,610.99 | 905,311.69 | 135,991.98 | | 59,969,481.08 |
| 5 | 979,804.57 | 83,405,944.97 | 9,765.93 | −37,016.15 | −6,119,185.93 | | 78,239,313.39 |
| 6 | 7,097,548.49 | 68,509.67 | 19,350,953.71 | 69,751,103.81 | 61,859.39 | | 96,329,975.07 |
| 7 | 74,935.89 | 9,038,449.85 | 11,799.30 | −11,871.19 | 1,381,199.67 | | 10,494,513.52 |
| 8 | 75,497,384.09 | 64,309.89 | 919,609.51 | 6,091,385.11 | 79,931,568.11 | | 162,504,256.71 |

续表

| 序号 | 一 | 二 | 三 | 四 | 五 | 合计 | 核 对 |
|---|---|---|---|---|---|---|---|
| 9 | 3,944.70 | 84,599,084.64 | 1,916.97 | 739,051.86 | 91,615.38 | | 85,435,613.55 |
| 10 | 877,093.99 | 948,635.90 | 1,519,517.69 | 97,185,113.17 | −75,161.89 | | 100,455,198.86 |
| 11 | 79,489.70 | 4,989,340.68 | 91,709.13 | 1,805.91 | 81,517,979.16 | | 86,680,324.58 |
| 12 | 3,497,708.59 | 9,638.59 | 75,619,139.19 | −613,981.05 | 6,157.31 | | 78,518,662.63 |
| 13 | 80,789,945.34 | 40,943.89 | 961,051.39 | 6,079.13 | −199,311.57 | | 81,598,708.18 |
| 14 | 48,703.95 | 935,645.48 | 1,990,319.10 | −7,519,811.06 | 31,519.18 | | −4,513,623.35 |
| 15 | 3,754.43 | 95,464,088.77 | 9,579.63 | 91,386.17 | −7,653,189.19 | | 87,915,619.81 |
| 16 | 405,446.94 | 766,721.08 | 427,888.09 | 205,627.00 | 62,520.00 | | 1,868,203.11 |
| 17 | 1,588.04 | 1,025.68 | 7,288,049.82 | 72,850,206.00 | 8,706,152.00 | | 88,847,021.54 |
| 18 | 648,859.44 | 268,568.71 | 8,802.87 | 190,582.00 | 28.00 | | 1,116,841.02 |
| 19 | 984,681.44 | 2,058.67 | 908,878.28 | 2,519.00 | 65,129,710.00 | | 67,027,847.39 |
| 20 | 85,189.68 | 69,908,158.47 | 71,286,780.16 | 986,760.91 | 92,088,487.81 | | 234,355,377.03 |
| 合计 | | | | | | | |
| 核对 | 316,780,868.86 | 356,097,182.98 | 201,150,611.23 | 245,559,915.02 | 330,324,640.54 | | |

(九)

| 序号 | 一 | 二 | 三 | 四 | 五 | 合计 | 核 对 |
|---|---|---|---|---|---|---|---|
| 1 | 77,076.93 | 68,350,176.39 | 27,687.57 | 186,357.78 | 8,357.72 | | 68,649,656.39 |
| 2 | 76,390,718.67 | 65,938.06 | 71,702,765.18 | 7,076,178.56 | 570,827.73 | | 155,806,428.20 |
| 3 | 7,976.96 | 9,538,076.16 | 251,727.80 | −76,013.67 | 27,607,375.78 | | 37,329,143.03 |
| 4 | 3,766,709.81 | 1,967.33 | 8,672,752.77 | 3,677.86 | −67,758.02 | | 12,377,349.75 |
| 5 | 636,018.77 | 765,091.63 | 1,582.20 | 71,807,765.63 | 80,775,273.76 | | 153,985,731.99 |
| 6 | 7,771.86 | 3,583.19 | 7,275,260.17 | −758,706.61 | −7,273,750.87 | | −745,842.26 |
| 7 | 96,813,607.77 | 98,637,306.51 | 61,725.02 | 6,537,707.18 | 8,576.72 | | 202,058,923.20 |
| 8 | 79,013.68 | 750,933.68 | 27,687,501.27 | 10,537.77 | −767,707.83 | | 27,760,278.57 |
| 9 | 8,973,767.10 | 18,765.63 | 770,262.57 | 7,376,516.06 | 8,520,777.76 | | 25,660,089.12 |
| 10 | 771,830.96 | 3,863,196.70 | 72,025.72 | −178,760.53 | −75,267.37 | | 4,453,025.48 |
| 11 | 1,678,096.37 | 69,035,861.37 | 707,271.86 | 6,857.10 | 3,770,728.67 | | 75,198,815.37 |
| 12 | 78,673.73 | 3,186,350.91 | 7,610.78 | 75,867,160.37 | 623,077.57 | | 79,762,873.36 |
| 13 | 7,067.16 | 7,136.53 | 7,225,806.71 | −378,757.66 | −7,776,803.25 | | −915,550.51 |
| 14 | 77,368,071.69 | 609,658.07 | 2,281.76 | 3,067.77 | 70,637.87 | | 78,053,717.16 |
| 15 | 676,907.18 | 80,665.73 | 85,717,762.02 | −7,865,701.37 | 73,256.07 | | 78,682,889.63 |
| 16 | 8,965,104.48 | 7,082,605.71 | 849,828.81 | 97,260,205.00 | 71,020.00 | | 114,228,764.00 |

续表

| 序号 | 一 | 二 | 三 | 四 | 五 | 合计 | 核 对 |
|---|---|---|---|---|---|---|---|
| 17 | 874,160.89 | 89,962.05 | 805,716.00 | 6,018.00 | 625,122.00 | | 2,400,978.94 |
| 18 | 1,547.96 | 9,927,688.61 | 9,078.00 | 80,629.00 | 871,569.00 | | 10,890,512.57 |
| 19 | 96,850,879.40 | 86,086.97 | 40,589.00 | 5,921,872.00 | 92,778.00 | | 102,992,205.37 |
| 20 | 69,057.81 | 16,698,201.78 | 8,954,640.00 | 7,015,908.00 | 6,217,098.00 | | 38,954,905.59 |
| 合计 | | | | | | | |
| 核对 | 374,094,059.18 | 288,799,253.01 | 220,843,875.21 | 269,902,518.24 | 113,945,189.31 | | |

(十)

| 序号 | 一 | 二 | 三 | 四 | 五 | 合计 | 核 对 |
|---|---|---|---|---|---|---|---|
| 1 | 193,830.42 | 82,101,292.47 | 4,798.34 | 942,993.82 | 30,798,992.24 | | 114,041,907.29 |
| 2 | 74,310,382.24 | 904,272.12 | 937,072.09 | 32,290,999.48 | −8,297,489.03 | | 100,145,236.90 |
| 3 | 2,319.08 | 2,148.22 | 87,304,979.92 | 9,824.29 | 9,248.97 | | 87,328,520.48 |
| 4 | 3,766,709.81 | 1,967.33 | 8,672,752.77 | 3,677.86 | −67,758.02 | | 12,377,349.75 |
| 5 | 636,018.77 | 765,091.63 | 1,582.20 | 71,807,765.63 | 80,775,273.76 | | 153,985,731.99 |
| 6 | 7,771.86 | 3,583.19 | 7,275,260.17 | −758,706.61 | −7,273,750.87 | | −745,842.26 |
| 7 | 96,813,607.77 | 98,637,306.51 | 61,725.02 | 6,537,707.18 | 8,576.72 | | 202,058,923.20 |
| 8 | 79,013.68 | 750,933.68 | 27,687,501.27 | 10,537.77 | −767,707.83 | | 27,760,278.57 |
| 9 | 2,937.81 | 115,925.91 | 30,784,299.79 | 9,093,498.98 | 2,937.84 | | 39,999,600.33 |
| 10 | 5,107,248.33 | 7,048.21 | 29,790.48 | −49,539.04 | −999,453.02 | | 4,095,094.96 |
| 11 | 3,527.94 | 457,189.50 | 7,439,209.89 | −9,048,992.39 | 28,340.59 | | −1,120,724.47 |
| 12 | 475,019.33 | 11,985,504.72 | 7,478.29 | 439.90 | −789,592.99 | | 11,678,849.25 |
| 13 | 93,704,583.71 | 10,241.89 | 899,947.73 | −9,095,993.48 | 70,985.29 | | 85,589,765.14 |
| 14 | 29,051.48 | 7,524,081.18 | 94,993.97 | 85,993,240.99 | −489,052.73 | | 93,152,314.89 |
| 15 | 4,130,825.93 | 9,758.51 | 9,372,809.42 | 9,094.39 | 3,499,920.59 | | 17,022,408.84 |
| 16 | 46,418,890.54 | 81,901.89 | 6,526,761.25 | 66,098.92 | 90,789.88 | | 53,184,442.48 |
| 17 | 15,846,984.75 | 9,569,817.98 | 72,087,186.57 | 2,898,676.10 | 4,898,174.18 | | 105,300,839.58 |
| 18 | 1,054,868.49 | 154,749.48 | 66,588.77 | 67,829.69 | 8,401.79 | | 1,352,438.22 |
| 19 | 88,048.47 | 9,085,418.97 | 8,671,852.06 | 872,018.89 | 8,280,847.98 | | 26,998,186.37 |
| 20 | 8,675,199.88 | 261,988.09 | 1,008.00 | 29,009.00 | 92,870.00 | | 9,060,074.97 |
| 合计 | | | | | | | |
| 核对 | 351,346,840.29 | 222,430,221.48 | 267,927,598.00 | 191,680,181.37 | 109,880,555.34 | | |

4.参照下列格式及内容利用 Excel 表格制作资产负债表。

资产负债表

单位:元

| 项 目 | 期末余额 | 期初余额 | 项 目 | 期末余额 | 期初余额 |
|---|---|---|---|---|---|
| 货币资金 | 4,756,252.12 | 2,122,386.51 | 短期借款 | 2,451,947.53 | 3,204,453.27 |
| 交易性金融资产 | | | 交易性金融负债 | | |
| 应收票据 | 62,730.99 | 31,247.93 | 应付票据 | 97,873.05 | 47,392.34 |
| 应收账款 | 4,152,935.99 | 3,755,521.39 | 应付账款 | 2,289,287.09 | 2,549,762.38 |
| 预付款项 | 95,407.89 | 60,884.48 | 预收款项 | 30,985.22 | 9,387.47 |
| 其他应收款 | 39,912.07 | 18,035.58 | 应付职工薪酬 | 228,006.01 | 220,017.00 |
| 应收关联公司款 | | | 应交税费 | 75,137.36 | 34,220.18 |
| 应收利息 | | | 应付利息 | 9,861.44 | 9,108.74 |
| 存货 | 1,612,840.05 | 1,177,987.89 | 其他应付款 | 65,487.99 | 18,183.97 |
| 一年内到期的非流动资产 | | 682.14 | 一年内到期的非流动负债 | 380,605.16 | 37,000.00 |
| 其他流动资产 | 53,051.70 | | 其他流动负债 | | |
| 流动资产合计 | 10,773,130.80 | 7,166,745.91 | 流动负债合计 | 5,629,190.85 | 6,129,525.34 |
| 可供出售金融资产 | | | 长期借款 | 1,513,819.77 | 6,000.00 |
| 持有至到期投资 | | | 应付债券 | 2,048,780.47 | |
| 长期应收款 | | | 长期应付款 | | |
| 长期股权投资 | 122,103.36 | 51,900.02 | 专项应付款 | | |

续表

| 项 目 | 期末余额 | 期初余额 | 项 目 | 期末余额 | 期初余额 |
|---|---|---|---|---|---|
| 固定资产 | 5,120,578.55 | 4,138,984.82 | 递延所得税负债 | 2,779.31 | |
| 在建工程 | 447,342.20 | 542,176.17 | 其他非流动负债 | | 42,070.00 |
| 工程物资 | | | 非流动负债合计 | 3,606,544.22 | 48,070.00 |
| 固定资产清理 | | | 负债合计 | 9,235,735.07 | 6,177,595.34 |
| 生产性生物资产 | | | 实收资本(或股本) | 1,526,430.12 | 1,526,430.12 |
| 油气资产 | | | 资本公积 | 2,049,775.42 | 1,962,722.82 |
| 无形资产 | 1,041,683.11 | 583,482.13 | 盈余公积 | 455,299.77 | 313,779.48 |
| 开发支出 | 86,940.89 | 65,342.09 | 减:库存股 | | |
| 商誉 | 74,509.08 | 2,710.11 | 未分配利润 | 3,899,383.01 | 2,536,158.06 |
| 长期待摊费用 | 60,039.66 | 15,867.62 | 少数股东权益 | 191,064.00 | 84,077.12 |
| 递延所得税资产 | 25,601.73 | 20,497.83 | 外币报表折算价差 | | -4,363.66 |
| 其他非流动资产 | 5,807.37 | 8,692.56 | 非正常经营项目收益调整 | | |
| 非流动资产合计 | 6,984,605.95 | 5,429,653.36 | 所有者权益(或股东权益)合计 | 8,522,001.68 | 6,418,803.93 |
| 资产总计 | 17,757,736.75 | 12,596,399.27 | 负债和所有者(或股东权益)合计 | 17,757,736.75 | 12,596,399.27 |

5. 使用计算机数字小键盘在 Excel 表格中输入下列等式并计算结果。

(1) $280+840\div24\times5=$

(2) $84.7\times7-54.7\times7=$

(3) $28-(3.4+1.25\times2.4)=$

(4) $36.72\div4.25\times9.9=$

(5) $3.26\times0.52+3.26\times0.48+7.05=$

(6) $2.55 \times 7.1 + 2.45 \times 7.1 =$

(7) $87.4 \times 27.6 + 73.4 \times 87.4 - 87.4 =$

(8) $[10 - (0.2 + 6.37 \div 0.7)] \div 0.01 =$

(9) $0.8 \times [15.5 - (3.21 + 5.79)] =$

(10) $4.2 \times (12.5 - 7.5 \div 0.75) =$

(11) $30.8 \div [14 - (9.85 + 1.07)] =$

(12) $405 \times (3213 - 3189) =$

(13) $5.28 + 12.5 \times 4.12 \times 0.8 + 4.72 =$

(14) $15.39 \times 4.62 + 5.38 \times 15.39 =$

(15) $(58 + 37) \div (64 - 9 \times 5) =$

(16) $(45.9 - 32.7) \div 8 \div 0.125 =$

(17) $85 + 14 \times (14 + 208 \div 26) =$

(18) $671 \times 15 - 974 =$

(19) $31.5 \times 4 \div (6 + 3) =$

(20) $32.52 - (6 + 9.728 \div 3.2) \times 2.5 =$

(21) $2.881 \div 0.43 - 0.24 \times 3.5 =$

(22) $347 + 45 \times 2 - 4160 \div 52 =$

(23) $3.416 \div (0.016 \times 35) =$

(24) $20 \times [(2.44 - 1.8) \div 0.4 + 0.15] =$

(25) $194 - 64.8 \div 1.8 \times 0.9 =$

(26) $0.8 \times [(10 - 6.76) \div 1.2] =$

(27) $[60 - (9.5 + 28.9)] \div 0.18 =$

(28) $0.64 \times 25 \times 7.8 + 2.2 =$

(29) $85 \times (95 - 1440 \div 24) =$

(30) $(39 - 21) \times (396 \div 6) =$

(31) $156 \times [(17.7 - 7.2) \div 3] =$

(32) $[37.85 - (7.85 + 6.4)] \times 30 =$

(33) $28 \times (5 + 969.9 \div 318) =$

(34) $960 \div (1500 - 32 \times 45) =$

(35) $123 \times 18 - 123 \times 3 + 85 \times 123 =$

(36) $79 \times 42 + 79 + 79 \times 57 =$

(37) $5.4 \times 2.08 + 66 \times 0.208 - 2.08 =$

(38) $30.8 \div [14 - (9.85 + 1.07)] =$

(39) $(12.5 + 1.25 + 0.125) \times 80 =$

(40) $(2.55 \times 1.5 + 1.5 + 6.45 \times 1.5) \div 0.3 =$

(41) $[(8.3 - 6.8) \times 0.9 + 3.65] \div 2.5 =$

(42) $2.65 \times 1.7 + 1.35 \times 1.7 =$

(43) $630 \div [2.98 + 6.5 \times (3.2 - 3.12)] =$

(44) $(0.62 + 7.638 \div 20.1) \div 0.25 =$

(45) $5.6\times[(10-2.4)\div 7.6]\div 1.6=$
(46) $(10.8-1.06-0.74)\times 2.87+2.87=$
(47) $[68.8-(7.8+16.08\times 2.5)]\div 1.3=$
(48) $50+160\div 40\times(58+370)\div(64-45)=$
(49) $85+14\times(14+208\div 26)=$
(50) $(284+16)\times(512-8208\div 18)=$

四、思考题

1. 计算机数字小键盘的结构？
2. 计算机数字小键盘的操作指法？对比电子计算器操作方法有什么结论？
3. 计算器的按键一般包括哪些？分别有什么功能？
4. 计算器的操作方法及注意事项有哪些？

# 部分同步实训参考答案

## 项目1 会计书写规范同步实训

一、单项选择题

1. 【正确答案】A
2. 【正确答案】C
3. 【正确答案】D
4. 【正确答案】A
5. 【正确答案】C
6. 【正确答案】A
7. 【正确答案】A
8. 【正确答案】B
9. 【正确答案】A
10. 【正确答案】C
11. 【正确答案】B
12. 【正确答案】A

## 项目2 票据和结算凭证的填写同步实训

一、单项选择题

1. 【正确答案】A
【答案解析】付款人承兑商业汇票,不得附有条件;承兑附有条件的,视为拒绝承兑。
2. 【正确答案】D
【答案解析】支票的相对记载事项为付款地和出票地。
3. 【正确答案】D

【答案解析】票据基本当事人有出票人、收款人、付款人。

4.【正确答案】C

【答案解析】签发空头支票或者签发与其预留的签章不符的支票,不以骗取财物为目的的,由中国人民银行处以票面金额5％但不低于1000元的罚款;持票人有权要求出票人赔偿支票金额2％的赔偿金;对屡次签发的,银行应停止其签发支票。

5.【正确答案】D

【答案解析】银行汇票丧失,失票人可以凭人民法院出具的其享有票据权利的证明,向出票银行请求付款或退款。

6.【正确答案】C

【答案解析】票据丧失后可以采取挂失止付、公示催告、普通诉讼三种形式进行补救。

7.【正确答案】B

【答案解析】《票据法》规定的票据包括汇票、本票和支票。

8.【正确答案】B

【答案解析】中文大写数字写到"角"为止的,在"角"之后可以不写"整"字。

9.【正确答案】B

【答案解析】在填写出票日期时,日为壹至玖,壹拾、贰拾和叁拾的,应在其前加"零";日为拾壹至拾玖的应在前面加壹。

10.【正确答案】B

【答案解析】在填写出票日期时,日为壹至玖,壹拾、贰拾和叁拾的,应在其前加"零";日为拾壹至拾玖的应在前面加壹。

11.【正确答案】D

【答案解析】票据和结算凭证上的金额不得更改,更改的票据无效;更改的结算凭证,银行不予受理。

12.【正确答案】D

【答案解析】票据的收款人名称、金额和出票日期均不得更改。

13.【正确答案】C

【答案解析】出票人签发空头支票,持票人有权要求出票人赔偿支票金额2％的赔偿金。

14.【正确答案】C

【答案解析】票据和结算凭证的金额、出票或签发日期、收款人名称不得更改,更改的票据无效;更改的结算凭证,银行不予受理。对票据和结算凭证上的其他记载事项,原记载人可以更改,更改时应当由原记载人在更改处签章证明。

15.【正确答案】D

【答案解析】支票的金额、收款人名称,可以由出票人授权补记。所以,出票人可以签发未记载收款人名称的支票。

16.【正确答案】A

【答案解析】支票的提示付款期限自出票日起10日。

17.【正确答案】C

【答案解析】因特殊情况需要坐支现金的,应当事先报经开户银行审查批准,由开户银行核定坐支范围和限额。

18.【正确答案】D

【答案解析】发票不属于支付结算票据。

19.【正确答案】C

【答案解析】支票的金额、收款人名称,可以由出票人授权补记。

20.【正确答案】C

【答案解析】现金支票只能支取现金,划线支票和转账支票只能转账。

21.【正确答案】D

【答案解析】商业汇票是指出票人签发,委托付款人在指定日期无条件支付确定的金额给收款人或者持票人的结算方式。

22.【正确答案】D

23.【正确答案】D

24.【正确答案】A

25.【正确答案】A

26.【正确答案】C

27.【正确答案】A

【答案解析】银行本票是银行签发的。

二、多项选择题

1.【正确答案】ABCD

【答案解析】本题考核签发汇兑凭证必须记载的事项。

2.【正确答案】BD

【答案解析】选项A,见票后定期付款汇票的持票人应当自出票日起1个月内向付款人提示承兑;选项C,一般来说,如果付款人在3日内不作承兑与否表示的,则应视为拒绝承兑。

3.【正确答案】ABC

【答案解析】本题考核现金支票的填制。选项D,收款单位名称可以填写全称或者是规范化简称并与预留银行印鉴中单位名称保持一致。

4.【正确答案】ABD

【答案解析】签发支票必须记载下列事项,欠缺记载下列事项之一的,支票无效:①表明"支票"的字样。这是支票文句的记载事项,无此内容即为无效。②无条件支付的委托。这是支票有关支付文句的记载事项。我国现行使用的支票记载支付的文句,一般是支票上已印好的"上列款项请从我账户内支付"的字样。③确定的金额。④付款人名称。⑤出票日期。⑥出票人签章。

5.【正确答案】ACD

【答案解析】信用证不属于票据。

6.【正确答案】ABC

【答案解析】申请人因银行汇票超过付款提示期或其他原因要求退款时,应将银行汇票和解讫通知同时提交到出票银行,并提供本人身份证件或单位证明。

7.【正确答案】ABC

【答案解析】汇票未按规定期限提示承兑的,持票人丧失对前手的追索权,而不是付款请求权。

8.【正确答案】ABC

【答案解析】付款地不是商业汇票的绝对记载事项,商业汇票的付款地为承兑人所在地。

9.【正确答案】ABCD

【答案解析】被背书人受理银行汇票时,除审查收款人应审查的事项外,还应审查:银行汇票是否记载实际结算金额,有无更改,其金额是否超过出票金额;背书是否连续,背书人签章是否符合规定;背书使用粘单的是否按规定签章;背书人是个人的,应验证其个人证件。

10.【正确答案】ABC

【答案解析】申请人或收款人为单位的,不得在"银行汇票申请书"上填明"现金"字样。

11.【正确答案】ABCD

【答案解析】本题考核建立健全现金核算与内部控制的具体要求。

12.【正确答案】ABCD

【答案解析】本题考核现金的内部控制工作要求。

13.【正确答案】ACD

【答案解析】选项B应该为叁万贰仟零壹拾贰元伍角整或者叁万贰仟零壹拾贰元伍角。

14.【正确答案】CD

【答案解析】银行汇票出票人在票据上的签章为经中国人民银行批准使用的该银行汇票专用章加其法定代表人的签名或者盖章。

15.【正确答案】ACD

【答案解析】承兑附有条件的,视为拒绝承兑,并不导致此商业汇票无效。

16.【正确答案】BCD

【答案解析】填明"现金"字样的银行汇票不得背书转让。

17.【正确答案】AB

【答案解析】出纳人员应当根据复核无误的支付申请,按规定办理货币资金支付手续,及时登记现金和银行存款日记账。

18.【正确答案】CD

【答案解析】阿拉伯金额数字万位和元位是"0",或者数字中间连续有几个"0",万位、元位也是"0",但千位、角位不是"0"时,中文大写金额中可以只写一个"零"字,也可以不写"零"字。大写金额数字有"分"的,"分"后面不写"整"(或"正")字。

19.【正确答案】ABCD

【答案解析】行使追索权的当事人除票据收款人和最后被背书人外,还可能是代为清偿票据债务的保证人、背书人。

20.【正确答案】BC

【答案解析】票据权利包括付款请求权和追索权。

21.【正确答案】ABC

【答案解析】开户单位之间的经济往来,除按规定的范围可以使用现金外,应当通过开户银行进行转账结算。所以选项D不正确。

22.【正确答案】ABC

【答案解析】根据有关规定,填明"现金"字样的银行汇票、未填写实际结算金额或实际结算金额超过出票金额的银行汇票不得背书转让。

23.【正确答案】ABD

【答案解析】收款人的名称是银行本票的必要记载事项,不得授权补记。

24.【正确答案】BD

【答案解析】支票的付款人为支票上记载的出票人开户银行;付款地为付款人所在地。

25.【正确答案】BCD

【答案解析】用于支取现金的支票不得背书转让。

26.【正确答案】ACD

【答案解析】出票人签发空头支票,银行应予以退票,并按票面金额处以5%但不低于1000元的罚款。

27.【正确答案】AC

【答案解析】转账支票和划线支票只能转账,普通支票可以用于支取现金,也可用于转账。

28.【正确答案】CD

【答案解析】支票的金额、收款人名称可以由出票人授权补记。

29.【正确答案】ABC

【答案解析】用于支取现金的支票不得背书转让。

30.【正确答案】AB

【答案解析】表明"本票"的字样,无条件支付的承诺是银行本票的绝对记载事项,若缺少,则本票无效。

31.【正确答案】BCD

【答案解析】商业汇票可分为商业承兑汇票和银行承兑汇票两类。

32.【正确答案】ABC

【答案解析】银行本票属见票即付。

33.【正确答案】AD

【答案解析】填明"现金"字样的银行本票丧失,可以挂失止付;未填明"现金"字样的银行本票丧失,不可以挂失止付。

34.【正确答案】ABC

【答案解析】行使追索权的当事人除票载收款人和最后被背书人外,还可能是代为清偿票据债务的保证人和背书人。

35.【正确答案】ABC

【答案解析】票据的基本当事人包括:出票人、付款人和收款人。

36.【正确答案】ABD

【答案解析】票据行为包括出票、背书、承兑和保证四种。

37.【正确答案】ABC

【答案解析】根据《支付结算办法》的规定,签发票据和结算凭证时不得更改的项目有:出票和签发日期;收款人名称;金额。

38.【正确答案】ABC

【答案解析】向汇票的背书人请求付款是追索权的体现,而不是付款请求权。

39.【正确答案】ABCD

【答案解析】票据具有信用、支付、汇兑和结算职能。

40.【正确答案】ABC

【答案解析】未使用中国人民银行统一规定格式的结算凭证,银行不予受理;结算凭证的金额、签发日期和收款人名称不予受理,更改的结算凭证,银行不予受理;结算凭证金额以中文大写、阿拉伯数字同时记载,两者必须一致,否则银行不予受理。

41.【正确答案】AD

【答案解析】签发银行汇票必须记载下列事项:表明"银行汇票"的字样、无条件支付的承诺、出票金额、付款人名称、收款人名称、出票日期、出票人签章。

42.【正确答案】BD

【答案解析】支付银行承兑汇票手续费 500 元,直接由银行扣收,而不能支付现金;支付购买扫描仪及打字机价款 4500 元,超过了结算结点,也不能用现金结算。

43.【正确答案】BCD

【答案解析】结算凭证金额必须用中文大写和阿拉伯数字同时记载;票据金额中文大写与阿拉伯数字必须一致,若不一致,银行不予受理。

44.【正确答案】AD

【答案解析】票据的收款人名称、金额和出票日期均不得更改。

45.【正确答案】ABC

【答案解析】票据出票日期虽为大写,但未按要求规范填写的,银行可以受理,由此造成损失的,由出票人承担。

46.【正确答案】CD

【答案解析】票据和结算凭证金额数字书写中使用繁体字,也应受理;票据出票日期必须用中文大写填写。

三、判断题

1.【正确答案】正确

【答案解析】本题考核背书行为。

2.【正确答案】正确

【答案解析】付款人承兑商业汇票,不得附有条件;承兑附有条件的,视为拒绝承兑。这就是说,付款人作出的承兑是无条件的,如果附有条件,则应视为拒绝承兑。

3.【正确答案】错误

【答案解析】超过提示付款期限的,依照《票据法》规定,付款人可以不予付款,但是付款人不予付款的,出票人仍应当对持票人承担票据责任。

4.【正确答案】错误

【答案解析】支票在其票据交换区域可以背书转让,用于支取现金的支票不能背书转让。

5.【正确答案】正确

【答案解析】签发现金银行汇票，申请人和收款人必须均为个人，收妥申请人交存的现金后，在银行汇票"出票金额"栏先填写"现金"字样，后填写出票金额，并填写代理付款人名称。

6.【正确答案】错误

【答案解析】出票人签章不符合规定的，票据无效。背书人在票据上签章不符合规定的，不影响其前手符合规定签章的效力。

7.【正确答案】正确

【答案解析】本题考核票据当事人。

8.【正确答案】错误

【答案解析】普通支票既能用于支取现金，又可用于转账。

9.【正确答案】错误

【答案解析】支票的出票人签发支票的金额不得超过付款时实有的金额。

10.【正确答案】错误

【答案解析】超过提示付款期的支票提示付款时，持票人开户银行不予受理，付款人不予付款。

11.【正确答案】正确

【答案解析】票据和结算凭证的金额、出票或签发日期、收款人名称不得更改，更改的票据无效；更改的结算凭证，银行不予受理。对票据和结算凭证上的其他记载事项，原记载人可以更改，更改时应当由原记载人在更改处签章证明。

12.【正确答案】错误

【答案解析】《支付结算办法》规定，票据出票日期使用小写填写的，银行不予受理。大写日期未按要求规定填写的，银行可予受理，但由此造成损失的，由出票人自行承担。

13.【正确答案】错误

【答案解析】付款人的承兑附有条件的，视为拒绝承兑，并不导致票据无效。

14.【正确答案】错误

【答案解析】商业汇票的提示付款期限自汇票到期日起10日。

15.【正确答案】正确

【答案解析】商业承兑汇票的出票人，为在银行开立存款账户的法人以及其他组织，与付款人具有真实的委托付款关系，具有支付汇票金额的可靠资金来源。

16.【正确答案】错误

【答案解析】汇出银行向汇款人签发的汇款回单，只能用作汇出银行受理汇款的依据，不能作为该笔汇款已转入收款人账户的证明。

17.【正确答案】正确

【答案解析】出差人员随身携带的差旅费不受结算起点的限制。

18.【正确答案】错误

【答案解析】开户单位现金收入应当于当日送存开户银行。当日送存确有困难的，由开户银行确定送存时间。

19.【正确答案】错误

【答案解析】票据的相对记载事项是指《票据法》规定应记载而未记载,但适用法律的有关规定而不使票据失效的事件。

20.【正确答案】正确

【答案解析】本题考核付款人的概念。

21.【正确答案】错误

【答案解析】银行汇票的实际结算金额若超过出票金额,不得背书转让。

22.【正确答案】错误

【答案解析】可以由出票人授权补记的是支票的金额和收款人名称。

23.【正确答案】错误

【答案解析】银行办理商业承兑汇票划款时,付款人存款账户不足支付的,应填制付款人未付票款通知书,连同商业承兑汇票邮寄持票人开户银行转交持票人。

24.【正确答案】错误

【答案解析】银行承兑汇票的承兑银行应按票面金额向出票人收取万分之五的手续费。可见,手续费应向出票人收取而不是向持票人收取。

25.【正确答案】错误

【答案解析】银行承兑汇票的出票人于汇票到期日未能足额交存票款时,承兑银行应凭票向持票人无条件付款;对出票人尚未交付的汇票金额应计收利息。

26.【正确答案】错误

【答案解析】商业汇票的提示付款期限最长不得超过6个月。

27.【正确答案】正确

【答案解析】票据签章是票据行为生效的重要条件,如果票据缺乏当事人的签章,则该票据行为无效。

28.【正确答案】错误

【答案解析】单位之间不得相互借用现金。

29.【正确答案】正确

【答案解析】结算凭证的金额、签发日期和收款人的名称不得更改,更改的结算凭证,银行不予受理。

30.【正确答案】错误

【答案解析】银行汇票的提示付款期限自出票日起1个月。

31.【正确答案】错误

【答案解析】商业汇票适用于在银行开立存款账户的法人以及其他组织之间具有真实的交易关系或债权债务关系的款项的结算。

32.【正确答案】错误

【答案解析】商业汇票的付款人为承兑人。

33.【正确答案】错误

【答案解析】标有"现金"字样的银行汇票不得背书转让。

34.【正确答案】错误

【答案解析】银行汇票是由银行签发的,由其在见票时按照实际结算金额无条件支付给收款人或者持票人的票据。

35.【正确答案】错误

【答案解析】除票据的最后被背书人外,代为清偿票据债务的保证人、背书人等票据当事人均可行使追索权。

36.【正确答案】正确

【答案解析】票据权利是指票据持票人向票据债务人请求支付票据金额的权利,包括付款请求权和追索权。

37.【正确答案】错误

【答案解析】付款人是票据的基本当事人。

38.【正确答案】正确

【答案解析】票据当事人是指票据法律关系中享有票据权利、承担票据义务的当事人,也称票据法律关系主体。

四、案例分析题

1.（1）【正确答案】CD

【答案解析】本题考核银行汇票非法定记载事项。本题选项A和选项B属于银行汇票的相对应记载事项。

（2）【正确答案】AD

【答案解析】本题考核支票的授权补记事项。根据规定,支票的金额和收款人名称都可以授权补记,未补记前不得背书转让和提示付款。

（3）【正确答案】A

【答案解析】本题考核支票的提示付款期限。支票的提示付款期限是出票日起10日内。

（4）【正确答案】BCD

【答案解析】本题考核票据背书行为的相关规定。根据规定,以背书转让的汇票,背书应当连续。背书连续是指在票据转让过程中,转让汇票的背书人与受让汇票的背书人在汇票上的签章依次前后衔接,即第一次背书的背书人为票据的收款人;第二次背书的背书人为第一次背书的被背书人。本题中,出纳所盖的背书人签章和所写的被背书人名称正好相反,此举会导致汇票背书不连续,付款银行拒绝付款。

2.（1）【正确答案】CD

（2）【正确答案】ABD

（3）【正确答案】ABD

（4）【正确答案】B

（5）【正确答案】B

# 项目 3  账证处理流程同步实训

一、单项选择题

1.【正确答案】B

【答案解析】县级以上财政部门对伪造、变造会计凭证、会计账簿或编制虚假财务会计报告,尚不构成犯罪的,在对违法单位进行通报的同时,对单位并处 5000 元以上 10 万元以下的罚款。

2.【正确答案】A

【答案解析】行政处罚与行政处分都包含的形式是警告。

3.【正确答案】D

【答案解析】刑事责任与行政责任两者的主要区别在于:①追究的违法行为不同:追究刑事责任的是犯罪行为;追究行政责任的是一般违法行为。②追究责任的机关不同:追究刑事责任只能由司法机关依照《刑法》的规定决定;追究行政责任由国家特定的行政机关依照有关法律的规定决定。③承担法律责任的后果不同:追究刑事责任是最严厉的制裁,可以判处死刑,比追究行政责任严厉得多。

4.【正确答案】B

【答案解析】国家机关、国有企业、事业单位任用会计人员应当实行回避制度。单位领导人的直系亲属不得担任本单位的会计机构负责人、会计主管人员;会计机构负责人、会计主管人员的直系亲属不得在本单位会计机构中担任出纳工作。

5.【正确答案】D

【答案解析】根据《会计档案管理办法》,会计档案的定期保管期限分为 3 年、5 年、10 年、15 年和 25 年,不包括 20 年。

6.【正确答案】B

【答案解析】单位内部会计监督的对象是单位的经济活动。

7.【正确答案】D

【答案解析】本题考核账账核对的内容。账账核对是指核对不同会计账簿之间的账簿记录是否相符,主要包括四方面:①总账有关账户的余额核对;②总账与明细账核对;③总账与日记账(序时账)核对;④明细账之间的核对。选项 D 属于账实核对。

8.【正确答案】B

【答案解析】对企业实际发生的经济业务事项按其性质进行归类,确定会计分录,并据以登记会计账簿的凭证是记账凭证。

9.【正确答案】B

【答案解析】本题考核税收行政法规。税收行政法规是国务院依据宪法和法律的授权所制定的,由总理签署国务院令公布,主要包括《增值税暂行条例》、《消费税暂行条例》、《营业税暂行条例》等。

10.【正确答案】B

【答案解析】主刑只能独立适用,不能附加适用。

11.【正确答案】B

【答案解析】本题考核单位内部会计监督制度的基本要求。

12.【正确答案】C

【答案解析】中国注册会计师协会是注册会计师的全国组织,省、自治区、直辖市注册会计师协会是注册会计师的地方组织。

13.【正确答案】C

【答案解析】我国财政部门对会计工作的管理工作是一种社会管理,属于外部管理活动,而单位作为法人独立进行的会计工作则属于单位内部的管理活动。

14.【正确答案】A

【答案解析】本题考核会计凭证的相关规定。根据要求,所有记账凭证都必须附原始凭证,只有两种情况例外:结账的记账凭证和更正错误的记账凭证。

15.【正确答案】B

【答案解析】会计部门规章是根据《立法法》规定的程序,由财政部制定,并由财政部部长签署命令予以公布的有关会计工作的制度办法。

16.【正确答案】C

【答案解析】《会计档案管理办法》由国务院财政部、国家档案局发布。

17.【正确答案】A

【答案解析】移交人员对移交的会计凭证、会计账簿、会计报表和其他有关资料的合法性、真实性承担法律责任。

18.【正确答案】C

【答案解析】《会计法》规定,会计核算以人民币为记账本位币。业务收支以人民币以外的货币为主的单位,可以选定其中一种货币作为记账本位币。记账本位币一经确定,不得随意变动。

19.【正确答案】C

【答案解析】行政处分的形式有警告、记过、记大过、降级、撤职、留用察看和开除等。

20.【正确答案】D

【答案解析】业务收支以人民币以外的货币为主的单位,可以选定其中一种作为记账本位币。并不是任意一种外币,而是以业务收支为主的外币。

21.【正确答案】D

【答案解析】单位负责人应对会计报告的真实性、完整性负责,由于内部管理混乱而造成的会计报表资料的不真实、不合法,首先应承担责任的是单位负责人。

22.【正确答案】C

【答案解析】会计工作交接时,接替人员在交接时因疏忽没有发现所接会计资料的真实性、完整性方面的问题,如事后发现,则该问题应由原移交人员负责。

23.【正确答案】C

【答案解析】会计人员进行会计工作交接时,移交清册一般应填制一式三份,交接双方各执一份、存档一份。

24.【正确答案】D

【答案解析】按照《企业财务会计报告条例》,企业生产经营的基本情况应是财务情况说明书中应说明的内容。

25.【正确答案】A

【答案解析】《会计法》关于会计机构负责人、会计主管人员任免应当经过主管单位同意的规定,适用于国有企事业单位。

26.【正确答案】A

【答案解析】根据《会计档案管理办法》,会计档案由单位会计机构负责整理归档并保管一年后,移交单位的档案管理机构继续保管。

27.【正确答案】C

【答案解析】我国单位内部会计监督的主体是本单位的会计机构和会计人员。

28.【正确答案】B

【答案解析】出纳和稽核属不相容职务,由出纳人员兼任稽核职务,有违内部牵制制度。

29.【正确答案】B

【答案解析】《会计法》明确规定,各单位会计机构应建立稽核制度。

30.【正确答案】C

【答案解析】《会计法》第三十六条的规定,不能设置会计机构的单位,应当在有关机构中设置会计人员并指定会计主管人员。可见,所谓会计主管人员,是特指未单独设置会计机构而在有关机构中指定的行使会计机构负责人职权的会计人员。

31.【正确答案】C

【答案解析】记账人员与经济业务或会计事项的审批人员、经办人员、财物保管人员的职责权限应当明确,并相互分离、相互制约。

32.【正确答案】C

【答案解析】选项A,银行对账单不是记账凭证;选项B,固定资产卡片是辅助类账簿,它们之间的核对是账账核对;选项D,汇总记账凭证也是记账凭证,它们之间的核对是证证核对。

33.【正确答案】D

【答案解析】保管期满但尚未结清的债权债务原始凭证及其他未了事项的原始凭证不得销毁,应当单独立卷,保管到未了事项终结为止。

34.【正确答案】D

【答案解析】伪造会计凭证和会计账簿是指以虚假的经济业务为前提编制会计凭证或账簿。通过这道题,考生还应注意掌握变造会计凭证和会计账簿的含义:是指采取涂改、挖补以及其他方法改变会计凭证、账簿真实内容的行为。

35.【正确答案】A

【答案解析】《会计法》规定财务会计报告应当由单位负责人和主管会计工作的负责人、会计机构负责人签名并盖章。

36.【正确答案】B

【答案解析】会计凭证按填制程序和用途的不同,可分为原始凭证和记账凭证。

37.【正确答案】A

【答案解析】利润表和利润分配表反映了企业利润的实现和分配情况;现金流量表反映了企业现金流入流出的情况;资产负债表反映了企业某一特定日期的财务状况。

38.【正确答案】A

【答案解析】总账是订本账,而不是活页账;应收、应付款项的备查簿属于备查账簿而不是总账;逐日逐笔序时登记是日记账,而不是总账。所以选项A是正确答案。

39.【正确答案】D

【答案解析】"依法建账"中的"法"既包括《会计法》和《会计基础工作规范》,又包括其他一些法律、行政法规,如《税收征收管理法》、《公司法》。

40.【正确答案】C

【答案解析】根据有关规定,原始凭证的各项内容不得涂改;原始凭证金额出现错误的不得更正,只能由原始凭证开具单位重新开具。

41.【正确答案】A

【答案解析】根据《会计基础工作规范》第五十一条"除结账和更正错误的记账凭证可以不附原始凭证外,其他记账凭证必须附有原始凭证",所以选项A是正确答案。

42.【正确答案】A

【答案解析】凭证上的单价和金额数字有涂改痕迹,这是一张伪造的原始凭证,是不真实的原始凭证。

43.【正确答案】B

【答案解析】审核原始凭证是确保会计资料质量的重要措施之一,也是会计机构、会计人员的重要职责。

44.【正确答案】C

【答案解析】复式记账凭证和单式记账凭证的不同在于填制方法的不同。

45.【正确答案】A

【答案解析】法律是由全国人民代表大会及其常务委员会制定的,它具有仅次于宪法的效力。

46.【正确答案】D

【答案解析】《会计法》、《企业财务会计报告条例》规定,单位负责人应当保证财务会计报告真实、完整,单位负责人是单位对外提供财务会计报告的责任主体。

47.【正确答案】B

【答案解析】只有加盖填制单位公章,才能证明原始凭证的法律有效性。

48.【正确答案】A

【答案解析】进行会计核算的是那些已发生且引起资金运动的经济业务事项。

49.【正确答案】C

【答案解析】伪造、变造会计资料和提供虚假财务报告的主体既包括单位及其工作人员为单位内部的非法目的而实施的该行为,又包括为他人而实施的该行为。所以其主体应包括任何单位和个人。

50.【正确答案】A

【答案解析】用电子计算机进行会计核算的单位,其使用的会计软件及其生成的会计资料应当符合财政部门的规定。

51.【正确答案】A

【答案解析】《总会计师条例》是由国务院发布的。

52.【正确答案】B

【答案解析】《企业会计准则》和《总会计师条例》属于会计行政法规,《会计法》属于会计法律,《会计档案管理办法》属于会计规章。

53.【正确答案】A

【答案解析】国务院发布的《总会计师条例》是会计行政法规;财政部发布的《企业会计制度》和《会计基础工作规范》属于会计规章,只有《会计法》属于会计法律。

54.【正确答案】D

【答案解析】规章是国务院各管理部门和地方人民政府在其职权内制定、发布的规范性文件,规章的效力低于宪法、法律和行政法规。

55.【正确答案】A

【答案解析】《会计法》是会计法律规范中层次最高的法律规范,是制定其他法律法规的依据。

56.【正确答案】A

【答案解析】行政法规是由国务院制定和发布的规范性文件。考生应举一反三,注意我国法律规范构成的层次(宪法、法律、行政法规、地方性法规、规章),明确它们各自的制定和发布机关。

57.【正确答案】D

【答案解析】会计机构、会计人员对于违法的收支,应不予受理,并向单位负责人报告。

58.【正确答案】A

【答案解析】原始凭证有两种取得途径:经办人员直接取得和填制。据此,原始凭证可分为外来原始凭证和自制原始凭证。

59.【正确答案】D

【答案解析】根据《会计法》规定,财务会计报告应当由单位负责人和主管会计工作的负责人、会计机构负责人签名并盖章。

60.【正确答案】C

【答案解析】所谓内部监督是指单位内部的监督,所以只有选项C是正确的。

61.【正确答案】C

【答案解析】从1998年起,国有企业年度会计报表除个别特殊行业外,不再实行财政审批制度。所以选项C是正确答案。

62.【正确答案】A

【答案解析】《企业会计制度》是由财政部发布的。

63.【正确答案】D

【答案解析】《企业财务会计报告条例》规定的会计期间分为年度、半年度、季度和月度。

64.【正确答案】D

【答案解析】对企业会计工作进行国家监督的主体是政府财政部门。通过这道题,考生应掌握我国目前对会计工作三位一体的会计监督体系,包括单位内部监督、以注册会计师为主体的社会监督和以政府财政部门为主体的国家监督。

65.【正确答案】B

【答案解析】根据有关规定,审计机关并非对所有单位的会计资料都有权进行监督检查,所以 A 不正确;保险监管部门没有权力对投保人的会计资料进行监督检查,所以 C 不正确;证券监管部门不能对未发行证券的股份有限公司的会计资料进行监督检查,所以 D 不正确。

66.【正确答案】B

【答案解析】根据《会计档案管理办法》,会计档案的定期保管期限分为 3 年、5 年、10 年、15 年和 25 年,所以定期保管的最短年限为 3 年。

67.【正确答案】C

【答案解析】根据有关规定,财务会计报告由会计报表、会计报表附注和财务情况说明书组成。

68.【正确答案】A

【答案解析】担任会计师的基本条件之一是:取得博士学位并具备履行会计师职责的能力,或者取得硕士学位并担任助理会计师职务两年左右,或者取得第二学士学位或研究生班结业证书并担任助理会计师职务 2~3 年,或者大学本科或专科毕业并担任助理会计师职务 4 年以上。

69.【正确答案】B

【答案解析】《会计法》规定,不依法设置账簿或私设会计账簿的,情节严重的,由县级以上人民政府财政部门吊销会计证后,五年内不得重新取得会计证。

70.【正确答案】A

【答案解析】根据《会计档案管理办法》,保管期满的会计档案,应由单位档案管理机构提出销毁意见,会同会计机构共同鉴定。

71.【正确答案】B

【答案解析】根据《会计法》规定,会计记录的文字应当使用中文。根据这一规定,在我国境内所有国家机关、社会团体、公司、企业、事业单位和其他组织的会计记录文字都必须使用中文。同时,《会计法》规定,会计记录在使用中文的前提下,可以同时使用一种外国文字。使用中文是强制性的,使用其他文字是备选性的。

二、多项选择题

1.【正确答案】ABCD

【答案解析】单位负责人应对会计资料的真实性、完整性负责;张某是移交人员,应对所移交资料的真实、完整性负责;李某是会计机构负责人,也应对会计资料的真实、完整性负责。

2.【正确答案】ABD

【答案解析】行政处分的形式有警告、记过、记大过、降级、撤职、留用察看和开除等。

3.【正确答案】ABCD

【答案解析】刑罚的附加刑分为罚金、剥夺政治权利、没收财产。对于犯罪的外国人,也可以独立或附加使用驱逐出境。

4.【正确答案】ABCD

【答案解析】设置会计工作岗位的基本原则包括根据本单位会计业务的需要设置会计工作岗位;符合内部牵制制度的要求;对会计人员的工作岗位要有计划地进行轮岗,以促进会计人员全面熟悉业务和不断提高业务素质;要建立岗位责任制。

5.【正确答案】ABCD

【答案解析】注册会计师及其所在的会计师事务所会计咨询、服务业务具体包括设计财务会计制度;担任会计顾问,提供会计、管理咨询;代理纳税申报;提供税务咨询;代理、申请工商登记;拟订合同等。

6.【正确答案】ABCD

【答案解析】根据《财政部门实施会计监督办法》的规定,财政部门依法对各单位会计凭证、会计账簿、财务会计报告和其他会计资料的真实性、完整性实施监督检查,内容包括:《会计法》第十条规定的应当办理会计手续、进行会计核算的经济业务事项是否如实在会计凭证、会计账簿、财务会计报告和其他会计资料上反映;填制的会计凭证、登记的会计账簿、编制的财务会计报告与实际发生的经济业务事项是否相符;财务会计报告的内容是否符合有关法律、行政法规和国家统一的会计制度的规定;其他会计资料是否真实、完整。

7.【正确答案】ABCD

8.【正确答案】BCD

【答案解析】保管期满但未结清的债权债务原始凭证及其他未了事项的原始凭证,不得销毁,应当单独抽出立卷,保管到未了事项完结时为止。正在项目建设期间的建设单位,其保管期满的会计档案不得销毁。

9.【正确答案】CD

【答案解析】选项A、B属于编报说明,不属于会计报表附注的内容。

10.【正确答案】BCD

【答案解析】原始凭证是编制记账凭证的依据,选项A不正确。

11.【正确答案】ABCD

【答案解析】会计工作交接时,应在移交清册上注明:单位名称、交接日期、交接双方和监交人的职务、姓名,移交清册页数以及需要说明的问题和意见。

12.【正确答案】ABCD

【答案解析】现行的适用支付结算的法律、行政法规以及部门规章和政策性规定主要有:《票据法》、《票据管理实施办法》、《支付结算办法》、《银行卡业务管理办法》、《人民币银行结算账户管理办法》、《异地托收承付结算办法》、《电子支付指引(第一号)》等。

13.【正确答案】AD

【答案解析】财务会计报告应当由单位负责人和主管会计工作的负责人、会计机构负责人、会计主管人员签名并盖章;设置总会计师的单位还须由总会计师签名并盖章。

14.【正确答案】AD

【答案解析】会计机构、会计人员对不真实、不合法的原始凭证有权不予接受,并向单位负责人报告。

15.【正确答案】ABCD

【答案解析】本题考核注册会计师协会的主要职责。

16.【正确答案】AD

【答案解析】我国财政部门实施的会计监督检查包括会计信息质量检查和会计师事务所执业质量检查。

17.【正确答案】BCD

【答案解析】会计规范性文件的效力低于会计部门规章。

18.【正确答案】ABCD

【答案解析】本题考核记账凭证的保管。记账凭证应当连同所附的原始凭证或者原始凭证汇总表,按照编号顺序折叠整齐,按期装订成册,并加具封面,注明单位名称、年度、月份和起讫日期、凭证种类、起讫号码,由装订人在装订线封签处签名或者盖章。

19.【正确答案】ABCD

【答案解析】本题考核记账凭证的审核。

20.【正确答案】ABCD

【答案解析】财政部门依法对各单位设置会计账簿的下列情况实施监督检查:应当设置会计账簿的是否按规定设置会计账簿;是否存在账外设账的行为;是否存在伪造、变造会计账簿的行为;设置会计账簿是否存在其他违反法律、行政法规和国家统一的会计制度的行为。

21.【正确答案】ABCD

【答案解析】会计岗位可以包括:会计机构负责人、出纳、财产物资核算、工资核算、成本费用核算、财务成果核算、资金核算、往来核算、总账报表、稽核、档案管理。

22.【正确答案】ABC

【答案解析】单位规模的大小、经济业务和财务收支的繁简、经营管理的要求,直接决定了一个单位是否应设置会计机构。

23.【正确答案】ABC

【答案解析】实施监督的政府机构不包括工商行政管理机关。

24.【正确答案】AD

【答案解析】移交人员对所移交的会计资料的真实性、完整性负责;即使接管人员在交接时未发现所接资料的真实性、完整性方面的问题,如事后发现,该问题仍应由移交人员负责。

25.【正确答案】ACD

【答案解析】某单位业务收支以美元为主,可以选用美元为记账本位币,但编报的会计报告应当折算为人民币。

26.【正确答案】ABC

【答案解析】出纳人员并非不能完全作记账工作,只要所记的账不是收入、费用、债权、债务等直接与单位资金收支增减往来有关的账目,出纳人员是可以承担一部分记账工作的。

27.【正确答案】ABCD

【答案解析】未结清的债权、债务及其他未了事项的原始凭证,其保管期满不得销毁。正在项目建设期间的建设单位,保管期满的档案也不得销毁。

28.【正确答案】CD

【答案解析】保管期满的会计档案,应由单位档案管理机构和会计机构共同派员监督销毁。

29.【正确答案】ACD

【答案解析】单位负责人应对单位的会计工作和会计资料的真实性、完整性负责,并不是强调单位负责人应直接从事会计工作,而是强调单位负责人必须通过有关制度委托、授权会计机构、会计人员按章办事,严格把关。

30.【正确答案】ABD

【答案解析】《会计法》规定,会计机构负责人应"具备从事会计工作三年以上经历"。

31.【正确答案】ABCD

【答案解析】会计人员继续教育的内容包括:会计理论与实务;财务、会计法规制度;会计职业道德规范;其他相关的知识与法规。

32.【正确答案】BCD

【答案解析】以虚假的经济业务事项为前提编造不真实的会计凭证、会计账簿和其他会计资料是伪造会计凭证、会计账簿和其他资料的行为,而非变造行为。考生应注意理解伪造和变造的区别。

33.【正确答案】AB

【答案解析】会计档案一般包括会计凭证、会计账簿、财务会计报告以及其他会计资料等会计核算的专业资料。

34.【正确答案】ABC

【答案解析】独立进行经济决策是单位负责人职责而不是会计人员的职责。

35.【正确答案】ABCD

【答案解析】A、B、C、D四种情况下,主管单位均可派人会同监交。

36.【正确答案】BCD

【答案解析】国务院发布的《总会计师条例》是会计行政法规;财政部发布的《企业会计制度》和《会计基础工作规范》属于会计规章,只有《会计法》属于会计法律。

37.【正确答案】ABCD

【答案解析】会计资料是在会计核算过程中形成的、记录和反映实际发生的经济业务事项的资料,包括会计凭证、会计账簿、财务会计报告和其他会计资料。

38.【正确答案】ACD

【答案解析】企业应当按照交易或经济事项的经济实质进行会计核算,而不应当仅仅按照它们的法律形式作为会计核算的依据,所以选项B不正确。

39.【正确答案】ABC

【答案解析】我国会计法律的基本构成包括会计法律、会计行政法规、会计规章,此外,各省、自治区、直辖市人民代表大会及其常务委员会制定发布的会计规范性文件,也是我国会计法律制度的重要组成部分。

40.【正确答案】BC

【答案解析】会计凭证按填制程序和用途的不同,可分为原始凭证和记账凭证。

41.【正确答案】AB

【答案解析】《总会计师条例》属于会计行政法规,《会计法》属于会计法律,《会计档案管理办法》和《企业会计制度》属于会计规章。

42.【正确答案】AB

【答案解析】对记载不准确、不完整的原始凭证,会计机构及其人员有权退回,并要求经办人员按照国家会计制度的统一规定进行更正、补充。

43.【正确答案】ACD

【答案解析】根据《会计基础工作规范》,自制原始凭证必须有经办单位领导人或者其指定的人员签名或者盖章。所以选项B不正确。

44.【正确答案】ABD

【答案解析】银行存款账户余额要与银行对账单核对相符,如有未达款项,应编制银行存款余额调节表调节相符。所以选项C不正确。

45.【正确答案】AD

【答案解析】《总会计师条例》和《企业会计准则》属于会计行政法规。

46.【正确答案】ABC

【答案解析】《企业财务会计报告条例》规定的会计期间分为年度、半年度、季度和月度。

47.【正确答案】ABCD

【答案解析】根据《会计法》规定,财务会计报告应当由单位负责人和主管会计工作的负责人、会计机构负责人签名并盖章;设置总会计师的单位,还须由总会计师签名和盖章。

48.【正确答案】ABCD

【答案解析】《企业财务会计报告条例》第三十六条规定,向不同的会计资料使用者提供的财务会计报告,其编制基础、编制依据、编制原则、编制方法应当一致。

49.【正确答案】ABCD

【答案解析】按照《企业财务会计报告条例》,财务情况说明书至少应包括:企业生产经营的基本情况;利润实现和分配情况;资金增减和周转情况;对企业财务状况、经营成果和现金流量有重大影响的其他事项。

50.【正确答案】ABCD

【答案解析】根据《会计档案管理办法》,会计档案的定期保管期限分为3年、5年、10年、15年和25年。

51.【正确答案】ABC

【答案解析】利润实现和分配情况不在会计报表附注中予以披露。

52.【正确答案】ABCD

【答案解析】账账相符包括:总账各账户之间的相符;总账与明细账之间的相符;总账与日记账之间的相符;会计机构的财产物资明细账与保管部门、使用部门的有关财产物资明细账之间的相符。

53.【正确答案】ABCD

【答案解析】通过会计账簿记录与实物、款项的实有数相核对,既可以发现账簿记录中存在的问题,又可以发现实物、款项中存在的问题,这样无疑有利于改善管理,提高效益,保证会计资料的真实、完整。

54.【正确答案】ABC

【答案解析】转账凭证是记账凭证而不是原始凭证。

55.【正确答案】BCD

【答案解析】应收账款明细账属于明细账而不是备查簿。

56.【正确答案】ABCD

【答案解析】原始凭证应包括如下内容：原始凭证名称、填制原始凭证的日期、填制原始凭证的单位的名称或填制人员的姓名、接受原始凭证的单位、经济业务事项名称、经济业务事项的数量、单价和金额、经办人员的签名或盖章等。

57.【正确答案】AD

【答案解析】银行存款日记账一般采用订本账而不是活页账；银行存款日记账是日记账而不是备查账。

58.【正确答案】ABD

【答案解析】会计报告是根据会计账簿记录和有关资料编制的，所以账簿不是编制会计报告的唯一依据。

59.【正确答案】ABCD

【答案解析】记账凭证应具备内容：填制记账凭证的日期；记账凭证的名称和编号；经济业务事项摘要；应记会计科目、方向和金额；记账符号；记账凭证所附原始凭证的张数；记账凭证的填制人员、稽核人员、记账人员和会计主管人员的签名和盖章等。

60.【正确答案】ABCD

【答案解析】"依法建账"中的"法"既包括《会计法》和《会计基础工作规范》，又包括其他一些法律、行政法规，如《税收征收管理法》、《公司法》。

61.【正确答案】ABD

【答案解析】原始凭证金额出现错误的不得更正，只能由原始凭证开具单位重新开具。

62.【正确答案】BC

【答案解析】按来源的不同，可以分为外来原始凭证和自制原始凭证。

63.【正确答案】ABCD

【答案解析】时间、编号、内容、金额、记账方向等均是账证核对应检查的内容。

64.【正确答案】ABCD

【答案解析】《会计法》规定账目核对要做到账实相符、账证相符、账账相符、账表相符。

三、判断题

1.【正确答案】正确

【答案解析】单位负责人对依法履行职责，抵制违反《会计法》规定行为的会计人员实行打击报复，情节轻微，危害性不大，尚不构成犯罪的，由其所在单位或者行政监察部门视情节轻重，依法给予行政处分。

2.【正确答案】错误

【答案解析】隐匿或者故意销毁依法应当保存的会计凭证、会计账簿、财务会计报告，不构成犯罪的，对其直接负责的主管人员，可以处3000元以上5万元以下的罚款。

3.【正确答案】正确

【答案解析】会计核算有四个基本假设，货币计量是其中之一。

4.【正确答案】正确

【答案解析】《会计法》规定,财政、审计、税务、人民银行、证券监管等部门有权依照有关规定,对有关单位的会计资料实施监督检查。

5.【正确答案】正确

6.【正确答案】错误

【答案解析】财政部门应对被检查单位的会计软件进行检查。

7.【正确答案】正确

【答案解析】所有者权益变动表是指反映一定会计期间构成所有者权益各个组成部分当期的增减变动情况的报表。

8.【正确答案】正确

9.【正确答案】正确

【答案解析】会计机构和会计人员可以对不真实和不合法的原始凭证有权不予受理。

10.【正确答案】错误

【答案解析】国家统一的会计制度是由国务院政财部制定的,各单位制定的内部会计制度不属于国家统一的会计制度的重要组成部分。

11.【正确答案】错误

【答案解析】以虚假的经济业务为前提,编造虚假的会计凭证的行为属于伪造会计凭证的行为。

12.【正确答案】正确

【答案解析】本题考核高级会计师资格的取得。

13.【正确答案】

【答案解析】本题考核会计工作的社会监督。

14.【正确答案】错误

【答案解析】业务收支以人民币以外的货币为主的单位,可以选定其中一种货币作为记账本位币,但是编报的财务会计报告应当折算为人民币。

15.【正确答案】正确

【答案解析】我国会计工作的行政管理遵循的是"统一领导,分级管理"的原则。

16.【正确答案】错误

【答案解析】本题考核记账凭证的填制。并非所有记账凭证后面都要附原始凭证,结账和更正错账的记账凭证可以不附原始凭证。

17.【正确答案】错误

【答案解析】会计人员暂时不能工作时,应办理会计工作交接。

18.【正确答案】错误

【答案解析】政府监督和社会监督属于外部监督,不是对单位内部会计监督的一种再监督。

19.【正确答案】正确

20.【正确答案】错误

【答案解析】会计工作交接,交接双方和监交人都应在移交清册上签名或盖章。

21.【正确答案】错误

【答案解析】委托人应对会计资料的真实性、完整性承担责任。

22.【正确答案】错误

【答案解析】一般会计人员办理交接手续时,应由会计机构负责人监交。

23.【正确答案】正确

24.【正确答案】错误

【答案解析】会计工作交接后,接管人员应继续使用移交前的账簿,不得擅自另立账簿。

25.【正确答案】错误

【答案解析】出纳人员兼管收入的记账工作,这有违内部牵制制度。

26.【正确答案】错误

【答案解析】《会计法》规定,会计记录的文字应当使用中文。外商投资企业在使用中文的前提下,可以同时使用一种外国文字。

27.【正确答案】错误

【答案解析】国家监督以财政部门为主体,而不是以税务部门为主体。

28.【正确答案】错误

【答案解析】会计档案的保管期限从移交档案部门后,会计年度终了第一天算起。

29.【正确答案】正确

【答案解析】会计档案一般包括会计凭证、会计账簿、财务会计报告以及其他会计资料等会计核算的专业材料。

30.【正确答案】错误

【答案解析】《会计法》规定单位负责人和主管会计工作的负责人必须在会计报告上签名并盖章。

31.【正确答案】正确

【答案解析】会计人员有权对记载不准确、不完整的原始凭证予以退回,并要求经办人员按照国家会计制度的统一规定进行更正、补充,这是会计人员的内部监督权。

32.【正确答案】正确

【答案解析】会计机构、会计人员对不真实、不合法的原始凭证,有权不予受理,并向单位负责人报告,请求查明原因,追究有关当事人的责任。这正是会计监督职能的体现。

33.【正确答案】错误

【答案解析】对经济业务事项按其性质加以分类,确定会计分录,并据以登记会计账簿的凭证是记账凭证,而不是原始凭证。

34.【正确答案】正确

【答案解析】银行存款日记账是日记账,日记账一般使用订本账,所以银行存款日记账也使用订本账。

35.【正确答案】正确

【答案解析】会计机构和会计人员是单位内部监督的主体。

36.【正确答案】错误

【答案解析】伪造会计资料是指以虚假的经济业务事项为前提编造不真实的会计资料,而变造会计资料是指用涂改、挖补等手段来改变会计凭证、会计账簿的真实内容、歪曲事实真相的行为。

37.【正确答案】错误

【答案解析】按照相关法律规定,会计处理方法可以随意变更,否则就是违法行为。

38.【正确答案】正确

【答案解析】《会计法》规定,办理经济业务事项的单位和人员,都必须填制或取得原始凭证并及时送交会计机构。

39.【正确答案】错误

【答案解析】原始凭证金额出现错误的,不得更正,只能由原开具单位重新开具。其他内容出现错误的,允许更正。

40.【正确答案】正确

【答案解析】《企业会计制度》规定,会计核算应当以实际发生的交易或事项为依据,如实反映企业的财务状况、经营成果和现金流量。

41.【正确答案】正确

【答案解析】会计资料是在会计核算过程中形成的,记录和反映实际发生的经济业务事项的资料,包括会计凭证、会计账簿、财务会计报告和其他会计资料。

42.【正确答案】错误

【答案解析】单位是否设置会计机构,不仅要考虑单位规模的大小,还要考虑经济业务和财务收支的繁简和经营管理的要求。若单位规模较小,但其经济业务复杂多样,财务收支频繁,也须设置会计机构和会计人员。

43.【正确答案】错误

【答案解析】原始凭证和记账凭证的划分是基于填制程序和用途的不同。

44.【正确答案】错误

【答案解析】正在项目建设期间的建设单位,其保管期满的会计档案不得销毁。

45.【正确答案】正确

【答案解析】核算和监督是会计的两个最基本的职能。

46.【正确答案】错误

【答案解析】《会计法》是会计法律制度中层次最高的法律规范,是制定其他会计法规的依据。

47.【正确答案】正确

【答案解析】会计账簿记录与实物、款项的实有数相核对,就是账实核对,可以验证会计账簿记录的准确性,也可以发现财产物资、款项中存在的问题。

48.【正确答案】错误

【答案解析】会计期间分为年度、半年度、季度和月度。

49.【正确答案】正确

【答案解析】《会计法》规定会计年度自1月1日起至12月31日止。

50.【正确答案】错误

【答案解析】单位负责人是对外提供财务会计报告的责任主体。

51.【正确答案】正确

【答案解析】凡经过注册会计师审计的会计报表,必须将审计报告和财务会计报告一并报送有关方面,是为了增强会计报告使用者对财务会计报告的信任度。

52.【正确答案】正确

【答案解析】以不同的依据编制的财务会计报告,实际上是虚假的财务会计报告,所以是一种严重的违法行为。

53.【正确答案】错误

【答案解析】财务会计报告由会计报表、财务情况说明书和会计报表附注组成。

54.【正确答案】错误

【答案解析】《会计法》规定,会计核算以人民币为记账本位币,业务收支以人民币以外的货币为主的企业,可以选定其中一种货币为记账本位币。可见,企业不得随意选择记账本位币。

55.【正确答案】错误

【答案解析】租借设备的辅助登记簿不属于总账,而是备查账。

56.【正确答案】错误

【答案解析】除资产负债表、利润表和现金流量表外,会计报表还包括股东权益增减变动表等附表。

57.【正确答案】正确

【答案解析】实行会计电算化的单位,也应当符合国家统一的会计制度的规定。

58.【正确答案】错误

【答案解析】账账核对包括总账各账户之间,总账与明细账之间,总账与日记账之间,会计机构的财产物资明细账与保管部门、使用部门的物资明细账之间的核对。

59.【正确答案】错误

【答案解析】会计账簿记录的主要是价值运动。

60.【正确答案】正确

【答案解析】依法设置的账簿包括四类:总账、明细账、日记账、备查账。

61.【正确答案】错误

【答案解析】单位负责人应该对单位的会计工作负责,就是强调单位负责人必须通过有关制度委托、授权会计机构、会计人员按章办事。

62.【正确答案】正确

【答案解析】单位内部控制的基本结构包括三个方面:控制环境、会计系统和控制程序。

63.【正确答案】错误

【答案解析】企业向有关各方提供的财务会计报告,其编制基础、编制依据、编制原则、编制方法必须一致,否则就是违法行为。

64.【正确答案】正确

【答案解析】单位负责人是单位会计行为的责任主体,有责任和义务保证内部会计监督制度的建立和健全并发挥有效作用。

65.【正确答案】正确

【答案解析】会计机构、会计人员有权拒绝办理或纠正违法会计事项,这是法律赋予他们的权利。

66.【正确答案】错误

【答案解析】对单位一定会计期间内财务、成本等情况进行分析总结的书面报告是财务情况说明书,而不是会计报表附注。

67.【正确答案】正确

【答案解析】这是单位内部会计监督制度的基本内容。

68.【正确答案】错误

【答案解析】以人民币以外的货币作为记账本位币的单位,其编报的财务会计报告应当折算成人民币。

69.【正确答案】正确

【答案解析】《会计法》规定,各单位应当建立、健全本单位内部会计监督制度。

70.【正确答案】错误

【答案解析】保管期满但尚未结清的债权债务原始凭证及其他未了事项的原始凭证不得销毁,应当单独抽出立卷。

71.【正确答案】错误

【答案解析】根据《会计档案管理办法》,会计档案的定期保管期限分为3年、5年、10年、15年和25年。

72.【正确答案】错误

【答案解析】会计档案由单位会计机构负责整理归档并保管一年期限后,移交单位的会计档案管理机构或指定专人负责保管。

四、案例分析题

1.（1）【正确答案】C

【答案解析】本题考核开具原始凭证分割单的情形。根据规定,一张原始凭证所列的支出需要由两个以上的单位共同负担时,应当由保存该原始凭证的单位开具原始凭证分割单给其他应负担的单位。

（2）【正确答案】C

【答案解析】本题考核原始凭证分割单的基本内容。原始凭证分割单必须具备原始凭证的基本内容,包括凭证的名称、填制凭证的日期、填制凭证单位的名称或填制人的姓名、经办人员的签名或盖章、接受凭证单位的名称、经济业务的内容、数量、单价、金额和费用的分担情况等。

（3）【正确答案】C

【答案解析】本题考核会计档案的保管和移交规定。根据《会计档案管理办法》的规定,会计档案不得借出,如有特殊需要,须经本单位负责人批准,在不拆散原卷册的前提下,可以提供查阅或者复制,并办理登记手续。

（4）【正确答案】B

【答案解析】本题考核会计档案的保管期限的规定。根据规定,会计档案的定期保管期限分为3年、5年、10年、15年和25年五类。因此最短的期限为3年,而不是5年。

（5）【正确答案】A

【答案解析】本题考核会计档案保管的相关规定。会计档案的保管期限,从会计年度终了后的第一天算起。

2.（1）【正确答案】ABD

【答案解析】本题考核会计凭证的审核。根据规定,对记载不准确、不完整的原始凭证应予以退回,并且要求按照国家统一的会计制度的规定更正、补充。

(2)【正确答案】AC

【答案解析】本题考核利用财务软件生成的会计凭证的要求规定。根据《会计法》第十三条规定,使用电子计算机进行会计核算的,其软件及其生成的会计凭证、会计账簿及其他会计资料,也应当符合国家统一会计制度的规定。

(3)【正确答案】BD

【答案解析】本题考核会计年度。《会计法》规定会计年度自公历1月1日至12月31日止。

(4)【正确答案】ABCD

【答案解析】本题考核会计法律责任。对其直接负责的主管人员和其他直接责任人员,可以处2000元以上2万元以下的罚款。